大学生创新创业实务

主　编　关春燕　徐　峰　陈苗青
副主编　丁文剑　王俊人　丁　晖
参　编　余　苗　孙祥和　徐玉成　陈俊豪
　　　　蒋才良　付士静　向昌成

電子工業出版社·
Publishing House of Electronics Industry
北京·BEIJING

未经许可，不得以任何方式复制或抄袭本书之部分或全部内容。
版权所有，侵权必究。

图书在版编目（CIP）数据

大学生创新创业实务 / 关春燕，徐峰，陈苗青主编. —北京：电子工业出版社，2022.7
ISBN 978-7-121-43777-9

Ⅰ.①大… Ⅱ.①关… ②徐… ③陈… Ⅲ.①大学生－创业－高等学校－教材 Ⅳ.①G647.38

中国版本图书馆 CIP 数据核字（2022）第 101366 号

责任编辑：康　静
文字编辑：杜　皎
印　　刷：三河市兴达印务有限公司
装　　订：三河市兴达印务有限公司
出版发行：电子工业出版社
　　　　　北京市海淀区万寿路 173 信箱　　邮编：100036
开　　本：787×1092　　1/16　　印张：13.75　　字数：352 千字
版　　次：2022 年 7 月第 1 版
印　　次：2022 年 7 月第 1 次印刷
定　　价：45.00 元

凡所购买电子工业出版社图书有缺损问题，请向购买书店调换。若书店售缺，请与本社发行部联系，联系及邮购电话：（010）88254888，88258888。
质量投诉请发邮件至 zlts@phei.com.cn，盗版侵权举报请发邮件至 dbqq@phei.com.cn。
本书咨询联系方式：（010）88254609，hzh@phei.com.cn。

序　言

推进大众创业万众创新是国家深入实施创新驱动发展战略的重要支撑。大学生是大众创业万众创新的生力军。2021年，《国务院办公厅关于进一步支持大学生创新创业的指导意见》文件为进一步推动高校深化创新创业教育改革，支持大学生投身创新创业指明了方向。越来越多的大学生投身创新创业实践，然而创新创业能力不是与生俱来的，而是从实践中慢慢积累、逐渐"成长"起来的。《大学生创新创业实务》以大学生创新创业实践过程为主线展开阐述，精选真实大学生创新创业案例，以榜样的力量激发大学生创新创业过程中的激情与活力，详细介绍创新创业过程的理论和知识，拉近大学生与创业梦想之间的距离。

本书以大学生创新创业实践为主要研究对象，以培养大众创业万众创新生力军为目标，根据大学生创新创业过程，系统详细地介绍了创新创业素养塑造、掌握创新创业方法、创业机会与风险、创业团队建设管理、创业者的行为规范、初创企业财务管理、创业计划书、创业模拟实战等内容。本书知识点涉及大学生初创者创新创业实践过程的方方面面，其案例为编者精挑细选，多来源于真实的大学生创业实践典型案例，源于大学生、贴近大学生。章节内容主要为学习目标、情景案例、知识要点、拓展阅读、实践练习五个部分，内容丰富、条理清晰，既有创业理论又有创业实践案例，尤其在第8章为读者提供了创业者沙盘模拟经营软件的学习，能够很好地促进知识的运用。

本书有三大特色：一是理论与实践相结合，以培养读者创新意识、创业精神和创新创业能力为目标，内容贯穿创新创业全过程，既有理论知识传授又有经营训练实践，既可以作为高校创新创业专业的教材，又可供大学生创新创业新手参考学习；二是高校、企业强强联合，本书编者由来自全国创新创业典型经验高校的义乌工商职业技术学院创业导师、阿坝师范学院创新创业教育骨干教师、英国国家创新创业教育中心NCEE（China）专家、国际教育服务机构——北京新同文国际教育科技有限公司骨干等组成，通过校际合作、校校合作，共同设计内容体系，共同编写教材内容，确保了教材质量；三是案例丰富、设计合理，采用全国大学生创新创业典型案例，内容贴近学生实际，结构清晰，符合认知规律，易于理解，便于接受，实用性强。

深化高校创新创业教育改革，是加快实施创新驱动发展战略的迫切需要，是推动高校毕业生更高质量创业、就业的重要举措，意义十分重大。本书理论结合实际，有助于高校从注重知识传授向注重创新精神、创业意识和创新创业能力培养的转变，由单纯面向有创新创业意愿的学生向面向全体学生的转变,切实增强学生的创新精神、创业意识和创新创业能力,努力造就大众创业、万众创业的生力军。希望通过该书的出版,能够为更多创业教育工作者和创新创业实践者提供借鉴与参考,共同为我国的创新创业教育事业的发展贡献力量。

徐美燕

2021 年 11 月 17 日

目 录

第 1 章 创新创业素养塑造 ································· 1
1.1 创业动机认知 ································· 2
1.2 创业品质塑造 ································· 13
1.3 创业精神培育 ································· 21

第 2 章 掌握创新创业方法 ································· 30
2.1 创新意识概述 ································· 31
2.2 创新思维培养 ································· 37
2.3 创新方法学习 ································· 45

第 3 章 创业机会与风险 ································· 55
3.1 创业机会识别 ································· 56
3.2 创业模式选择 ································· 63
3.3 商业模式设计 ································· 70
3.4 创业风险控制 ································· 86

第 4 章 创业团队建设管理 ································· 94
4.1 团队意识培养 ································· 95
4.2 创业团队组建 ································· 100
4.3 创业团队管理 ································· 107

第 5 章 创业者的行为规范 ································· 117
5.1 企业形态选择 ································· 118
5.2 法律环境认知 ································· 130
5.3 法律责任认知 ································· 145

第 6 章 初创企业财务管理 ································· 155
6.1 创业资金筹集 ································· 156
6.2 利润分享计划 ································· 165

第 7 章　创业计划书 …………………………………………………………………… 172

7.1　创业计划书概述 ………………………………………………………………… 173
7.2　创业计划书的撰写技巧 ………………………………………………………… 176

第 8 章　创业模拟实战 …………………………………………………………………… 186

8.1　SV 模拟实训平台介绍 …………………………………………………………… 187
8.2　SV 软件安装流程简要说明 ……………………………………………………… 190
8.3　SV 软件功能模块重点内容 ……………………………………………………… 196
8.4　SV 软件学生操作手册 …………………………………………………………… 199

参考文献 …………………………………………………………………………………… 213

第 1 章　创新创业素养塑造

 学习目标

知识目标：
1. 了解创新创业素养的基本内涵。
2. 熟悉创业动机的基本分类、创业者品质的基本内容、企业家精神的内涵。
3. 掌握创新创业素养的基本特征及相关分类。

能力目标：
1. 能够厘清自身的创业动机。
2. 能够对自身的创业者品质进行综合评估。
3. 能够强化创业精神，提升创新创业能力。

素养目标：
1. 培养职业素养与职业精神，弘扬企业家精神，提升创新创业素养。
2. 强化爱国、创新、诚信、社会责任和创业思维等。

1.1 创业动机认知

 知识概要

创业是人类最基本的实践活动，从某种意义上说，人类社会发展的历史，就是一部不断创业的历史。通过创业，人类不断地创造新的物质财富和精神，来满足自身物质和精神的需要，从而推动社会不断进步，使社会逐步走向文明、昌盛、富强。

创业动机是指创业者从事创业活动的内在驱动力，是创业行为发生的前提条件。创业动机是有关创业的原因和目的，即"为什么要创业，为何要创业"的问题，是鼓励和引导为实现创业目标而行动的内在力量，是促使主体处于积极心理状态的一种内驱力，具有较强的选择性、倾向性、主观能动性。

 情景案例

有想法就去行动——"深陷"十年，大学生成为沙画家

何仕金是义乌工商职业技术学院 2012 届产品设计专业毕业生。大学期间，在一次手绘比赛中，他被老师选入工作室进行专业实践学习。在学习设计专业知识同时，何仕金接触到了沙画。他感觉这种表演形式十分震撼，就反复琢磨着如何能创造出好的作品来。那时没有工作台，他就自己琢磨画出图纸，找工人师傅制作；没有沙子，就自己到小溪里淘沙子。"当时完全着了魔一样，手里一天到晚都拿着沙子，父母都骂我不务正业，但我就是喜欢琢磨沙画。"何仕金回忆道，"好在我当时凭借沙画项目，在浙江省职业生涯规划大赛中获奖了，家人才慢慢理解。"

2010 年，何仕金还是义乌工商职业技术学院艺术系的大一学生。他偶然在网络上看到了乌克兰达人秀选手西蒙诺娃的沙画表演。"觉得很震撼，原来画画还可以这样啊。"身为艺术生，从小又是个行动派，何仕金没过几天就找工人师傅用木板和玻璃打造了一个小小的沙台，又跑到义乌小商品批发城买了沙画用沙回来。"其实那根本不是创作动态沙画用的，只是颗粒尺寸为 80 目的工业沙。"他一上手就要模仿西蒙诺娃的作品，但是沙子流速太快，动作太慢。还没等勾勒出人侧脸的弧度，一把沙子已经漏光了。他只能一遍遍练习，手不离沙找感觉。经过几个月的摸索，终于在学校艺术节上，他正式登台表演。这个表演立刻轰动了校园，何仕金成了校园明星。

为了提高技艺，2012 年暑假他来到北京，进入中国沙画第一人高赞民的工作室学习。在高赞民的指导下，何仕金不仅系统掌握了"铺、漏、撒、捏、抛、勾、抹、点"沙画技法，更对沙画创作巧用转场营造"意料之外、情理之中"的独特魅力有了深刻认识。他懂得了好的沙画创作者就如同电影导演，每次拿起沙子创作前，都要先画好分镜头图，设计好黑白关系和表演中的起承转合，"精妙的设计，才能让沙子做好加减法，再辅以肢体和音乐的配合，形成整体。"

2013 年，始发站为义乌的中欧班列开通。何仕金为此创作了沙画公益短片《新丝

路 新起点》。这个作品被相关部门作为班列的主要视觉宣传片广为传播，何仕金也成了当地名人，命运由此改变。"我那时大学刚毕业，做文具设计师。"何仕金说，虽然自己设计的文具被国内知名厂商投入生产，但是通过创作沙画让自己的生活与国家大事相连接的充实感和自豪感，更让他久久不能平静。当年，他辞职全身心投入沙画事业。

"2013 年是商业演出最多的一年。"何仕金回忆，沙画实在太受欢迎了。最早找上门的客户都想在婚礼上以沙画展示新郎新娘的爱情故事。后来，公司年会、商场活动也都相继找来。2013 年下半年起，何仕金先是免费教亲友家的孩子玩儿沙画，进而研究沙画与儿童教育的联系，研究教学教法，与友人一起著书立说。何仕金曾先后以选手、评委的身份出现在国内几项大型沙画赛事中。三年前在南京，他甚至还与当年的"蒙师"西蒙诺娃共同坐在全国首届国际沙画创意大赛的评委席上。

2018 年，北京沙画协会成立，何仕金成为首批会员。2019 年，他在家乡义乌改造老旧厂房，建了 600 平方米的沙画艺术馆。"我把沙子所能呈现的艺术形式都展现了出来，沙盘、沙雕、固体沙画、沙瓶画……"

2020 年 11 月 3 日，中国文联四层报告厅的大屏幕上，年轻人熟悉的手机游戏"和平精英"部分元素变身为动态沙画作品《大吉大利》。一双素手轻铺慢捏抹复勾，用一把沙子营造出一个黑白世界和魔法般的意外和惊喜。

思考：
1. 何仕金的创业动机是什么？
2. 他的创业动机具有什么样的特点？
3. 该案例对你产生了哪些启示？

 ## 知识要点

一、创新创业素养的基本内涵

创新创业素养是指在创新创业教育过程中学生逐步形成的适应个人职业发展和创新型国家建设发展需要的必备品格和关键能力。

大学生的创新创业素养是大学生从事创业活动的先决条件，是创业能否成功的重要因素。大学生的创新创业素养主要体现在知识、能力和精神三个层面。这三个层面相辅相成，共同构成了创新创业素养的基本内涵。知识层面主要包括必备的专业知识、经营管理知识、创业知识、国家及地方相关政策等，要掌握这些知识并且能熟练运用。能力层面主要包括创新精神和创新能力的培养及社会实践能力、社会市场调查和交际能力的培养等。精神层面主要是指创业者所应具备的坚持不懈、锲而不舍、吃苦耐劳的精神及开阔的眼界、敏锐的反应、过人的胆识等。知识的宽度、能力的强度和精神境界的高度三者相统一，共同构成了大学生创新创业素养的内涵。虽然成功的创业还需要市场、技术、资金等很多外在条件的综合，但是创新创业素养的高低是创业过程中决定胜败的重要因素，在创业过程中起着不可替代的作用。大学生创新创业素养的高低也直接反映了高校教育教学质量和人才培养的水平。

二、创业动机的含义

创业动机是创业者愿意冒各种风险去创立新的企业的激励因素。这些因素中最普遍的是独立性,即不愿意为别人工作。促使个人创业的其他动力往往随性别和国家的不同而有差异。对男性创业者而言,金钱是第二位的激励因素;对女性创业者而言,工作的满意度、成就感、抓住个人的发展机遇和金钱则依次是她们着手创立自己企业的激励因素。这些第二层次的创业动机部分反映了创业者的工作和家庭境遇,以及社会角色偶像。

三、创业动机的驱动因素

根据埃尔科·奥蒂奥等人的研究结果,创业动机大体上可以归为以下四类:对成就的需要、对独立性的偏好、控制的欲望、改变家庭和个人的经济状况。大学生创业是适宜的创业环境与做好创业准备的大学生相结合的产物,但为什么会有大学生在本应认真学习的时候走上了创业的道路?他们的动机有一定的特殊性,归纳起来主要有以下四种类型。

1. 生存的需要

首先,由于经济的原因,许多家庭难以负担昂贵的学费,助学贷款、奖学金也不能完全解决问题。在沉重的经济负担压力之下,为了顺利完成学业,这些学生中的一部分人只好利用课余时间打工来维持正常的学习和生活。在打工的过程中,有一部分具有创业素质的人会发现商机并且去把握,开始走上了创业的道路。

其次,当前我国高校学生中城镇生源的学生 95% 是独生子女,培养他们的独立性已经成为当务之急。目前,已经有一部分学生开始独立承担自己的学习、生活费用,在他们中也产生了一定数量的创业先行者。这部分创业者通常都以学习为主要目的,从事一些投入时间、精力较少的行业,对经济回报要求较低。

2. 积累的需要

按照克雷顿·奥尔德弗的理论,人的需求分为生存、相互关系和成长。这三种需求并不一定按照严格的由低向高的顺序发展,可以越级。当代大学生随着年龄的增长,对于相互关系和成长的需要会逐渐强烈。一部分大学生为了增加自己的实践经验,丰富自己的社会阅历,或者为了自己以后的发展或实现自己的某个目标做好经济上的准备,在条件成熟的情况下也会利用课余时间走上创业的道路。这个类型的创业者往往以锻炼为目的,承受失败的能力较强。由于压力较小,其失败和半途而废的比例也比较高。

3. 自我实现的需要

心理学研究表明,25~29 岁是创造力最为活跃的时期,这个年龄段的青年正处于创造能力的觉醒时期,对创新充满了渴望和憧憬。他们思维活跃、创新意识强烈,同时所受的约束较少,对成长的需要也更为强烈。另外,由于大学生所处的环境,他们往往更容易接触一些新的发明和学术上的新成果,或者他们中的一部分人本身拥有具有自主知识产权的科研成果。为了能早日实现自己的目标,他们中的一部分人改变了自己的观念,开始了自己的创业生涯。

4. 就业的需要

当前，我国的大学生就业形势相当严峻，一方面表现为需求不足，另一方面表现为大学毕业生不满足一般的工资待遇。在这种情况之下，为了找到一份自己满意的工作，有一部分大学生开始了创业。

以下是一些创业动机的例子：

（1）个人想要向上成长、喜欢挑战并实现个人理想，希望发挥自己的知识与经验。
（2）个人不喜欢为他人工作、希望拥有更多的自由、追求自主。
（3）个人希望拥有自己的事业、贡献社会人群（员工、股东、顾客）。
（5）个人想要成为有钱人、获得名利。
（4）个人受到家庭传统的影响、受到周边环境的影响而创业。

还有一种通俗易懂的分类，是将创业动机分为生存型创业（目的在于谋生）、机会型创业（目的是抓住市场机遇，创造新需求）。

1. 生存型创业

生存型创业是指创业者把创业作为其不得不做出的选择，是为自己的生存和发展谋求出路的创业。

生存型创业者大部分文化水平一般，创业项目也主要集中在餐饮、副食、百货等行业，创业目的主要是养家糊口，补贴家用。但恰恰是大量的生存型创业，解决了低学历、低收入人群的就业问题，经营状况较好的创业者还能招聘员工，带动他人就业。

2. 机会型创业

机会型创业是指创业者在发现或创造了新的市场机会后进行的创业活动，是创业者职业生涯中的一种选择。机会型创业者看重的市场机会与生存型创业者看重的市场机会不同。前者看重的是新创造出来的市场，而且是大市场和中级市场；后者则很少考虑进入新市场，即使开创了新市场，也是较小的市场。相比生存型创业，机会型创业不仅能解决自己的就业问题，而且能解决更多人的就业问题。机会型创业要抓住新的市场机会，必须有更高的技术含量，才有可能创造更大的经济效益。无论是从缓解就业压力，还是从改善经济结构的目的出发，我们都应该更加关注机会型创业，这也是目前"大众创业、万众创新"政策要扶持的项目。

简单说，生存型创业不是创业者的主动选择，是为了生存做出的选择，机会型创业是创业者主动做出的选择。对于不同类型的创业者来说，创业心态自然也会有很大的区别。

四、创业的态度

态度是个体在面对社会事件时，以其对该事件的认知与情感为心理基础所表现的一种相当一致且持久的行为倾向。态度由认知成分、情感成分、行为成分三者组成。在态度的构成中，认知与情感二者之间保持和谐。创业的态度是指创业者对创业的坚持，对于创业能够在认知与情感二者之间保持和谐。创业的态度影响创业的行为，创业的行为又受到人际网络与资源网络、生涯规划与人生愿景、创业能力（专业与经验）、机会吸引力、风险与效益等因素的影响。

五、创业者人格类型

PDP（Professional Dyna-Metric Programs，行为特质动态衡量系统）是一个用来衡量个人的行为特质、活力、动能、压力、精力及能量变动情况的系统。根据人的天生特质，可以将人分为五种类型：支配型、外向型、耐心型、精确型、整合型。为了将这五种类型的个性特质形象化，根据其各自的特点，这五类人又分别被称为"老虎""猫头鹰""孔雀""考拉""变色龙"。PDP是一个进行人才管理的专业系统，能够帮助人们认识与管理自己，帮助组织做到"人尽其才"。创业者本身也可以善用PDP，对自己的行为特质、活力、动能、精力及能量做出评估，利于创业过程中的自我分析与了解。

1. 老虎型创业者

老虎型（支配型）创业者追求目标、结果或成果导向，善于掌控大方向和探寻事物本质，注重对事不对人，喜欢风险、挑战和创新自我意识强烈，领导风格倾向于权威与果断。该种性格类型的创业者最适合做开拓性、改革性与创新性的工作。

此类型创业者的口号是"我们现在就去做，用我们的方式去做"。他们做事当机立断，大部分根据事实进行决策，敢于冒风险。在做决策前，他们会寻找几个替代方案，更多地关注现在，忽视未来与过去。他们对事情非常敏感，而对人不敏感，属于工作导向型，注重结果而忽视过程，工作节奏非常快，因此容易与下属起摩擦。

此类型创业者约占人口的15%，其共同性格为充满自信、竞争心强、主动且企图心强烈，是有决断力的领导者。一般而言，老虎型的人胸怀大志，敢于冒险，看问题能够直指核心，为实现目标全力以赴。他们在领导风格及决策上，强调权威与果断，擅长危机处理，最适合开创性与改革性的工作。微软公司的总裁比尔·盖茨就是典型的代表人物。这种人属于成果导向型，勇敢，注重行动、效率、实际，对事不对人，喜抓大方向。

2. 猫头鹰型创业者

猫头鹰型（精确型）创业者追求高品质、完美和过程导向，善于制订计划和执行规则，注重专业性和制度规范，喜欢理性思考和精确分析，逻辑思维能力和执行能力较强，领导风格倾向于精准与谨慎。该种性格类型的创业者最适合做专业性、原则性与规则性强的工作。

此类型创业者崇尚事实、原则和逻辑，口号是"我们的证据在这里，所以我们要去做"。他们做事深思熟虑，有条不紊，意志坚定，很有纪律。他们能够系统地分析现实，把握过去，作为预测未来的依据。他们追求周密与精确，没有证据极难说服他们。他们对事情非常敏感，而对人不敏感，属于工作导向型，特别注重证据，决策速度较缓慢。

他们喜欢精确，重视专业性，循规蹈矩，共同特质为重计划、条理清晰、细节精准。在行为上，他们喜欢理性思考与分析，重视制度、结构、规范。这种人属于过程导向型，原则性强，对规则有强烈的责任及义务感，寻求自己认同的高品质，做事要确保有把握，敬业负责。他们事必躬亲，重技术及个人专业。他们重是非，喜欢理性思考和分析，很在乎是非对错，重承诺，因此不轻易许诺。典型代表人物有英国前首相撒切尔夫人和中国国务院前总理朱镕基。

3. 孔雀型创业者

孔雀型（沟通型）创业者追求理念、愿景和人际导向，善于营造气氛和表达情感，注重团队氛围和同事感情，喜欢与人交往并乐于分享，人际交往能力和亲和力较强，领导风格倾向于外显与互动。该种性格类型的创业者最适合从事服务性、人际关系性强的工作。

此类型创业者热情奔放，精力旺盛，容易接近，有语言天赋，善演讲，喜欢竞争，对事情不敏感，对人很感兴趣。他们关注未来，更多地把时间和精力放在如何去实现他们的梦想上，而不关注现实中的一些细节。他们行动虽然迅速，但容易急躁。喜欢描绘蓝图，而不愿意给员工实在的指导与训练。他们与员工谈工作时，思维属于跳跃式，员工经常难以跟得上。员工得到的更多是激励，而不是具体的指导。

这种人同理心强，擅长言语表达，喜欢自我宣传，营造气氛，宣扬理念，是塑造愿景的能手。他们约占人口的15%。他们的共同特质为：处理人际关系能力极强，擅长以口语表达感受而引起共鸣，很会激励并带动气氛。他们喜欢跟别人互动，重视群体的归属感。由于富有同理心并乐于分享，他们具有很好的亲和力，在服务业、销售业、传播业及公共关系等领域中，都有杰出的表现。他们喜欢做与人有关的事，重视团队，擅长激励他人。典型代表人物有蒙牛集团的牛根生。

4. 考拉型创业者

考拉型（耐心型）创业者追求预期、稳定和价值导向，善于反思、自省，注重团队合作和长远规划，做事泰然自若和从容不迫，坚韧持久能力和应对风险能力较强，领导风格倾向于规划与和谐。该种性格类型的创业者最适合从事专业性与计划性强的管理工作。

此类型创业者喜欢与别人一道工作，营造人与人相互尊重的气氛，但决策非常慢，总是希望与相关人员达成一致意见。他们总是试图避免风险，办事不紧不慢，对事情不敏感，对人的感情很敏感。他们属于关系导向型，很会从小处打动人，为人随和而真诚。他们非常善于倾听，但听而不决，也很少对员工发怒。

此类型创业者爱好和平，持之以恒，忍耐度佳。他们的共同特质为平易近人，尽量避免冲突。在行为上，他们会表现出不慌不忙、冷静自持。他们注重稳定与中长期规划，在现实生活中常会自省并以和谐为重，即使面对困境，亦能从容应对。在决策上，他们需要较充足的时间做规划，意志坚定，步调稳健。考拉型创业者可以说是一群默默耕耘的无名英雄，在平凡中见伟大，约占人口的20%。典型代表人物有新东方的俞敏洪、TCL集团的李东生。

5. 变色龙型创业者

色龙型（整合型）创业者追求合理化、协调配合和组织导向，善于整合内外部资源，注重随机应变和保持中立，喜欢协调合作和兼容并蓄，资源开发整合能力和开创协调能力较强，领导风格倾向于灵活与中立。该种性格类型的创业者最适合从事开创性与应急性强的工作。

此类型创业者善于整合内外资源，以合理化及中庸之道来待人处事。此类型创业者协调性佳，配合度高，是团体的润滑剂，共同特征为适应性强。变色龙型创业者会依据组织目标及所处环境的任务需求，随时调整自己。在环境骤变的时代，他们更能随机应变，有明确的预设立场，不走极端，是称职的谈判高手，也是手腕圆滑的外交人才。因此，企业不论在开创期、过渡期或转型期，均非常需要此种人才。他们以组织和团体的目标、利益为依循，但个人角色和工作任务要厘清。他们需要在稳定的组织里发挥才干，不喜欢激烈的派别对立。在多冲突的环境中，他们宁愿保持中立。他们具有很好的协调能力，擅长整合有限资源，综合团体的意见。典型代表人物有美国前国务卿基辛格、三国时期的诸葛亮。

 拓展阅读

创业成功首要是动机？来看看这些大学生的创业路

毕业后是该选择就业还是创业？人才市场专家认为，是否适合创业，首先要看动机。一个为了证明自身价值的人去创业，往往容易成功。反之，为了获得自由、获得尊重的人，往往创业后会更失望，特别是为了逃避就业而创业的人，更不容易成功。对此，《上游新闻》记者联系到了几位创业成功的大学生，看看他们如何看待"创业成功首先看动机"的说法。

先工作后创业 创业初衷最重要

"脑子里想清楚了，就去做了。"3月初，本科毕业于四川外国语大学的黄萍创办了又一思路文化传播公司，专注于6~17岁学生的行为习惯培养。"我们公司创业不到半年，但从去年10月就开始规划了，现在已经步入正轨。"黄萍说。

谈及自己的创业经历，黄萍直言很特殊。她说："我在大学期间就有创业的想法，在大二下学期选修了创新创业方面的培训课程，收获了很多，从大三开始做一些小型的创业项目，还开过店，但毕业后去非洲的孔子学院当了两年的汉语国际教育教师。我一直都有创业的想法，但工作两年后才去创业。"

黄萍告诉《上游新闻》记者，创业前的实践积累很有必要，在实践中可以确立自己的创业方向。"在重庆和国外的工作实践，让我发现培养一个孩子的行为习惯非常重要。比如，家长都晓得孩子要'早睡早起'，要'把作业做完了才能耍'，但怎么做到、怎么让孩子坚持下去，是需要方法引导的。所以，我萌生了专注于培养孩子良好的行为习惯的想法，创办了又一思路文化传播公司。"

公司运营不到半年，黄萍坦言有力不从心的时候。"我的一个合作伙伴因为身体的原因退出了，所以白天我要处理宣传、运营、管理学生、跟家长沟通等事务，晚上还要找愿意合作的朋友填补资金的缺口，有时候一天只能睡三四个小时。每当坚持不下去的时候，想想自己为什么开始，咬咬牙也就过去了。"黄萍说，"对于创业，我认为最重要的是初衷，而不是能挣多少钱。每个月我留给自己1000元，够吃够穿就行了，而我的实习生是我的收入的3倍。"

在筹备自己公司的间隙，黄萍成功考上了北京理工大学汉语国际教育专业的研究生。她觉得北京或许有更好的资源，可以帮助自己创业，想去试一试，没想到考上了。

对于未来的打算，黄萍告诉记者，将会一边在北京上学一边兼顾公司的经营，计划一个月回来一次。她说："最主要的，我还是想慢下来，这样才能像拿着放大镜一样，知道自己为什么成功，为什么失败，也能看清楚自己什么地方欠火候，需要加把火。"

作为一个先工作后创业的过来人，黄萍对创业提出了自己的看法："要不忘初心、坚持到底，不要怕被现实打脸，想做什么就去做，然后坚持到底就行了。"

对于"创业成功首先看动机"的说法，黄萍认为很正确，自我价值的实现在创业中比获得自由和尊重更重要。她当初选择创业就是想在教育领域做出自己的贡献，实现自己的价值。她说："我本科的专业是汉语国际教育，本身也很喜欢教育。我认为教育是必需品，但好的教育是奢侈品，所以一直想做家长和学校沟通的桥梁，用自己的方式做出一些贡献来。"

分情况，每个人的实际情况不同

是否应该先工作后创业？创业成功是否首先看动机？重庆云威科技有限公司首席执行官李力提出了自己的见解："每个人的实际情况不同，应该根据具体情况来看。"

李力告诉《上游新闻》记者，他在研究生二年级时就选择了创业。"当初就是对互联网方面有想法、有兴趣，也觉得自己有实力，于是就选择创业了，没有想得很复杂。"李力说。他最初的目标是在重庆做一家有代表性的互联网公司，让人们提到重庆就能想到云威科技，就像提到深圳就能想到腾讯一样。

李力介绍，重庆云威科技是一家主营大数据、人工智能、VR、智能硬件、车联网、移动电商App开发等业务的互联网公司。4年来，云威科技从注册资金15万元、有7名大学生的科技微小企业，发展成为注册资金120万元、员工300多名、办公面积2000平方米、年营收规模上亿元的企业。李力这位毕业于重庆大学光电工程学院的研究生获得2014年中国就业创业典型人物、2016年重庆经济创新年度人物、重庆青年五四奖章等诸多荣誉。

在互联网行业竞争如此激烈的今天，云威科技为什么能脱颖而出？李力认为，主要是技术好，能把握整个产品研发的方向，技术研发实力比较强，能够很快地更新换代，投入生产和实践中。

云威科技在重庆打响了品牌、做出了成绩，但李力坦言，困难一直存在：一是人才资源方面，很多有技术的人才更愿意选择北京、上海这样的大城市；二是竞争方面，互联网产业竞争激烈，需要不断地突破自身技术的局限去更新换代。

作为一个在大学期间就选择创业的首席执行官，李力说："是否选择创业应该结合自身的情况去判断，别人的怀疑和肯定都不能影响自己最终的选择。"

关于"创业动机"的看法，李力认为有的人选择创业为了自由，可能是因为懒不愿早起，这样是不行的；有的人是为了更好地钻研技术，像熬夜写代码、攻破核心技术就需要一个相对自由的环境。"所以说，创业不管是实现自身价值，还是为了自由，都没有毛病，最重要的是你想清楚了去做，并且坚持到底。"

思考和讨论：

结合以上内容和自身实际情况，对自身的创业动机做一个较为详细的分析。

实践练习

实践活动1：回忆人生经历

1. 你从出生到15岁期间，发生的最重要的事情是什么？
2. 你从15岁到现在，生活中最重要的事情是什么？
3. 如果你还有一年的生命，你将要在这有限的一年里做什么？

实践活动2：总结个人价值观

1. 你的座右铭或最喜欢的一句话是什么？
2. 你是否有创业的想法？你的创业动机是什么？
3. 你觉得自己属于哪种创业者人格类型？
4. 你若有改变现状的想法，请列出具体的行动计划。

实践活动 3：我的职业锚

职业锚，又称职业系留点，是指当一个人不得不做出选择的时候，他无论如何都不会放弃的职业中的那种至关重要的东西或价值观，实际就是人们选择和发展自己的职业时所围绕的中心。个人进入早期工作情境后，由习得的实际工作经验所决定，与在经验中自省的动机、价值观、才干相符合，达到自我满足和补偿的一种稳定的职业定位。职业锚强调个人能力、动机和价值观三方面的相互作用与整合，是个人同工作环境互动作用的产物，在实际工作中是不断调整的。

职业锚测评答表

第一部分　答题说明

一、请你按个人的情况快速如实作答。

二、量表共有 40 条陈述，每一陈述均有 6 个评分选项，依照层次高低排列。请按照你的实际情况，选择适当的评分选项（除非你非常明确，则不需要做出极端的选择，如 1 或 6）：

（　　）1. 我希望做我擅长的工作，这样我的内行建议可以不断被采纳。
（　　）2. 当我整合并管理其他人的工作时，我非常有成就感。
（　　）3. 我希望我的工作能让我用自己的方式，按自己的计划去开展。
（　　）4. 对我而言，安定与稳定比自由和自主更重要。
（　　）5. 我一直在寻找可以让我创立自己事业（公司）的创意（点子）。
（　　）6. 我认为只有对社会做出真正贡献的职业才算是成功的职业。
（　　）7. 在工作中，我希望去解决那些有挑战性的问题，并且胜出。
（　　）8. 我宁愿离开公司，也不愿从事需要个人和家庭做出一定牺牲的工作。
（　　）9. 将我的技术和专业水平发展到一个更具有竞争力的层次是成功职业的必要条件。
（　　）10. 我希望能够管理一个大的公司（组织），我的决策将会影响许多人。
（　　）11. 如果职业允许自由地决定自己的工作内容、计划、过程时，我会非常满意。
（　　）12. 如果工作的结果使我丧失了自己在组织中的安全稳定感，我宁愿离开这个工作岗位。
（　　）13. 对我而言，创办自己的公司比在其他的公司中争取一个高的管理位置更有意义。
（　　）14. 我的职业满足来自于我可以用自己的才能去为他人提供服务。
（　　）15. 我认为职业的成就感来自于克服自己面临的非常有挑战性的困难。
（　　）16. 我希望我的职业能够兼顾个人、家庭和工作的需要。
（　　）17. 对我而言，在我喜欢的专业领域内做资深专家比总经理岗位更具有吸引力。
（　　）18. 只有在我成为公司的总经理后，我才认为我的职业人生是成功的。
（　　）19. 成功的职业应该允许我有完全的自主与自由。
（　　）20. 我愿意在能给我安全感、稳定感的公司中工作。
（　　）21. 当通过自己的努力或想法完成工作时，我的工作成就感最强。

（　　）22. 对我而言，利用自己的才能使这个世界变得更适合生活或居住，比争取一个高的管理职位更重要。

（　　）23. 当我解决了看上去不可能解决的问题，或者在必输无疑的竞赛中胜出，我会非常有成就感。

（　　）24. 我认为只有很好地平衡个人、家庭、职业三者的关系，生活才能算是成功的。

（　　）25. 我宁愿离开公司，也不愿频繁接受那些不属于我专业领域的工作。

（　　）26. 对我而言，做一个全面管理者比在我喜欢的专业领域内做资深专家更有吸引力。

（　　）27. 对我而言，用我自己的方式不受约束地完成工作，比安全、稳定更加重要。

（　　）28. 只有当我的收入和工作有保障时，我才会对工作感到满意。

（　　）29. 在我的职业生涯中，如果我能成功地创造或实现完全属于自己的产品或点子，我会感到非常成功。

（　　）30. 我希望从事对人类和社会真正有贡献的工作。

（　　）31. 我希望工作中有很多的机会，可以不断挑战我解决问题的能力（或竞争力）。

（　　）32. 能很好地平衡个人生活与工作，比达到一个高的管理职位更重要。

（　　）33. 如果在工作中能经常用到我特别的技巧和才能，我会感到特别满意。

（　　）34. 我宁愿离开公司，也不愿意接受让我离开全面管理的工作。

（　　）35. 我宁愿离开公司，也不愿意接受约束我自由和自主控制权的工作。

（　　）36. 我希望有一份让我有安全感和稳定感的工作。

（　　）37. 我梦想着创建属于自己的事业。

（　　）38. 如果工作限制了我为他人提供帮助或服务，我宁愿离开公司。

（　　）39. 去解决那些几乎无法解决的难题，比获得一个高的管理职位更有意义。

（　　）40. 我一直在寻找一份能最小化个人和家庭之间冲突的工作。

第二部分　评分指导

1. 浏览你的全部答案，记录所有打 6 分的题目。
2. 从打 6 分的题目中，挑选这些题目中的三道，它是最切实符合你的，每一道都另加 4 分。
3. 按照表 1-1，把每题的得分分别记录在题号对应的方格中，并记录每一职业锚的得分。

表 1-1　评分量表

职业锚	TF 职能型	GM 管理型	AU 独立型	SE 稳定型	EC 创业型	SV 服务型	CH 挑战型	LS 生活型
题号	1	2	3	4	5	6	7	8
	9	10	11	12	13	14	15	16
	17	18	19	20	21	22	23	24
	25	26	27	28	29	30	31	32
	33	34	35	36	37	38	39	40
合计								

答题结束，根据你对量表的回答，按照重要程度，在表 1-2 中对每种职业锚打分：1 表示最不重要，5 表示最重要。

表 1-2　打分表

重要等级	你的职业锚
5（最重要）	
4	
3	
2	
1（最不重要）	

你属于哪种类型的职业锚多一些呢？

职能型（Technical Functional Competence，TF）：这种定位的人会发现自己对某一特定工作很擅长并且很热衷，真正让他们感到自豪的是他们所具备的专业才能。他们倾向于一种"专家式"的生活，一般不喜欢成为全面的管理人员，因为这将意味着他们放弃在技术领域的成就，但他们愿意成为一名职能经理，因为职能经理可以更好地帮助他们在专业领域上发展。

管理型（General Managerial Competence，GM）：这种定位的人对管理本身具有很大的兴趣，具有成为管理人员的强烈愿望并将此看成职业进步的标准，他们有提升到全面管理职能上所需要的相关能力，并希望自己的职位不断得到提升，这样他们可以承担更大的责任，并且能够做出影响成功和失败的决策。

独立型（Autonomy Independence，AU）：这种定位的人追求自主和独立，不愿意接受别人的约束，也不愿意受程序、工作时间、着装方式以及在任何组织中都不可避免的标准规范的制约，无论什么样的工作，他们希望用自己的方式、工作习惯、时间进度和自己的标准来完成工作。

稳定型（Security Stability，SE）：安全与稳定是这种类型的人选择职业最基本、最重要的需求。他们需要把握自己的发展，只有在职业的发展可预测、可以达到和实现的时候，他们才会真正感到放松。

创业型（Entrepreneurial Creativity，EC）：这种定位的人最重要的是建立和设计某种完全属于自己的东西；建立和投资新的公司；收购其他公司并按照自己的意愿进行改造，创造并不仅仅是发明家和艺术家所做的事，创业者也需要创造的激情和动力。他们有强烈的冲动，向别人证明：通过自己的努力能够创建新的企业、产品或服务，并使之发展下去，在经济上获得成功后，赚钱便成为他们衡量成功的标准。

服务型（Service Dedication to a Cause，SV）：这种定位的人，希望职业能够体现个人价值观。他们关注工作带来的价值，而不在意是否发挥自己的才能和能力，他们的职业决策通常基于能否让世界变得更加美好。

挑战型（Pure Challenge，CH）：这种定位的人认为他们可以征服任何事情或任何人，并将成功定义为"克服不可能的障碍、解决不可能解决的事情和战胜非常强硬的对手"。随着自己的进步，他们喜欢寻找越来越大的挑战，希望在工作中面临越来越艰巨的任务。

生活型（Life Style，LS）：这种定位的人总是喜欢允许他们平衡并结合个人的需要、家庭的需要和职业的需要的工作环境。他们希望将生活的各个主要方面，整合为一个整体。正因为如此，他们需要一个能够提供足够的弹性让他们实现这一目标的职业环境，甚至可以牺牲他们职业的一些方面，如提升带来的职业转化，他们将成功定义得比职业成功更广泛。他们在组织中的发展道路是与众不同的。

这一量表旨在引导你清晰自己的需求和价值观。但是，我们不能仅凭问卷分析就轻率地判断你的职业锚究竟是什么，不过，问卷仍能促进你对该问题的思考，并咨询专业的职业人员来提供参考资料。

1.2 创业品质塑造

 知识概要

对于一个创业者来说，创业的过程中不仅充满艰辛、挫折，还需要付出常人难以想象的努力。对大学生创业者来讲，具备良好的创业品质是事业成功的基本条件。创业品质即创业心理品质，主要体现在人的独立性、敢为性、坚韧性、克制性、适应性、合作性等方面，它反映了创业者的意志和情感。本节内容主要介绍大学生应该具备哪些创业品质。

 情景案例

坚定创客精神，展现青年风采——江西外语外贸职业学院陶胜明创业案例

陶胜明，江西南昌人，江西外语外贸职业学院国际商务学院2017届优秀毕业生、受聘创业导师、十佳创业青年。从2015年开始创业，南昌乐众文化传媒有限公司创始人，有6年新媒体从业经验，粉丝数从0到600万人，员工从4人到12人。他的创业格言是："对热爱的事业如不大胆地冒险，便一无所获。"

陶胜明从高中开始就对创业很感兴趣，热衷于创意、设计、制造，在同学眼里总是活力、热情的代名词。而他与自媒体结缘，源于在学校广宣部担任干事的室友。在和室友聊天的过程中，他对网络媒体宣传工作产生了浓厚的兴趣：文字是如何带来机会的？这背后的商业模式是如何运行的？"人人皆媒"究竟好在哪里？出于兴趣，他开始通过各种渠道学习积累自媒体知识。到了大二，陶胜明成为学校的自媒体小达人，有时候连室友都会来向他请教微信公众号运营等问题。

对自媒体的兴趣是陶胜明入行的敲门砖，却也成为陶胜明创业路上的拦路虎。在万卷书上学到的技巧和知识，到了行万里路的时候才发现很浅薄。初创业，没有人脉，没有资源，没有名气，没有知名度，接单异常困难。有一次，他熬夜写了7页计划书，一式三份，为了省钱坐硬座火车去陌生的城市找合作方，但对方的一句"你们太年轻"，就让所有的努力化为了泡影。他多次根据用户模型，筛选出意向合作对象，发送预约见面邮件，也无人回复……

看着队友们灰心沮丧和像石沉大海般的一份份邮件，陶胜明开始意识到在现实面前，比起兴趣，生存应该被摆在第一位。这样的惨痛总结，让还在大学的他开始对创业感到畏缩，害怕辜负队友的信任，内心充斥着对未来的迷茫。

他把队友召集起来，讨论运营方案，调整推广方式。他在收集市场资料时发现，大多数合作伙伴不信任他们的原因是，成员年轻化，更重要的是他们没有大量账号、浏览量、点赞量来展现实力，说服对方。于是，陶胜明重新确定了方向，注册了微信公众号，把微博账号也变成了官方号，大量生产内容；接着注册网易公众号、搜狐公众号，向知乎、豆瓣、抖音、快手等各种媒体网站投稿，最后慢慢地将乐众发展成了全平台账号。

没有了急于求成的浮躁，脚踏实地生产优质内容，始终关注用户，基于用户情感需

求创新，持续为用户提供满意的产品和服务，仔细、耐心地回答合作方的提问……慢慢地，全平台多账号联动式的推广宣传方式成为乐众的核心优势。邮件能得到回复了，合作方的态度也更加亲切了，这群小伙子更加有干劲了。

陶胜明节衣缩食，在网上和实体店购买了大量心理学和专业方面的书籍和课程，白天跑业务、创作内容，晚上自学新知识、充实大脑。他像从海绵中挤水般压榨自己的时间，有时忘了吃午饭，晚饭 11 点才吃。他经常熬夜写推广运营策略，红着眼一遍遍对照合同里的要求修改方案。他不断延长充电时间，累了就俯在计算机前眯一会儿，一睁眼经常手臂麻、脖颈酸痛。夜半看着窗外闪耀的霓虹灯，再回头看看黑暗中发亮的计算机屏幕，陶胜明总能体会到路在脚下、光明在前方的信念感。

2020 年年初，一场突发的疫情让原本处于初创阶段的公司面临了前所未有的困局。公司员工无法上岗，项目被迫搁置。陶胜明第一次真正感受到无力。看着空荡荡的办公室不复昔日的活力，他迅速振作起来，不希望过往的努力都化为乌有。他用最快的速度通过各种途径招聘，拿出百分之百的诚意，终于让这艘梦想之船注满新的血液，重新启航。

就这样，靠着乐观、自信的心态，通过外部刺激、内部强化、自我意识的提升，在蜕变自我的同时，他也让公司逐渐步入正轨，稳步发展。工作室从 30 平方米的小房间搬进了更宽敞的写字楼……

思考：
1. 陶胜明具有哪些创业品质？
2. 该案例对你产生了哪些启示？

知识要点

一、创业心理品质

创业心理品质，主要体现在人的独立性、合作性、敢为性、克制性、坚韧性、适应性等方面，它反映了创业者的意志和情感。

1. 独立性

创业既为社会积累物质财富和精神财富，又是谋生和立业。创业者首先要走出依附他人的生活圈子，走上独立的生活道路。因此，独立性是创业者最基本的个性品质。当然，我们提倡创业者具有独立性的人格，但这种独立性并不等于孤独，也不是孤僻。因为，创业活动尽管是个体的实践活动，但其本质是社会性的活动，是在人与人之间的交往、配合、协调中发生、发展并且取得成功的。因此，创业者在具有独立性品质的同时，还应具有善于交流、合作的心理品质。

2. 合作性

在创业道路上，必须摒弃"同行是冤家"的狭隘观念，学会与人合作与交往。通过语言、文字等多种形式与周围的人进行有效的交流，可以提高办事效率，增加成功的机会。在创业过程中，需要与客户和顾客打交道，与公众媒体打交道，与外界销售商打交道，与企业内部员工打交道，这些交往、沟通过程，可以排除障碍，化解矛盾，降低工作难度，增加信任度，有助于事业的发展。

3. 敢为性

只要从事创业活动，就必然会有某种风险伴随，且事业的范围和规模越大，取得的成就越大，伴随的风险也就越大，需要承受风险的心理负担也就越大。只要瞄准目标，判断有据，方法得当，就应敢于实践，敢冒风险。对瞄准的目标敢于起步，对选定的事业敢冒风险的心理品质又称敢为性。具有敢为性的人对事业总是表现出积极的心理状态，不断地寻找新的起点并及时付诸行动，表现出自信、果断、大胆和一定的冒险精神；当机会出现的时候，往往能激起心理冲动。敢为不是盲目冲动、任意妄为，不能凭感觉冲动冒进，而是建立在对主客观条件科学分析的基础上的。成功的创业者总是事先对成功的可能性和失败的风险性进行分析比较，选择那些成功的可能性大而失败的可能性小的目标。创业者还要具备评估风险程度的能力，具有驾驭风险的有效方法和策略。

4. 克制性

在创业过程中，创业者要善于克制，防止冲动。克制是一种积极的有益的心理品质，它可以使人积极有效地控制和调节自己的情绪，使自己的活动始终在正确的轨道上进行，不会因一时的冲动而做出缺乏理智的行为。创业者在创业过程中要自觉接受法律的约束，合法创业、合法经营、依法行事；自觉接受社会公德和职业道德的约束，文明经商、诚实经营、互助互利。当个人利益与法律和社会公德冲突时，要克制个人欲望，约束自己的行为。

5. 坚韧性

创业者要有持之以恒的进取心，以及坚持不懈的毅力，能够根据市场的需要和变化，确定正确而且令人奋进的目标，并带领员工战胜逆境，实现目标。创业者的恒心、毅力和坚忍不拔的意志，是十分可贵的个性品质。遇事沉着冷静，思虑周全，一旦做出决定，便咬住目标，坚持不懈。创业过程是一个长期坚持、努力奋斗的过程，立竿见影、迅速见效的事是极少的。在方向、目标确定后，创业者就要朝着既定的目标一步步走下去，纵有千难万险，也不轻易改变初衷，半途而废。

6. 适应性

市场变化多端，竞争激烈，创业者能否因客观变化而"动"，灵活地适应变化，成为创业成功的关键所在。创业者必须具有极强的信息意识和对市场走向的敏锐洞察力，瞄准行情，抓住机遇，灵活地进行调整。在外部环境和创业条件变化时，能以变应变，善于进行自我调节，处理各种压力。创业者要用积极的态度看待来自工作和生活中的压力，冷静分析、控制压力，找出原因，缓解甚至消除压力，保持良好的心态，勇敢地面对压力，力争将不利变有利，将被动变主动，将压力变动力。

二、大学生必须具备的创业品质

如果创新创业者已经具备不同类型的知识（如学科领域比较广）和工作经验（比如曾经在不同的职能部门、不同类型的机构工作过），是不是相对知识和经验较少的人而言，创新创业成功的概率更大？答案是不一定。大学生创新创业想获得成功，还应具备以下7种品质。

1. 眼光要"准"

创新创业者对市场上的商业机会要看得准，看得透。自己从事的行业现在是什么情况？竞争激烈程度如何？盈利空间怎样？未来将会发生怎样的变化？自己在这个行业有没有生存发展的空间？自己的胜算有多大？对于这些问题，要看明白，想清楚。如果不明确这些方面，创新创业就会显得盲目。

2. 目标要"实"

每个创新创业者都有自己的理想与目标，很多创新创业者还有非常远大的理想与目标。这非常值得赞赏。因为，没有理想与目标，就没有动力；没有理想与目标，就没有方向。但是，拥有远大的理想与目标和确立清晰的发展目标是两回事。在创新创业初期，创新创业者首先考虑的问题是如何让企业生存下去，否则一切都是空想。因此，要实事求是地确定企业发展的目标，就要一步一个脚印地去实现目标。目标太远大，会让自己很浮躁，精力太分散，不能专注做好眼前的事。一旦目标不能实现，就会让自己产生挫败感，影响自己的创新创业热情。

3. 意志要"坚"

在创新创业的路上，充满各种各样的困难。事业发展的过程就是勇敢面对困难、勇于解决困难的过程。面对困难，创新创业者的意志必须坚定，不能轻言放弃。意志没有了，人就彻底垮了。创新创业是对创新创业者意志品质的巨大考验。在创新创业的路上，笑到最后的人往往都是意志坚定的人。这种意志来自自己对事业坚定的信念，也来自自己在应对各种困难中积累起来的自信。

4. 能力要"强"

作为创新创业者，个人能力强是必须具备的基本条件，也许自己并非各方面的能力都强，至少有一方面要强，比如开发客户能力强、专业技术能力强、带团队能力强等。在创新创业初期，创新创业者是"超级战斗机"，企业各方面的事情都需要自己操心，甚至亲力亲为，没有一定的能力，应付不了。

5. 心态要"平"

刚开始创新创业，各方面的条件都不具备，很容易遭到别人歧视，这时候需要以平和的心态去对待。此时，往往也是付出的多，得到的少，付出和得到很不成比例，需要以平和的心态去对待。在创新创业初期，企业没有知名度，产品、服务只能是把金子当作银子，甚至当作铁来卖。虽然自己心里不舒服，很不服气，但要让自己保持心态的平衡，学会说服自己："这是创新创业必须经历的过程。"

6. 行动要"快"

作为创新创业者，靠什么同那些行业巨头去竞争？靠什么让自己活下来？只有快速行动，才有成功的可能。早起的鸟儿有食吃，没有快速的行动力，没有工作的高效率，创新创业公司很难存活下来。这是因为，那些行业巨头不会给你太多的机会。

7. 总结要"勤"

创新创业需要交学费，甚至有时学费很昂贵。要想减少学习的成本，就需要不断进行总结。总结是一个学习的过程，更是一个进行全面、深入自我反思的过程。

若具备了以上的 7 种品质，成功便不再处于遥不可及的远处，而是会向你伸出友谊的双手。

三、创业品质培养

1. 培养意志品质

（1）树立崇高的理想和志向。大学生创业，必须有为实现理想和志向而奋斗的准备，不畏艰难挫折。

（2）将理想和实际工作目标结合起来，在具体工作中严于律己，出色地完成具体任务。

（3）积极参加各种实践活动，如参与确立目标、制订计划、选择方法、执行决定等，参加到整个实践活动中，锻炼意志。

（4）锻炼健康的体魄。积极参加体育活动，是锻炼坚强意志品质的重要途径。

（5）加强意志的自我锻炼，提高自我认识、自我检查、自我监督、自我评价、自我命令、自我鼓励的能力。

2. 培养商业意识

（1）要用心去钻研有关的商业知识。

（2）要在实践中摸清市场运行的基本规律。

（3）要善于观察分析，把握事物的本质。

（4）要善于收集和利用信息。

（5）要积极主动地去寻找和创造商业机会。

3. 培养敢于冒险的能力

创业者应当在已有的知识、经验的基础上，运用直觉、想象力、创新思维，找出尽可能多的供抉择的方案，以求得最佳效果。创业有风险，创业者过硬的心理素质和实践能力有助于化险为夷。有创业打算的大学生在校学习期间就需要培养政治品德，使自己既有探险家的胆识，敢冒风险，具备敢担风险的精神和能力，又有高度负责的责任感。这样才能把握全局，从战略的高度沉着稳健地应对可能出现的危机和风险。

一个人敢于冒风险，源于其丰富的知识、超常的想象力和创造性思维。创业过程中的很多决策具有难度大、难以把握等高风险性。所以，大学生创业者要使自己具有预言家般的想象力、乐观和自信，在对立思想的交锋和不同观点的碰撞中培养出及时、果断、慎重的决策能力和风险意识。

4. 培养处理突发事件的能力

创业过程中的突发事件需要创业者以知识、经验为基础，打破旧俗，创新思维。领导艺术体现为在遇到突发事件时，能以直觉、合理想象、可行的创新思想为指导，客观、妥善地处理事件。因此，应当重点掌握以下几点。

（1）当机立断，迅速控制事态。

突发事件的出现，要求创业者立刻做出正确反应并及时控制局势。快速反应、果断行动，是突发事件时效性的要求，也是应对突发事件决策的显著特征。以明智的非程序化决策行为控制住事态，使其不扩大、不升级、不蔓延，是处理突发事件的关键。为达到这一目的，创业者可采用以下方法：

一是心理控制法：控制住自己的情绪，冷静沉着，以"冷"对"热"，以"静"制"动"，镇定自若。这样组织成员的心理压力就会大大减轻，并在引导下恢复理智，突发事件就能迅速及时解决。

二是组织控制法：在组织内部迅速统一看法，使大多数人有清醒的认识，稳住阵脚，以大局为重，避免危机扩大。

（2）注重效能，标本兼治。

处理突发事件的首要目标是迅速、果断地行动，控制局势，应对突发事件的决策要针对核心问题，取得"立竿见影"的效果。为此，可以采取特殊的决策方式治"标"，旨在谋求治"本"之道。因此，具备通才型知识结构，还要掌握管理、领导等软科学方面的专业知识，才适于创业。

（3）打破常规，敢冒风险。

突发事件扑朔迷离、瞬息万变，具有高时效性和信息匮乏的特征，需要灵活处理，改变正常情况下的行为模式，由一个人最大限度地集中使用资源，依靠经验或采纳建议，迅速做出决策并付诸行动。

（4）循序渐进，稳妥可靠。

在处理突发事件时，要有冒险精神，选择稳妥的阶段性决策方案，控制事态的发展。在信息有限的条件下，采用反常规的决策方式，对决策风险进行预测和控制，避免可能造成被动的方案，同时注意克服急于求成的情绪。

 拓展阅读

李彦宏的创业启示

中国有4亿多网民，而其中90%是百度的客户。百度能取得今天的成就，得益于李彦宏独到的眼光和坚定的信念，用他的话说就是："认准了就去做！"十年前，他放弃美国硅谷的优厚待遇，回国创业，一心想要创建一个中文搜索引擎。根据对当时的国际国内环境的分析，他觉得中文搜索引擎一定会有大发展。他身边的很多人并不看好这个项目，有些人甚至表示反对。他并没有因为别人不理解就轻易放弃，他表示，之所以选定这个项目是基于对市场的深入调查和分析，正是因为别人还没注意到这个有潜力的市场，他才要去做。"既然认准了，就不能轻易掉头，更别说放弃。"

刚回国时，李彦宏面对国内的技术人才状况，多多少少有点失望。当时，他亲自起草招聘广告，要求是：具有五年以上的工作经验，要会"C++"，但他发现收到的简历完全符合条件的人很少。他坦言，当时国内并不看好技术创业，所以认真做技术的公司非常少，很多跨国企业一般只是做销售（售前、售后支持）。理工科的学生，很多人想先做技术，之后转做销售，认为销售更有前途。因此，要找有五年技术工作经验的人确实很难。百度现在也能够招聘到一些有经验的人，但从十年前开始，就选择招聘应届生。当时很多人不理解，李彦宏解释："应届生虽然没有什么从业经验，但在学校学的东西还很新，相比许多工作了几年的人，到新公司不但没学到什么，反而把在学校学的也忘了。"

创业是一件高风险、高回报的事，就好比百慕大三角，神秘、迷人，但想走出去，既要有运气，又要有技术，这个过程总是伴着艰辛和阻碍。百度也一样经历了困境和艰难。2001—2002年，所有的互联网企业都很艰难。面对全球的经济泡沫，很多企业选择压缩成本，以求盈利，这种做法限制了公司的发展。李彦宏说："直到2001年，我们还在大规模投入，并没有急于盈利，但不急于盈利并不代表一直不盈利，如果企业不追求利益的话，那它就去做慈善了。"

同时，李彦宏一直坚持少承诺、多兑现的原则。百度的第一笔融资是120万元。李彦宏告诉投资人，他要用6个月时间做出世界上最好的搜索引擎。对方问他，如果投更多的钱，能不能更快的时间完成。李彦宏回答不能。李彦宏诚实的回答令对方很满意，而他真正做出来只用了4个月时间。正是他的诚信帮助百度积累了信誉。

思考：
李宏彦的成功表明创业者需要哪些创业品质？

实践练习

实践活动1：测测你的创业能力有多强？
你的公司在一座8层高的大楼里，你希望自己的工作地点在哪一层？
A．1层
B．2层
C．6层
D．8层

答案解析：
1层：你的创业意识较强，能从基础出发，脚踏实地，是较务实的创业者，但有时遇到问题过于犹豫，往往失去好的发展机会。
2层：你不脱离实际，并有赶超他人的思想和能力，是非常精干的创业者，只是过于机敏，有时反而失去良机。
6层：你能抓住机遇，迎头而上，具备超强的市场洞察力，能够听从他人的建议，是非常难得的创业者。
8层：你好胜，不服输，具有力压群雄之势，有竞争力，对创业充满信心，只是有时需要避免"求胜心切"带来的负面影响。

实践活动2：评估你的创业品质
结合本节内容，根据自身实际情况，对自己的创业品质进行评估（表1-3）。

表1-3 创业品质评估表

评分维度	评价方法	分值	得分
心理普查、创业软件测量等	软件、量表测评	10	
个人创业意愿	自评+他评	10	
兼职、创业等经历	自评+他评	10	
个体的创业特质分析	自评（自我陈述）	10	
家人对创业的支持度	自评（自我陈述）	10	
个体的创业知识储备	他评	10	
个体为创业做的准备	他评	10	
个体对所在行业的熟悉度	他评	10	
个体拥有的创业资源	他评	10	
其他加分项/综合印象分	自评+他评	10	
总分		100	

2. 美国 HMO 协会设计出了一份问卷，可使创业者在做出决策前对自己有一个初步了解。下列各题均有四个答案：A、是；B、多数；C、很少；D、从不。请选择符合你实际情况的答案。

（1）在急需做出决策的时候，你是否在想："再让我考虑一下吧?"
（2）你是否为自己的优柔寡断找借口说："是得好好慎重考虑，怎能轻易下结论呢?"
（3）你是否为避免冒犯某个或者某几个有相当实力的客户而有意回避一些关键性的问题甚至表现得曲意逢迎呢？
（4）你已经有了很多写报告用的参考资料，但仍责令下属部门继续提供？
（5）你处理往来函件时，是否读完就扔进文件筐，不采取任何措施？
（6）你是否无论遇到什么紧急任务，都先处理琐碎的日常事务？
（7）你非得在巨大的压力下才肯承担重任吗？
（8）你是否无力抵御或预防妨碍你完成重要任务的干扰与危机？
（9）你在决定重要的行动计划时常忽视其后果吗？
（10）当你需要做出可能不得人心的决策时，是否找借口逃避而不敢面对？
（11）你是否总是在快下班时才发现有要紧事没办，只好晚上回家加班？
（12）你是否因不愿承担艰苦任务而寻找各种借口？
（13）你是否常来不及躲避或预防困难情形的发生？
（14）你总是拐弯抹角地宣布可能得罪他人的决定？
（15）你喜欢让别人替你做自己不愿做的事吗？

诊断结果：（分值计算：A、4分；B、3分；C、2分；D、1分）

50~60分：你的个人素质与创业者相差甚远。

40~49分：你不算勤勉，应彻底改变拖沓、效率低的缺点，否则创业只是一句空话。

30~39分：大多数情况下你充满自信，但有时犹豫不决，不过没关系，有时候犹豫是成熟、稳重和深思熟虑的表现。

15~29分：你是一个高效率的决策者和管理者，更是一个成功的创业者，具有良好的心理素质和坚韧不拔的毅力。

第1章 创新创业素养塑造

1.3 创业精神培育

 知识概要

创业精神是指在创业者的主观世界中,那些具有开创性的思想、观念、个性、意志、作风和品质等。激情、积极性、适应性、领导力和雄心壮志是创业精神的五大要素。本节在介绍创业精神概念的基础上,对创业精神的特征进行阐述。

 情景案例

电商包裹也能挖出金子一样的营销价值,纸箱哥是如何做到的?

19世纪中叶,淘金热潮席卷美国加州。当绝大部分人奔着金子而去,却无功而返甚至渴死在途中时,有人转换思路,由淘金转为卖水,结果赚得盆满钵满。

这个故事对王佳荣的影响很大。面对中国的电商红海,他像"卖水的淘金人"一样,换种思维,做起了国内首个"送包裹的营销人"。

"当大家都在为首要目标争得头破血流时,为什么不退一步,去寻找在实现首要目标的过程中产生的其他机会?"

从被抢光的方便面盒开始说起

2008年,义乌工商职业技术学院成立创业学院,推行实战型电商创业教育模式,鼓励在校学生自主创业。在教育机制和校园氛围的影响下,电商创业成为热潮。当时,义乌工商职业技术学院在网上开店的学生有近2000人。正读大二的王佳荣恰好赶上了这个时代热潮。那年,他和室友每人凑了500元钱,在网上开了一家卖杭州特产的店,结果一个月就垮了。

当绝大多数人都冲着同一个目标发力的时候,在他们的周边便会衍生出其他的次要需求,能发现便是商机。当时学校的角落里有一家小超市,里面的方便面包装箱每天都会被一抢而空,因为大家都在卖货,每天需要大量的纸箱来包装商品。王佳荣想到了美国加州"卖水的淘金人"这个故事。既然在网上开店卖产品已经很难,为什么不换个思路,往后退一步,干脆给大家提供纸箱呢?

正是这一思维的转换,让他从竞争无望的电商决斗场里重新杀出了一条新路。2010年毕业时,王佳荣网店的月销售额已经突破30万元。

从2008年的情况来看,做纸箱生意存在两个很明显的难点:纸箱有销售半径,跨地域运费比成本还高;纸箱的利润很低,在天猫上卖需要支付2.5%的佣金。

"越难做的事情越有可能成功,怕难就别创业。"

为了打破销售半径对发展的限制,王佳荣开始在全国寻找合适的供应商,一家一家去谈。不同地方的订单,由不同地方的供应商就近发货,这样就可以把运费成本降下来。

前期媒体对义乌工商职业技术学院的曝光和央视等媒体的背书,为王佳荣扫清了不

21

少沟通障碍，很多厂商相信他们，磨合成本变得很低。

"你按照我的要求和指示备货，我对产品的品质进行把控，做销售，然后咱们分成。"

用这个方法，王佳荣在全国找到了10多家供应商，做到了淘宝第一名，被称为"纸箱哥"。

圈住淘宝这块地之后，纸箱哥把业务延伸到天猫，成立当时天猫第一家纸箱店。直到一年后，才有其他纸箱商家入驻天猫。长时间的竞争空白，让纸箱哥占得了品牌先机。

"我们只是一家创业公司，算不上成功。但是，再回过头去看当年的很多决定，根本没有什么方法论，就是靠直觉和运气。"

10年后，全国的包裹数量将达到数百亿个，每个消费者拿到包裹时，第一眼看到的是包装在外面的纸箱，而不是商品本身，这是一个很有价值的场景，数百亿个包裹，意味着数百亿次触达。如果能深度挖掘，那营销潜力将会很大。

做电商包裹广告是纸箱哥对自己的定位，让广告通过电商包裹触达中国目前主流的消费人群，根据网购产品的品类、价格、使用场景给消费人群打上不同的标签。和线上投放、固定展位投放相比，这样的方式更垂直、细分，解决了广告投放的两大痛点——精准、必达。

每一项新技术、新产品的出现，通常都需要经历一个市场教育的过程，逐渐更新消费者的认知，从而被认可和接受。和常规投放方式相比，纸箱广告算是一种全新的广告投放形式，如何高效完成从0到1的开荒过程，也是一个大的挑战。

"我们在和品牌方谈合作的时候，对方问的第一个问题通常不是价钱，而是有没有其他品牌和你合作。"

找大品牌做背书就成为纸箱哥在起步阶段的核心战术，和很多大品牌合作过后，一些相对来说比较小的品牌就会主动上门要求合作了。福特、滴滴、强生、老板电器、建设银行等品牌先后和纸箱哥建立了合作关系。

从2008年开始，纸箱哥就开始了对全国供应链的布局，其供应商遍布全国。其他企业如果想要走这样的路子，在时间成本和沟通成本上需要很大的投入。目前，纸箱哥手上已经积累了大量用户数据，根据商家的数据信息可以反推出消费者画像，从而告诉广告主各个品牌真正的消费人群是什么，适合什么样的内容，再通过包裹去触达。

思考：

1. 王佳荣具有哪些创业精神？
2. 该案例对你产生了哪些启示？

 知识要点

一、创业精神的含义

创业精神是指在创业者的主观世界中，那些具有开创性的思想、观念、个性、意志、作风和品质等。创业精神类似一种能够持续创新成长的生命力，一般可区分为个体的创业精神及组织的创业精神。个体的创业精神，是指以个人力量，在个人愿景引导下，从事创新活动，并进而创造一个新企业。组织的创业精神是指在已存在的一个组织内部，以群体力量追求共同愿景，从事组织创新活动，进而创造组织的新面貌。

创业是创业者依自己的想法及努力工作来开创一个新企业，包括新公司的成立、新单位的成立，以及提供新产品或新服务，以实现创业者的理想。创业本身是一种无中生有的历程，只要创业者具备求新、求变、求发展的心态，以创造新价值的方式为新企业创造利润，那么就能说这一过程充满了创业精神。

创业精神是企业承担风险、积极主动尝试创新方法的意愿和能力，代表了企业的创业倾向。将创业精神划分为创新性、先动性和风险承担三个维度。其中，创新性，是指倾向于支持创造性和试验，这些可以在不同的商业领域付诸实施。先动性，表现出一种以寻求机会为特征的组织姿态，一种对即将到来的需求和想要采取行动的前瞻性视角。风险承担，反映了企业将资源分配到回报和失败概率高的项目上的趋势。

创业精神关注的是"是否创造新的价值"，而不是设立新公司，因此创业管理的关键在于创业过程能否"将新事物带入现存的市场活动中"，包括新产品或服务、新的管理制度、新的流程等。创业精神是指一种追求机会的行为，这些机会还不存在于资源应用的范围中，但未来有可能创造资源应用的新价值。因此，我们可以说，创业精神即促成新企业形成、发展和成长的原动力。创业者具备这些性格特点，将在创业路途上勇往直前。我们可以从下面讲述的企业家身上找到创业精神的最佳定义。

1. 激情

没有人比维京集团创始人理查德·布兰森更理解"激情"一词的含义。布兰森的激情，从他对创建公司的强烈欲望中可窥一斑。始建于1970年的维京集团，旗下拥有超过200家公司，业务范围涵盖音乐、出版、移动电话，甚至太空旅行。布兰森曾打过一个比喻："生意就好像公共汽车，总会有下一班车过来。"

2. 积极性

亚马逊创始人杰夫·贝索斯非常清楚积极思考的能量。他以"每个挑战都是一次机会"为座右铭。事实上，贝索斯把一家很小的互联网创业公司发展成全球最大的书店。

亚马逊于1995年7月正式启动，两个月内就轻松实现每周2万美元的销售额。20世纪90年代末，互联网公司纷纷倒闭，亚马逊股价也从每股100美元降至6美元。雪上加霜的是，一些评论家预测，美国最大的书店巴诺启动在线业务，将彻底击垮亚马逊。在紧要关头，贝索斯挺身而出，向外界表达了乐观和信心。针对批评言论，他一一列举公司的积极因素，包括已经完成的和准备实施的项目。

贝索斯带领亚马逊不断壮大，出售图书、衣服、玩具等各种商品。今天，亚马逊年度营收已超过百亿美元，这在很大程度上得益于贝索斯的积极思考。

3. 适应性

具备适应能力是企业家应具备的最重要的特质之一。每个成功的企业家都乐于改进、提升或按照客户意愿定制服务，以持续满足客户所需。

谷歌创始人谢尔盖·布林和拉里·佩奇更进一步，他们不仅对变化及时做出反应，还引领发展方向。凭借众多新创意，谷歌不断引领互联网发展，将人们的所见所为提升到一个前所未有的新境界，你可以想想谷歌地球带来的变化。拥有这种先锋精神，无怪乎谷歌能跻身最强大的网络公司行列。

4. 领导力

好的领导人具有很强的个人魅力和感召力，有道德感，有在组织里树立诚信原则的意愿。他可能是个热心人，具有团队协作精神。在玫琳凯·艾施身上，我们可以发现所有这些元素。她创建了玫琳凯品牌，帮助超过50万名女性开创了自己的事业。

很早以前，身为单亲母亲的艾施为一个日用产品公司做销售员。25年间，她的销售业绩一直名列前茅，但由于性别歧视，无法在晋升和加薪时获得和男同事一样的待遇。艾施最后受够了这种待遇，在1963年用5000美元创办了玫琳凯公司。

艾施以具有强大驱动力和富有灵感的领导风格闻名，她创办公司的态度是："你能做到！"她甚至将凯迪拉克轿车奖给顶尖的销售员。由于具有强大的领导力，艾施被认为是最具影响力的商业领袖之一，而玫琳凯也被评为美国最适合工作的企业之一。

5. 雄心壮志

20岁时，戴比·菲尔兹几乎一无所有。作为一位年轻的家庭主妇，她毫无商业经验，但拥有绝佳的巧克力甜饼配方，并梦想全世界的人都能尝到她做的甜饼。

1977年，菲尔兹开设了自己的第一家店，很多人认为她仅靠甜饼无法将业务维持下去。但是，菲尔兹的果断决定和雄心壮志使小小的甜饼店变成一家大公司，有600多个销售点遍布美国和其他国家。

二、创业精神的特征

熊彼特将创业精神看作"破坏性的创造"，德鲁克认为创业者是主动寻求变化、对变化做出反应并将变化视为机会的人。纵观各派观点，创业精神具有高度的综合性、三维整体性、超越历史的先进性、鲜明的时代特征这些基本特征。

1. 高度的综合性

创业精神是由多种精神特质综合作用而成的。诸如创新精神、拼搏精神、进取精神、合作精神等都是形成创业精神的特质精神。

2. 三维整体性

无论是创业精神的产生、形成和内化，还是创业精神的外显、展现和外化，都是由哲学层次的创业思想和创业观念、心理学层次的创业个性和创业意志、行为学层次的创业作风和创业品质三个层面构成的整体，缺少其中任何一个层面，都无法构成创业精神。

3. 超越历史的先进性

创业精神的最终体现就是开创前无古人的事业。创业精神本身必然具有超越历史的先进性，想前人之不敢想，做前人之不敢做。

4. 鲜明的时代特征

不同时代的人面对着不同的物质生活和精神生活条件，创业精神的物质基础和精神营养也就各不相同，创业精神的具体内涵也就不同。创业精神对创业实践有重要意义，它是创业理想产生的原动力，是创业成功的重要保证。

创业精神的主要含义为创新，也就是创业者通过创新的手段，将资源更有效地利用，为市场创造出新的价值。虽然创业常常是以开创新公司的方式产生，但创业精神不一定只存在于新企业。一些成熟的组织，只要创新活动仍然旺盛，就依然具备创业精神。

三、创业精神的要素

创新是创业精神的灵魂，是新产品、新技术、新市场的表现。创业精神具有冒险的天性，古今中外的创业者往往是在市场环境和条件不明确的情况下，摸索前行，甘冒风险和承担可能的失败。在前进的征程中，一个好汉三个帮，创业精神对团队合作提出要求，合作精神在企业员工中渗透，激荡出更多的智慧火花。另外，执着追求为战胜创业的艰辛和曲折提供了可能，也是创业精神本质中的重要因素。

学者马浩在对现有研究成果进行综合分析和整理的基础上，对创业精神的要素和含义进行归纳，形成了"4P"框架，其内容如下所述。

1. 远见卓识（perspective）：企业家的心智模式

创业精神是一种远见卓识，是一种一致的、连续的看待世界的方法——心智模式。此种模式对机会和资源赋予不同的价值，鼓励创新、创造，是一种特殊的规则，有助于改变现状、发现新方法。

挑战传统智慧是许多成功企业家的共性。联邦快递的弗雷德·史密斯证明用调配中心进行航空隔夜快递比传统点对点快递更有效率。特德·特纳建立并成功运营了美国有线电视新闻网（CNN），提供24小时全球直播新闻报道，与传统的新闻媒体截然相反。正如乔治·萧伯纳所说，理性人使自己适应世界，非理性人固执于使世界适应自己。因此，所有的进步都取决于非理性人。这就是企业家心智模式的本质。这一独特的远见卓识正是企业家区别于大众群体的关键特质。

2. 敢为人先（pioneer）：勇于创新的积极态度

企业家是先驱者，无论是从零开始建立商业帝国还是在已有商业领域内进行冒险，他们都是创造和创新的拥护者。他们喜欢在自己的领域中有所作为，进行冒险，把机会变成金钱，积极打造未来。

敢为人先精神包含激情和执着两个关键要素。

对机会的利用可以使对高成就感有强烈激情的人脱颖而出。激情可以创造石破天惊的成就，真正的企业家会追逐自己的梦想，让自己充满激情。吉姆·科赫自愿放弃在麦肯锡咨询公司体面的工作和25万美元的年薪，追逐自己的热情——支持家庭酿造工艺，生产上好的啤酒。由此建立的啤酒品牌山姆·亚当斯大获成功，受到啤酒鉴赏家和啤酒爱好者广泛的青睐。

执着对于创业是必要的素质。许多企业家尝试过，只有少数成功。他们对梦想有坚定的信念，有强大的承受失败的能力，能冷静面对来自内外的各种压力。企业家的想法是，永不放弃。他们一旦有了一个好主意，就一生致力于此。沃尔特·迪士尼的箴言非常简洁而具有洞察力——一次失败，对普通人是一种打击，而对企业家是一座桥梁。

3. 执行力（practice）：行动才是关键

行动胜于语言，创业的远见卓识最好反映在企业家的行为上。无论是建立新企业，还是内部创新，创业行为和活动最终才是关键。作为一种商业活动，创业以强烈的行为导向为特征。创业的内容是做一些事情、创造一些东西和让一些事情发生。企业家对此的直觉反应是："去做吧！"山姆·沃尔顿无论在何处旅游都会参观竞争者的店铺，以此来学习并完善自己的生意。比尔·盖茨从哈佛大学退学，为了亲自参与竞争，而不是隔岸观火。

4. 绩效（performance）：结果导向

企业家受结果驱动，他们善于发现和利用有利可图的机会。他们立志用他们的愿景打造未来，实现个人对社会的影响。从亨利·福特到山姆·沃尔顿，从托马斯·爱迪生到比尔·盖茨，企业家通过他们的创业行动改变世人的生活、工作、学习和娱乐的方式。他们对此自然的反应是："我用自己的方式做事。"

四、创业精神对个人发展的影响

创业精神在一个人的后天成长中逐步形成，对其未来的学习、思考和实践产生重要影响。无论是日常工作，还是未来的创业准备和实践，都将在个人发展的态度、高度和速度上产生巨大影响。

1. 创业精神决定个人发展的态度

社会因素影响个人发展，在面临各种职业发展机遇时，作为一种思想观念、个性心理特征和行为模式的综合体，创业精神必然会对个人职业发展的态度产生重要影响。思想观念的开放性、开创性，使创业者成为事业上的领跑者；拼搏进取精神能使人树立积极的生活态度，在顺境中居安思危、不懈进取，在逆境中不消沉，排除万难，重新找到发展方向。在相同的个人禀赋和社会条件下，有创业精神的人因为具有更积极的人生态度，更有可能发现和把握机会，取得事业上的成功。

2. 创业精神决定个人发展的高度

创业精神是一个人核心素质的集中体现，不仅决定一个人在机遇面前的选择，而且决定一个人的人生目标和事业追求。具有创业精神的人，无论是创办自己的企业，还是选择到其他企业就业，具备目光远大、心胸宽广的特点，不仅会拥有更大的成就，而且在个人修养和品位上会达到更高的境界。国家经济飞速发展、社会结构调整，势必为创业者提供更多的创业机会和成长沃土。在此情此景下，创业精神会促使个人理想与社会发展匹配，提升个人职业生涯发展的高度。

3. 创业精神决定个人发展的速度

创业精神是一种主动创造精神，积极主动、优质高效地承担并做好本职工作，即使身处平凡岗位也有不凡的表现。强烈的成就动机促使其将本职工作作为未来事业发展的起点，把握好每一个机遇，做好每一项工作，锻炼自己的技能，拓展人脉，勇于靠自己的实践探索，稳扎稳打、高速推进个人职业发展。

 拓展阅读

青年创业者该有的精神

《2019 胡润 Under30s 创业领袖》显示，2019 年共有来自十大行业 343 家企业的 380 位青年才俊登榜。很难想象,这380位年轻创业领袖平均年龄28岁,已经平均融资到A轮,募集了5800万元。

除了这些扎根在北、上、广、深等大城市的年轻创业领袖,回乡创业青年也是一个不容忽视的群体。据农业农村部统计,2018年返乡、下乡创业创新人员达740万人,平均年龄40岁。

敏锐、充满活力、富有创造力……我们该用哪些词来形容青年创业者?他们的精准"画像"是我们了解这个时代图景的一个重要窗口。

激情和理性兼具

在互联网、人工智能等新技术、新业态的牵引之下,我国的创新创业蕴含着巨大机遇。而且,随着市场经济逐渐成熟,创业已经成为实现人生价值的一条重要渠道。因此,对未知领域的探索、"自我实现"的需求及对成功的追求,催生出了青年巨大的创业激情。

青年创业者有一个共同的优秀品质——不甘现状、不甘平庸。

以大学生创业者为例,这一群体大致包括两种类型:一是创新主导的创业者。这类创业者本质上是创新实践者,创业反而是附带的结果。因此,他们大多不会放弃自己的学业,而是利用自己的专业特长,并充分利用大学的学术、校友资源,得以安心创新。二是坚持就业导向的创业者。这类创业者本质上可归属于"社会实践",他们大多数是为将来的就业创造另一种可能性。因此,他们往往不太拘泥于自己的专业,对创业项目也无明显偏好,而是哪里有机会就往哪里去。

这一特点同样体现在返乡创业青年中。当前返乡创业者主要是农村青年,在他们的朴素理想中,创业就是"自己给自己当老板""自己给自己发工资"。获得多少收入一开始并不是最重要的,真正吸引其创业的,很可能是就业方式有利于个体价值的实现。

正是通过创业,其践行了"不能一辈子打工,要有自己的事业"的理念。开办家庭农场,投资快递店、盆景店等新型服务业,通过"互联网+"经营传统农业、从事乡村旅游等。这些项目有一定风险,却是新生的乡村市场,具有一定机会,对返乡创业青年的自我实现和发展都颇具吸引力。

不过,激情并非创业成功的充分条件,它顶多是为创业提供了动力。客观上,创业不同于传统的就业,其本身就意味着高风险,真正的创业成功者少之又少。青年创业者应正视自己所处的社会和市场环境,实现自身的社会化才是创业成功的关键。正因为如此,绝大多数青年创业者都具有一定的理性。

在对创业资源的运用上,绝大多数青年创业者都能够尊重现实,进行"小微创业"。青年拥有的社会资源一般较少,他们往往缺乏创业所需的绝大多数条件,包括资金、人脉、技术、经验等。青年创业者的激情主要体现在其个人价值的自我实现上,而不完全建立在外在的财富标识上。因此,大多青年创业者对支持其创业的各种资源都倍感珍惜。

多元与务实并存

当前,社会变迁急剧加快,技术变革也迅猛发展。"创业精神"既是社会变迁及技术变革的推动力,又是这一现代性的产物。从个体角度上说,创业者很容易成为大起大落者。一夜暴富者有之,一夜倾家荡产者也不少。一个成熟的创业者,其精神并不仅仅指冒险精神,还包括诸多要素。当今,青年创业者逐渐趋于理性,越来越体现出多元、综合的品质。

这些品质包括：

首先，有梦想。无论是实现人生价值，还是造福社会，抑或仅仅是为了发家致富，青年创业者的基本素质都是有梦想。在很多情况下，青年创业者遭遇困境之时，梦想几乎是其支撑下去的唯一理由。

其次，有计划。与传统农民不同，现代的青年创业者无论是大学生、农民，抑或其他群体，都需融入市场经济大潮之中。经历过市场经济洗礼的人，都善于计算，有计划，而不是得过且过。因此，哪怕是那些返乡青年创业者，从事的是传统农业，使用的是家庭劳动力，他们也善于进行成本效益分析，也追求利润最大化。

再次，善于创新。青年创业者一方面善于学习，容易吸收新知识；另一方面，也善于从实践中总结经验。一些返乡青年创业者，乐于吸纳新农业技术，甚至还为此创造了新的农业经营方式，客观上促进了农业劳动生产率的提高。

最后，是勤劳。勤劳不是青年创业者的独特品质，却是这一群体的共同特征。创业本身意味着艰难，绝大多数创业者对此都有充分的思想准备，他们不怕苦、不怕累，就是相信有朝一日能创业成功。尤其是在返乡创业者群体中，很大一部分人都在城市务工相当一段时间，且获得了较好的经济收入，并有一定积蓄。只不过，这些人觉得在城市务工已到了事业瓶颈期，且城市创业的空间狭窄，因而下决心回到农村大干一场。

可以说，青年创业者在创业动机、资源获得及创业过程中，都渐渐走向了务实。尤其值得关注的是，创业者对创业结果的评价也逐渐走向务实与多元。

所谓务实，指的是青年创业者并不强求创业成功。很多青年创业者甚至只是将创业视作火热青春的一个注脚，当作奋斗过、努力过、无畏过的一个证明。因此，创业失败并不是一个不可接受的结局。而且，基于"微小创业"的现实，绝大多数创业者也可以从失败中缓解过来。所谓多元，指的是很多青年创业者对创业本身的价值评判渐趋多元，经济效益并不是唯一的评价标准。在更多情况下，大多数青年创业者将创业当作生活、工作的一种选择。

青年创业者的激情和理性，给了这个时代创业精神最好的注解：

激情，意味着状态好，不疲惫，有锐气，不守旧。既然是"创"，就意味着有创见、有创举、敢创新；既然是创业，就意味着鼎力为之、珍惜为之。

理性，意味着不冒进，珍惜机会，奋斗过、努力过、无畏过，即便失败也能坦然接受。

这样的青年创业者，理应是这个时代责任的担当者！

 实践练习

实践活动1：阅读与思考

埃隆·马斯克是想要改变世界的人，他对在线支付方式不满意，于是推出了贝宝（PayPal）。他对太空探索活动的萎靡不满意，于是创建了太空探索技术公司（SpaceX）。他认为，人类对传统能源过于依赖，于是开创了SolarCity、特斯拉能源、超级高铁（Hyperloop）和特斯拉汽车等公司。

马斯克是电影《钢铁侠》的原型，他的名字常常出现在娱乐报道里。马斯克不仅是个技术狂，也是个工作狂，他每周工作超过100小时。他极其忙碌，经常在夜里3点多躺下，第二天一早就要赶去开会，晚上又要飞去另一个城市参加活动，还要抽空陪五个儿子玩耍。

马斯克的室友评价他："只要他看好的，他会一直努力，直到达到目标。"对于那些反对他的人，他会不遗余力地反击，毫不掩饰自己的真实想法。有时候，他的个性也会给他带来麻烦，他曾经被特斯拉的共同创始人马丁·埃伯哈德以诽谤罪告上法庭，最终在庭外和解。

马斯克被称为天才创业者，他在生活中会是一个受欢迎的人吗？他身上体现了怎样的创业精神？

实践活动2：托兰斯创造性人格测试

创造学的研究表明，高创造力的人，有许多不同于常人的人格特征。下面的一组试题，基于美国著名心理学家托兰斯的研究成果，可用来自我测试创造人格特征，以了解自己的创造力水平。请对下列问题做出肯定（画"√"）或否定（画"×"）的回答，做完全部题目后再查看答案。

（1）在做事、观察事物和听人说话时，我能专心致志。（　　）
（2）我说话、写文章时经常用类比的方法。（　　）
（3）我能全神贯注地读书、书写和绘画。（　　）
（4）完成一项工作后，我总有一种兴奋感。（　　）
（5）我不大喜欢权威，常向他们提出挑战。（　　）
（6）我很喜欢或习惯寻找事物的各种原因。（　　）
（7）在观察事物时，我向来很仔细。（　　）
（8）我常从别人的谈话中发现问题。（　　）
（9）在进行带有创造性的工作时，我经常忘记时间。（　　）
（10）我总能主动地发现一些问题，并能发现和问题有关的各种关系。（　　）
（11）除了日常生活，我平时差不多都在研究学问。（　　）
（12）我总是对周围的事物保持好奇心。（　　）
（13）对某个问题有发现时，我总能感到异常兴奋。（　　）
（14）通常，我对事物能预测其结果，并能正确地验证这一结果。（　　）
（15）即使遇到困难和挫折，我也不会气馁。（　　）
（16）我经常思考事物的新答案和新结果。（　　）
（17）我有很敏锐的观察能力和提出问题的能力。（　　）
（18）在学习中，我有自己选定的课题，并能采取自己独有的发现方法和研究方法。（　　）
（19）遇到问题时，我经常能从多方面来探索它的可能性，而不是固定在一种思路上或局限在某一方面。（　　）
（20）我总有些新的设想在脑子里涌现，即使在游玩时也常常能产生新的设想。（　　）

计分方法：每个"√"记1分，各题得分相加，算出总分。

结果评价：

0～9分：差。

10～13分：一般。

14～17分：好。

18～20分：很好。

第 2 章　掌握创新创业方法

 学习目标

知识目标：
1. 了解创新意识的概念与意义，认识到创新意识对大学生的重要性。
2. 熟悉创新思维的含义与阻力，学会锻炼自身创新思维。
3. 掌握创新方法的概念与种类，学会运用创新方法。

能力目标：
1. 能够使用创新思维训练方法，提升个人创新思维。
2. 能够灵活运用创新方法，解决学习生活中的问题。

素养目标：
1. 提升个人创新素养。
2. 提升团队合作与沟通素养。

2.1 创新意识概述

知识概要

创新意识是指人们根据社会生活发展的需要，引起创造前所未有的事物或观念的动机，并在创造活动中表现出的意向、愿望和设想。它是人类意识活动中的一种积极的、富有成果性的表现形式，是人们进行创造活动的出发点和内在动力，是创造性思维和创造力的前提。青年大学生是最少保守思想、最容易接受新生事物、最富创新精神的一个群体，培养青年大学生的创新意识有助于建设创新型国家。本节内容主要介绍创新意识的含义、特征、构成与作用，以及企业的创新文化。

情景案例

华南师范大学陈晓鹏创业案例

陈晓鹏，华南师范大学2017届物理与电信工程学院本科毕业生，同年被保送到本校经济与管理学院攻读研究生，后休学创业。2016年创立广州市派客朴食信息科技公司（以下简称"朴食科技"），公司产品主要为基于视觉识别技术的智慧食堂解决方案，为传统食堂智慧转型升级助力赋能。2019年，朴食科技营收已超过2000万元，项目估值为1.5亿~2亿元人民币，获得广东省高新技术企业认定，公司（第一专利权人为陈晓鹏）拥有发明专利7项，实用新型专利1项，软件著作权6项，外观专利2项。公司所研发的产品目前已在中国移动、富士康集团、三一重工、北京大学、中山大学、深圳中学等170余家单位的大型食堂应用，其中成功中标中国移动（杭州）年度集采项目，合同金额为1148.4万元，为同类最大集采项目。经过近4年的发展，朴食科技已经成为国内同类企业中研发时间最早、运营项目最多的一家科技公司，成为行业细分领域的领导者。

智慧食堂满足同学们的小确幸

陈晓鹏刚开始的想法很简单。

天气炎热，刮风下雨，让人不想外出用餐，食堂排队人多、排队时间长也让人不愉快，陈晓鹏就有过这样的体验。他想：为什么别的外卖人员可以把食物送到宿舍楼下而学校食堂却不行？于是，他决定解决这个问题。

早在大学本科期间，陈晓鹏带领的朴食科技团队就是校园里一支执行力极强的优秀创业团队，主打"智慧食堂"项目。他们通过搭建O2O平台，革新传统食堂经营模式，让高校食堂搭上互联网快车。团队计划为食堂"量身定制"智能存储仓柜，挖掘"小餐盘"中的大数据，为同学们提供安全便利的饮食服务。同学们可以直接在"智慧食堂"团队的官方公众号"我校食堂"平台上订食堂外卖。

在"我校食堂"平台上，上午9点到11点10分、下午3点到5点为订餐时间。华南师范大学食堂有糖醋松子鱼饭、香煎牛仔骨饭、蒜香鸡扒饭、姜葱白切鸡饭等菜品，菜品每一到两周换一次，平时也会根据用户需求增添新菜。

要从食堂到宿舍，为用户送上食堂外卖，朴食科技校园业务负责人"堂主"会来到学校后勤楼四楼办公室确认订单数量，然后再到食堂与食堂负责人交接，食堂工作人员会根据订单数量制餐，"堂主"带领配送工作人员将制作完成的菜品打包，然后进行配送。

他们不再是"小孩子过家家"

创业伊始，这个最初名为"校园Packer"的团队就凭借一股拼劲，与食堂确定了合作关系。食堂饭菜安全健康，团队成员可以将食物直接送达宿舍。除华南师范大学食堂外，广东工业大学、广东医科大学、广东财经大学、广东技术师范学院的食堂均加入了平台上线外卖服务。陈晓鹏信心满满，计划与更多高校食堂合作，推动传统食堂经营模式的革新与发展。

"当时一天有两百多单。"陈晓鹏介绍，团队怀着一种为同学们提供健康、便捷饮食的目标，不断地拓展业务。

但是，随着创业项目不断发展，瓶颈也随之而来。订单量的增加，导致团队人员需求急速增长，招不到人，订单无法及时配送，差评纷至沓来。陈晓鹏心急如焚，于是求助于创业学院。

"你招什么人啊？你们现在是小团队，你们跟大公司是拼不过的。你要去'挖'人，这是一个方向性的问题。"学院老师的提点让陈晓鹏顿时茅塞顿开。现在"智慧食堂"的合伙人也是陈晓鹏通过各种途径"挖"来的。他说："运营负责人是我过马路时遇到的，觉得挺对眼的，就'挖'过来了；技术负责人是我朋友的朋友介绍的，之前是做后台开发之类的工作。"

仅靠人力是不行的，真正应该做的，是技术。

携初心推动食堂模式改变

曾经"送外卖"的陈晓鹏，在学校的支持下，带领团队不断与学校食堂、饮食中心开展调研，探索市场需求，带领团队不断完善和改进"智慧食堂"项目。

功夫不负有心人，2016年6月，团队正式成立了自己的公司——朴食科技，获得了第一笔融资。2017—2018年，陈晓鹏率领的"Food++"创业团队凭借"食物视觉识别与全自动化结算系统"项目，经过重重考验，在全省上百所高校推荐的670多支参赛队伍中脱颖而出，获得广东"众创杯"大学生启航赛暨"赢在广州"第五届大学生创业大赛金奖（在校组仅两项金奖）；在第四届中国"互联网+"大学生创新创业大赛中，获国家级铜奖。

"我在学校学习的不止知识和技术，更重要的是创新思维，这可以运用于创业之中。"有一颗发现生活、观察市场的心，然后勇敢地迈出第一步，这就是陈晓鹏的创业。

思考：
1. 陈晓鹏创业成功的关键因素是什么？
2. 创新意识在创业项目的寻找中有什么作用？
3. 该案例对你产生了哪些启示？

知识要点

一、创新概述

1. 广义上的创新

广义上的创新泛指创造新的东西或具有创造性。《现代汉语词典》中对创新的释义是"抛开旧的、创造新的"。从这个角度来看，创新和创造的意义比较接近。

创新是指人类提供前所未有的事物的一种活动，它是在有意义的时空范围内，以非传统、非常规的方式先行性地、有成效地解决各种问题的过程。该定义包括以下含义：

（1）创新是以解决实践问题为目的的一项活动。

（2）创新的本质是突破传统、突破常规。

（3）创新是一个相对概念，其价值与时间、空间有关。同样的事物在今天看来是创新，明天可能是追随，后天大多数人都接受了，可能就是传统了。创新必须在一定范围内具有领先性，有的是世界领先，有的是地区领先。

（4）创新可以在解决技术、经济和社会问题，以及自然科学难题等广泛的范围内发挥作用，它是每个人都可以参与的事业。

（5）创新以取得的成效为评价尺度。有成效才能被认为是创新，根据成效，创新可以分成若干等级，有的是划时代创新，有的是时尚创新。

2. 狭义上的创新

创新理论是美国经济学家熊彼特在其代表作《经济发展理论》（1912年）中首先提出的，他认为创新是建立一种新的生产函数，是一种从来没有过的关于生产要素和生产条件的新组合，包括引进新产品、引进新技术、开辟新市场、控制原材料的新供应来源、建立新的组织形式。

由此可见，经济学意义上的创新，作为一种人类行为，其主体是企业家，创新的关键是对生产要素重新进行组合，能否为企业带来超额利润是检验创新成功与否的标准。创新是一种过程。

二、创新意识的含义

创新意识是指人们根据社会和个体生活发展的需要，引起创造前所未有的事物或观念的动机，并在创造活动中表现出的意向、愿望和设想，自觉或自发进行创造活动的一种心理准备状态。它是人类意识活动中一种积极的、富有成果的表现形式，是人们进行创造活动的出发点和内在动力，是创造性思维和创造力的前提。

创新意识表现为一种内在的创新欲望，表现为在创新活动中有高度的热情、足够的自信心、独立思考和勇于探索的品质，是人们进行创新活动的出发点和内在动力。

三、创新意识的特征

1. 新颖性

创新意识是为了满足新的社会需求，或用新的方式更好地满足原来的社会需求。创新意识是求新意识。

2. 社会历史性

创新意识是以提高物质生活和精神生活水平为出发点的，在很大程度上受具体的社会历史条件制约。在阶级社会里，创新意识受阶级性和道德观影响和制约。人们的创新意识激起的创造活动和产生的创造成果，应为人类进步和社会发展服务。创新意识必须考虑社会效益。

3. 个体差异性

人们的创新意识和其社会地位、文化素质、兴趣爱好、情感志趣等相应，这些方面对创新起重大推进作用。而这些方面，每个人都会有所不同。因此，对于个人的创新意识，既要考察社会背景，又要考察其文化素养和志趣动机。

四、创新意识的构成

创新意识包括创造动机、创造兴趣、创造情感和创造意志。

创造动机是创造活动的动力因素，能推动和激励人们发动和维持创造性活动。

创造兴趣能促进创造活动的成功，是促使人们积极控求新奇事物的一种心理倾向。

创造情感是引起、推进乃至完成创造活动的心理探求，只有具有正确的创造情感才能使创造活动成功。

创造意志是在创造中克服困难，冲破阻碍的心理因素，创造意志具有目的性、顽强性和自制性。

创新意识与创造性思维不同，创新意识是引起创造性思维的前提和条件，创造性思维是创新意识的必然结果，二者之间具有密不可分的联系。创新意识是创造人才必须具备的。创新意识的培养和开发是培养创造人才的起点，只有注意从小培养创新意识，才能为成长为创造人才打下良好的基础。

五、创新意识的作用

第一，创新意识是决定一个国家、民族创新能力最直接的精神力量。在今天，创新能力实际就是国家、民族发展能力的代名词，是一个国家和民族解决自身生存、发展问题能力大小的最客观和最重要的标志。

第二，创新意识促成社会多种因素的变化，推动社会全面进步。创新意识根源于社会生产方式，它的形成和发展必然进一步推动社会生产方式的进步，从而带动经济飞速发展，促进上层建筑的进步。创新意识进一步推动人的思想解放，有利于人们形成开拓意识、领先意识等先进观念；创新意识会促进社会政治向更加民主、宽容的方向发展，这是创新发展需要的基本社会条件。这些条件反过来又促进创新意识的扩展，更有利于创新活动的进行。

第三，创新意识能促成人才素质结构的变化，提升人的本质力量。创新实质上确定了一种新的人才标准，它代表着人才素质变化的性质和方向，它输出一种重要的信息：社会需要充满生机和活力的人、有开拓精神的人、有新思想道德素质和现代科学文化素质的人。

六、创新能力培养的方法

创新能力开发的实质就是对创新能力各构成要素品质的提高及综合运用，以促进创造力整体水平的提高。具体来说，对创新能力的开发应注重以下四个方面。

1. 多学、活学知识和技能

创新不是空想，知识和技能是创新的基础，知识具有开启人脑的功能，要充分发挥知识的开启功能，关键在于学生所学知识是否坚实而灵活，能否举一反三。在同一种信息的作用下，为什么有的人顿悟了，有的人却无动于衷呢？这与吸收者原有的知识结构和观念状态有关。

知识的优化需要掌握基础知识（哲学知识、语文知识、外语知识、数学知识、物理知识、计算机知识）、专业知识、科学知识、经验知识等，创新除与专业知识密切相关外，还常常与专业以外其他知识的掌握和运用密切相关。因此，要以本专业的基础知识为核心，建立起创造发明的"游击区"，使专业基础知识与其他知识相互渗透，共同结合成一个网络式整体结构。

部分人错误地认为，进入社会、参加工作后，上学期间学习的知识、技能的应用率很低，对知识、技能的学习产生了怀疑。另外，知识与知识的碰撞、融合也会产生创新，如欧几里得几何的创立。如果一个人对知识的学习浅尝辄止，那么很难进行创新。不过，我们需要注意，我们不能淹没在知识中，更关键的是要创造性地运用知识。

"活到老，学到老。"我们必须终身学习，学习应该是一个习惯，只有不断学习，才能在变化的社会中一直抓住社会中最精华的部分，要不断学习，不断总结，不断研究外部环境的变化，不断对自己提出新挑战，紧跟时代的发展。要在创新中提升，在提升中创新，在创新中发展，在发展中创新。

2. 正视创新内核

创新能力一般被视为智慧的最高形式。它是一种复杂的能力结构，在这个结构中创新思维处于最高层次，它是创新能力的重要特性。创新能力的实质就是创造性地解决问题的能力，除此之外，创新能力还包括认识、情感、意志等许多因素。随着知识经济时代的来临，知识创新将成为未来社会文化的基础和核心，创新人才将成为决定国家和企业竞争力的关键。创新思维是人创新能力形成的核心与关键。创新思维的一般规律是先发散，后集中，最后解决问题。

"训练创新思维，学习创新技法。"创新有方法可循，创新技法就是根据创新思维发展规律总结出来的用于创造发明的一些原理、技巧和方法，通过开发和培养创新主体的思维方法，挖掘出创新主体创造力的发挥规律。

创新技法是进行创新的工具，掌握了创新技法的特点，不仅使创新主体敢于创新，而且使创新主体善于创新。创新技法是非程式化创造，它本身也是一种探索性活动，它有规律可循，但又不能像科学规律那样可以用数学公式来表达，而是带有模糊性的。人们在这种模糊规律的指导下，尝试着用某种方法去解决创新问题，在能熟练运用创新技法后，必然逐步产生经验，在创新经验丰富的情况下，直觉往往可以帮助确定该用哪种方法。

3. 有意识地培养创新能力

没有想象就没有创新，创新的实质是对现实的超越。要实现超越，就要对现实独具"挑剔"与"批判"的眼光，善于发现和捕捉周围事物不正确、不完善的地方。

"学贵有疑"，我们在学习过程中产生疑问，要鼓起勇气去探究，培养自己创新的积极性、主动性，平时多锻炼自己，创新意识自然就培养起来了。

4. 热爱生活，关注生活，积极参加创新实践

艺术和文学创作都必须源于生活，只有源于生活的东西才是具有生命力的东西，才能为人们熟知、接受。其实，创新也一样，创新的灵感必须从生活中来，它不可能凌驾于生活之上，更不可能是梦幻的、虚无缥缈的东西。

创新能力是一种潜在的能力，它只有通过个人在一定环境和科学技术条件下的具体实践活动来实现。因此，实践是人的创新能力形成的根本途径。

大学生在参加各种社会实践活动的过程中，一方面要坚持实践内容和形式的多样性，以实现多侧面、多领域的锻炼；另一方面要强调实践的创新性，提高实践的层次，每次实践不能只是简单地重复过去。只有在内容和形式上都比过去有所发展、有所突破，才能有所创新。

拓展阅读

旱冰鞋的来历

英国有个叫吉姆的小职员，成天坐在办公室里抄写东西，常常累得腰酸背痛。他消除疲劳的最好办法，就是在工作之余去滑冰。冬季很容易在室外找到滑冰的地方，而在其他季节，吉姆就没有机会滑冰了。怎样才能在其他季节也能像冬季那样滑冰呢？对滑冰情有独钟的吉姆一直在思考这个问题。想来想去，他想到了脚上穿的鞋和能滑行的轮子。吉姆在脑海里把这两样东西组合在一起，想象出了一种能滑行的鞋。经过反复设计和试验，他终于制成了四季都能用的旱冰鞋。组合想象思考法就是指从头脑中某些客观存在的事物形象中，分别抽出它们的一些组成部分或因素，根据需要做一定改变后，再将这些抽取出的部分或因素，构成具有自己的结构、性质、功能与特征的能独立存在的特定事物形象。

思考和讨论：
你觉得吉姆能够发明旱冰鞋的原因是什么？

实践练习

实践活动 1：思考和讨论

1. 结合本节内容，谈谈你在创新意识上存在哪些短板。
2. 结合自身实际情况，设计创新意识提升训练计划。

实践活动 2：成语接龙

活动目的：激活同学们的创新意识。
活动内容：

1. 分组：以 5~8 人为一组。
2. 确定接龙首字：由老师定一个指定的起始字。
3. 发挥创造力，每组根据指定的字说一个成语，第一个成语的尾字为第二个成语的首字，一直接下去，直到接回第一个成语的首字为止。
4. 比一比哪组接回第一个成语使用的成语数量最少。

2.2 创新思维培养

知识概要

创新思维是指以新奇独特的方式解决问题的思维过程。创新思维不仅能揭露客观事物的本质及其内部联系,而且能在此基础上产生新颖、独特、具有重大社会价值的思维成果。它是人的创造力的核心成分,是人类思维的高级形式,是人类思维能力的最高体现,是人类意识发展水平的标志。本节通过案例与理论结合讲述如何培养创新思维。

情景案例

义乌工商职业技术学院任宝光创业案例

任宝光,义乌工商职业技术学院电子商务专业2014届毕业生,现为义乌市蚁虫网络科技有限公司董事长。目前任宝光旗下拥有30多家子公司,每家子公司年销售额都在千万元以上。杭州、上海、义乌均有他公司的办事处。

任宝光出生于温州平阳,父母在江西做生意,他从小对商业有天生的敏锐感。高中毕业后,他考进义乌工商职业技术学院。和很多同学一样,开学不久,他便开启了创业之旅——开淘宝店卖男装。他将学到的电子商务、市场营销、物流等知识应用于创业实践,经过一年的努力,他赚到了人生第一桶金——5万元。

在创业导师的辅导下,任宝光进行数据分析,凭借淘宝官方付邮试用、直通车等促销活动,迅速扩大销量,最多一天卖出了2.3万单。短短3个月时间,任宝光通过促销活动赚到了人生的第二桶金——30多万元。随着电商的发展,淘宝对促销活动规则做了调整,仅依靠淘宝活动冲销量的方法行不通了。在发展高峰期,任宝光停下来了,他思考的是长远发展,决定将经营重点转向批发平台。

经过两个月的沉淀,任宝光于2013年8月正式进军阿里巴巴批发平台。他从零开始,依托义乌当地小商品市场的货源优势,定位于小百货。批发平台上线当月销售额突破10万元,接下来每个月都成倍增长,到2014年上半年月销售额突破百万元,最高达150万元,在阿里巴巴批发平台上的家居用品销售量已位居全网家居行业第二。

在一次跟客户沟通时,客户表示能不能把他卖的镜子做成椭圆的,因为人的脸是长的。任宝光听后觉得这是非常好的想法,马上带着镜子跟厂家沟通,希望厂家改良模具,把镜子做成椭圆的。虽然形状变了,但镜子大小基本没变,效果却大大提升了,整个人脸都能照得进去。圆镜子每天销售十几个,椭圆镜子每天能销售几万个。按照市场需求进行简单的款式变化,便给任宝光的销量带来了巨大的变化。

任宝光很享受把普通产品改造成自己产品的这个过程。改造后的新产品,销量有了新的突破,呈现翻天覆地的变化。之后,任宝光便经常上网寻找新产品,结合市场需求,不断进行改款创新。一旦改款成功,就意味着这款产品在市场上具有唯一性,就可以凭借这款产品最先占有市场,而此时产品利润相对更高。

由于经营得法，加上产品不断创新，任宝光的店铺进入了发展快车道，生意异常火爆。他利用义乌小商品市场的货源优势和价格优势，通过阿里巴巴批发平台为全国上百家超市供货，同时拥有60多家淘宝店铺，生意繁忙时，物流公司每天都要从他的仓库拉走三四车货。

对于他的创业故事，中央电视台《经济半小时》播出了"22岁温州青年任宝光在义乌成功创业的故事"专题采访。2016年，任宝光公司年销售额破5000万元；2017年公司推行绩效改革，完善公司管理；2018年，公司销售额突破1亿元，公司员工人均月工资突破2万元；2021年，年销售额已超2.5亿元。

思考：
1. 你觉得任宝光成功的原因有哪些？
2. 创新思维在这个案例中有哪些体现与运用？
3. 该案例对你产生了哪些启示？

知识要点

一、创新思维的含义

所谓创新思维，就是创新人才在思维活动中所表现出的思维的独创性、灵活性、敏锐性、严密性和预见性等思维品质。创新活动是一种探索性的活动，表现为对客观事物发展变化本质的认识和对客观事物发展变化规律的揭示。它需要走前人、别人没有走过的路，做前人、别人没有做过的事，提出前人、别人没有提出过的想法和见解。要做到这些，就要求创新型人才具有创新思维。

创新思维的培养需要时间和自身特点的充分配合，更多地依赖于平时的观察、思考、累积，在潜移默化之间获得灵感，主要体现在以下方面。

1. 思维结果的首创性、独立性和新颖性

创新思维是在一般思维的基础上发展起来的，以提供具有重大社会价值、前所未有的思维成果为标志。在这种思维过程中，没有现成的可供借鉴的解决问题方案，必须打破惯常解决问题的思维模式，将已有知识经验进行改组或重建，独辟蹊径，创造出非同寻常的思维成果。例如，我国改革开放的总设计师邓小平同志提出"一国两制"伟大构想，就是创新思维的典型代表。它在香港、澳门回归过程中发挥了积极的作用，也必将在解决台湾问题上产生积极影响。这一划时代的伟大构想，新颖独特，具有巨大的社会价值，必将载入史册。首创性、独立性和新颖性是创新思维的本质特征。当然，对于以继承前人的经验为主的学生来讲，如果解决的问题对其来说是新颖的，不因循旧例，有所发现，有所创新，尽管不一定提供前所未有的、具有巨大社会价值的创造产物，也属于思维创新。

2. 思维过程的非逻辑性

在解决问题的过程中，遵循思维的逻辑规则，对事实材料进行分析，通过一步一步地推理，从而找到解决问题的途径和方法，这是一般思维。创造活动需要一般思维，但更需要创新思维，

才能有效地探索未知的实践领域，提出前所未有的思维成果。由于科学技术发展水平、主体经验及物质条件的限制，未知事物带有较大的模糊性和不确定性，给创新思维的顺利进行带来很大困难。在这种情况下，仅利用一般思维就可能束手无策，人们需要打破思维的逻辑规则，发挥创造想象的补充和预见功能，通过自由、灵活地联想，把抽象模糊的概念具体化、明朗化，提出预测性假说或模型，确定创造性解决问题的合理方向。这就是说，创新思维带有极大的非逻辑性和跳跃性。创新思维的非逻辑性主要表现形式是直觉和灵感。

3. 思维形式的综合性

在创新思维的过程中，不是靠某种单一的思维形式，而是将多种思维形式有机地结合在一起。其中，既有与事物具体情境相联系的形象思维，又有与抽象概念相联系的抽象思维；既有作为新观点、新设想产生基础和准备阶段进行的分析思维，又有新观念产生瞬间表现出的直觉、灵感和顿悟等非逻辑性思维形式（它们和逻辑思维相互补充）；既有为力求创新而进行的发散、多向思维或求异思维，又有为攻克难关而进行的收敛、集中思维或求同思维。各种思维形式之间分别构成一组对立面，其中都存在既互相区别、否定、对立，又互相补充、依存、统一的矛盾关系。在这一对对的矛盾关系中，各种形式的思维有机结合，相互促进，相互补充，使人的创新思维活动富有活力、逐步深入。

4. 强烈的目标指向性

在整个创新思维活动中，要解决的创造性问题会像磁石一般吸引着创造者，使其着迷，使其忘掉周围的一切，全身心地投入创造活动中。对于一个着了迷的创造者，创造就是其生活的最终目标，其他的一切都会被放到注意的范围之外。正如普希金在谈其创作体会时说过的"我忘掉了世界"；俄罗斯作家陀思妥耶夫斯基也说过"当我写什么东西的时候，吃饭、睡觉及与别人谈话时，我都想着它"；牛顿在专心研究问题的时候，竟把怀表当作鸡蛋放到锅里去煮。这些都是他们对问题的迷恋和强烈的目标定向作用的结果。创造的成果对整个社会的意义越重要，对创造者的吸引力也越大，其迷恋程度也越深。

二、创新思维的阻力

阻碍创新思维发展的因素很多，既有主观因素，也有客观因素。一般说来，创新思维的最主要阻力是存在于创新主体思维中的习惯和定势，以及头脑中的传统的、固定的思想观念。

1. 思维定势

思维是人脑的机能。人们在认识事物时，由一定的心理活动形成的某种思维准备状态影响或决定同类后继思维活动的趋势或形成的现象，这就是通常所说的思维定势。在人的思维能力上，思维定势是一种重要的表现，是人们通过不断地学习和实践积累下来的经验和形成的自己独有的对世界、对认知的规律和途径等方面的一种观点。它既有积极性，也有负面性。这主要看每个个体如何对待自己和认识自己的思维定势，是自觉的认识、理解和运用自己的思维定势，还是根本不知道什么是思维定势及思维定势的利弊。

思维定势对于解决常规性问题和例行性工作具有积极意义，它可以使人们在以往经验和模式的基础上驾轻就熟，快速地对问题做出反应。

按预先设定心理状态的预期结果不同，思维定势分为积极的思维定势和消极的思维定势。

（1）积极的思维定势：当面对问题时，相信采取某一行动一定会出现预期的结果，这种预先设定的心理状态是积极的思维定势。注意：思维定势产生的积极作用不同于积极的思维定势；积极的思维定势不一定都有正面的效应，积极的思维定势也存在正、反两个方面的效应。

固守积极的思维定势会使企业付出不必要的代价。当年秦池、爱多等很多中央电视台广告"标王"迷信品牌就是广告打出来的，只要有钱做广告就可以做好品牌，在如今这个广告媒体越来越分化、消费者越来越成熟的时代，仍然迷信单一广告的作用，结果巨额广告费投进去却没有收到预期的效益，这是坚持某种积极的思维定势付出的代价。

（2）消极的思维定势：对于创造性地解决问题，思维定势则只能成为一种阻力或障碍，它很容易使人思路阻塞、思域狭窄，难以闪现出创新的灵感，这是思维定势可能导致的消极影响。例如，诸葛亮成功上演了一出"空城计"，逼退司马懿，就是利用了司马懿的一种消极思维定势：诸葛亮做事一向谨慎，千万不可冒险进攻。

在创新过程中，应特别注意思维定势的消极影响，尽量防止或减少已有的思维定势可能产生的束缚作用。要冲破思维定势，主要途径是有意识地进行反定势思维，即注意有意识地从与定势不同的方向和角度进行思考。美国伯纳姆曾提出著名的"三问"，他认为对任何一件事情，都可以提出三个基本问题：一是能不能取消，二是能不能合并，三是能不能取代。

积极的思维定势往往来源于已往的成功经验，消极的思维定势往往来源于已有的失败教训，两种思维定势都会形成对创造思维的障碍。过去成功的经验应用于现在，不一定还能成功；过去失败的事情，放在现在不一定还会失败。

2. 传统观念

观念是内化于人脑潜意识中的观点和认识。人们在思维过程中，反复运用某种观点认识和思考问题，久而久之，这些观点和认识积淀到大脑深层意识之中而达到了"无意识"状态，形成了一种约束性的一致观念，对人的认识活动起着巨大的制约作用。在人脑思维加工的过程中，主体对材料的选择、组织，对问题的认识、评价，很大程度上取决于观念。历史上，每种观念的产生都是以当时的实践水平和历史文化发展为基础的，因而有其产生的根据和存在的合理性。当时代发展时，实践也随时代的发展而进步，深藏于人们头脑中的观念则不容易随实践和时代的改变而改变，从而形成一种思维的惯性。这时，原本适时的观念就变成了过时的观念，这种观念一般称为传统观念。传统观念是创新思维的重要障碍，它顽强地维护着赖以存在的实践和社会基础，反对思维对现存事物的超越。受传统观念的影响，人们会因循守旧，墨守成规，用老眼光、老办法去面对新问题。所以说，传统观念是阻碍创新思维的重要因素，是创新思维的大敌。

另外，固定观念也会阻碍创新思维的发展。固定观念一般是指人们在特定的领域内形成的观念。在该领域内某种观念是适用的，一旦超出这个范围，它们就可能变得不再适用了。但是，由于观念在思维中的惯性作用，人们总是习惯于以固有的观念去认识、评价面对的问题，而不管这个问题是否超出了适用范围。在经验范围内解决那些常规性问题，是不需要思维创新的。但如果思维超出原有的领域而进入一个新的领域，那么适用于原来领域的固定观念在新的领域中只能起排斥新思想、扼杀新观念的作用。

创新思维阻力根源于创新主体的心理模式，创新思维受到创新主体知识、经验、个人素质的制约。因此，克服创新思维的阻力既要善于质疑和勇于批判，克服胆怯心理、实现超越，又要创新主体加强对创新思维原理等方面的学习和训练。

三、创新思维的训练

创新思维测试，主要是从思维的流畅性、灵活性、独特性来评定的。因此，加强对学生的创新思维训练，应从这些方面进行。

1. 扩散思维训练

扩散思维是创新思维的主要成分。通过一些有效的方法，对学生进行灵活、新颖的扩散训练，有利于开发学生的创新思维。

扩散思维训练主要采取以下方法。

（1）材料扩散。以某个物品为扩散点，设想它的各种用途。例如，回形针的用途——当作发夹用；代替领带的别针；拉开一端可以用来穿扎、绘图、写字等。

（2）功能扩散。以某种事物的功能为扩散点，设想出获得该功能的各种可能性。例如，怎样达到照明的目的——点油灯、开电灯、点蜡烛、用镜子反射太阳光、划火柴、按打火机、打手电筒、点火把等。

（3）结构扩散。以某种事物的结构为扩散点，设想出利用该结构的各种可能性。例如，尽可能多地说出含结构的东西名称并画出：刚出山的太阳、乌龟、酒杯、眼镜、圆形的门、伞、草帽等。

（4）形态扩散。以事物的形态为扩散点，设想出利用某种形态的各种可能性。例如，利用红颜色可做什么、办什么事——红灯、禁止通行的交通信号、红旗、红墨水、红星、红印泥、口红等。

（5）方法扩散。以人们解决问题或制造物品的某种方法为扩散点，设想出利用该种方法的各种可能性。例如，用"吹"的方法可以解决的问题——吹气球、吹灭烛火、吹肥皂泡、吹笛子、把热茶吹凉等。

（6）组合扩散。从某事物出发，以此为扩散点，尽可能多地设想与另一事物结合具有新价值的各种可能性。例如，钥匙圈可同哪些东西组合在一起——同小刀组合、同指甲剪组合、同纪念章组合等。

（7）因果扩散。以某事物发展结果或起因，设想出这一结果的原因或这一原因可能产生的结果。例如，推测"玻璃杯碎了"的原因——手没抓住掉到地上碎了、冬天冲开水碎了、被动物撞倒碎了等。

（8）语词扩散。说出一个词，让自己连接或造不同的句子，组成更多的词或句子。例如，学生—生活—活力—力量—量表—表扬—扬帆—帆船。

2. 摆脱习惯性思维训练

习惯性思维有时可能阻碍我们的思路，想不到本来应该想到的问题，或者思路进入岔道，找不到正确的答案。摆脱习惯性思维的训练，被人称为"创新思维的准备活动"。其真正意义是促使人们探索事物存在、运动、联系的各种可能性，从而摆脱思维的单一性，以免陷入某种固定不变的思维框架，使思维具有流畅、变通、灵活、独创等特性。

（1）排除观念定势训练。排除观念定势训练的目的在于，训练思考者对任何事都能考虑的各种可能性。例如，爸爸的衬衣纽扣掉进了已经倒入咖啡的杯子里，他连忙从咖啡里拾起纽扣，不但手不湿，连纽扣都是干的，他是怎样取出纽扣的？答案很简单，已经倒入的咖啡是固体粉末。在人们的观念里，总是以为咖啡就是一种液体饮料，而很少会想到"固体粉末"，进而导致解决问题的障碍。

（2）排除"功能固定"训练。排除"功能固定"训练的目的是防止思维刻板、僵化，打破思维定势，停止盲目地"尝试错误"，从崭新角度思索问题的新意义。例如，在小韩的房间天花板上，悬挂两根长绳，两绳间距离五米，旁边的桌面上有些小纸条和一把剪刀。聪明的小韩却能站在两绳间不移动位置，伸开双臂，两手各拉住绳子。你知道他用的是什么办法吗？小韩先用一根绳子把剪刀拴住，甩出用绳子拴住的剪刀，兜住另一条绳子，剪刀摆回来，用手抓住剪刀和另一条绳子。剪刀，人们很少能想到用来当摆锤，即人们只想到剪刀的"剪"的功能，很少想到其他功用，使该问题无法解决。排除"功能固定"还可以通过列举事物用途加以训练。

（3）检核表法训练。为了打破习惯性思维方式，这种技法要求人们把应该考虑的各个要点列成一个表格，进行发明创造时将表格内的要点逐一考虑，从中得到启示，从而提高创新思维的效率。

3. 缺点列举训练

缺点列举是一个极为重要的创造技法。对某事物存在的某个或某些缺点产生不满，往往是创造发明的先导。只要把列举出来的点、想法加以克服，那么就会有所发明、有所创造。例如，尽可能多列举出玻璃杯的缺点，如易碎、较滑、装开水时手摸上很烫、有小缺口会划破手、运动时带在身边不方便等。

4. 愿望列举训练

人们对美好愿望的追求，往往成为创造发明的强大动力。例如，人们希望烧饭能自动控制，结果就发明了"电饭锅"。愿望列举就是对某个事物的要求——"如果是这样就好了"之类的想法列举出来。它不同于缺点列举，因为缺点列举是不离开物体的原型，提出积极的希望比仅仅克服缺点，可能产生更好的创意。例如，怎样的电视机才是理想的，写出你的愿望——看起来像立体的、具有每个人都可以分开看的装置、想看的频道节目会自动出现、能看到全世界的节目，等等。

5. 想象力训练

训练想象力是培养和发挥创新思维的一种极好的方法。它能帮助人们从固化的看法、想法中解放出来；使人们在思考、解决问题的过程中，学会大胆想象，敢于"异想天开"。

拓展阅读

"娃哈哈"的成功

杭州娃哈哈集团有限公司（以下简称"娃哈哈"）是目前我国最大的食品饮料生产企业。娃哈哈主要从事食品饮料的开发、生产和销售，已形成年产饮料600万吨的生产能力及与之相配套的制罐、制瓶、制盖等辅助生产能力，主要生产含乳饮料、瓶装水、碳酸饮料、茶饮料、果汁饮料、罐头食品、医药保健品七大类50多个品种的产品。2003年，公司营业收入突破100亿元大关，成为全球排名第五的饮料生产企业，仅次于可口可乐、百事可乐、吉百利、柯特四家跨国公司。自1998年以来，娃哈哈在资产规模、产量、销售收入、利润、利税等指标上一直位居中国饮料行业首位。

娃哈哈的产品并没有很高的技术含量，其市场业绩的取得和它对渠道的有效管理密不可分，在全国 31 个省市和地区选择了 1000 多家能控制一方的经销商，组成了几乎覆盖中国每个乡镇的联合销售体系，形成了强大的销售网络。娃哈哈非常注重对经销商的促销努力，公司根据一定阶段内的市场变动、竞争对手的行为及自身产品的配备而推出各种各样的促销政策。针对经销商的促销政策，既可以激发其积极性，又保证各层销售商的利润，因而可以做到促进销售而不扰乱整个市场的价格体系。娃哈哈对经销商的激励采取的是返利激励和间接激励相结合的全面激励制度。娃哈哈通过帮助经销商进行销售管理，提高销售效率来激发经销商的积极性。娃哈哈各区域分公司都有专业人员指导经销商，参与具体销售工作；各分公司派人帮助经销商管理铺货、理货及广告促销等业务。

娃哈哈的经销商分布在全国 31 个省市和地区，为了对其行为实行有效控制，娃哈哈采取了保证金的形式，要求经销商先交预付款，对于按时结清货款的经销商，娃哈哈偿还保证金并支付高于银行同期存款利率的利息。娃哈哈总裁宗庆后认为："经销商先交预付款的意义是次要的，更重要的是维护一种厂商之间独特的信用关系。我们要经销商先付款再发货，但我给他利息，让他的利益不受损失，每年还返利给他们。这样，我的流动资金十分充裕，没有坏账，双方都得了利，实现了双赢。娃哈哈的联销体以资金实力、经营能力为保证，以互信互助为前提，以共同受益为目标指向，具有持久的市场渗透力和控制力，并能大大激发经销商的积极性和责任感。"

为了从价格体系上控制窜货，娃哈哈实行级差价格体系管理制度。根据区域的不同情况，制定总经销价、一批价、二批价、三批价和零售价，使每一层次、每一环节的渠道成员都取得相应的利润，保证了有序的利益分配。

同时，娃哈哈与经销商签订的合同中严格限定了销售区域，将经销商的销售活动限制在自己的市场区域范围之内。娃哈哈发往每个区域的产品都在包装上打上编号，编号和出厂日期印在一起，根本不能被撕掉或更改，借以准确监控产品去向。娃哈哈专门成立了一个反窜货机构，在全国严厉稽查，保护各地经销商的利益。娃哈哈的反窜货人员经常巡察各地市场，一旦发现问题，马上会同企业相关部门及时解决。总裁宗庆后及各地的营销经理也时常到市场检查，一旦发现产品编号与地区不符，便严令彻底追查，按合同条款严肃处理。娃哈哈奖罚制度严明，一旦发现跨区销售行为，将扣除经销商的保证金以支付违约损失，情节严重的将取消其经销资格。

娃哈哈全面激励和奖惩严明的渠道政策有效地约束了上千家经销商的销售行为，为庞大渠道网络的正常运转提供了保证。凭借其"蛛网"般的渠道网络，娃哈哈的含乳饮料、瓶装水、茶饮料销售到全国各个角落。2004 年 2 月新产品"激活"诞生，3 月初铺货上架，从大卖场、超市到娱乐场所、交通渠道、学校和其他的一些传统的批发零售渠道，"激活"出现在了它能够出现的一切地方。娃哈哈将其渠道网络优势运用得淋漓尽致，确保了"激活"在迅速推出的同时尽快形成规模优势。

面对可口可乐、百事可乐和康师傅、统一等品牌的全面进攻，娃哈哈大胆创新，尝试大力开展销售终端的启动工作，从农村走入城市。总裁宗庆后认为，现在饮料企业的渠道思路主要有三种：一是可口可乐、百事可乐的直营思路，主要做终端；二是健力宝的批发市场模式；三是娃哈哈的联销体思路。娃哈哈在品牌、资金方面不占优势，就要扬长短，尽可能地发挥自己的优势，而抑制对方的长处。娃哈哈推出非常可乐，从上市之初就没有正面与可口可乐、百事可乐展开竞争，而是瞄准了中西部市场和广大农村市场，通过错位竞争，借助强大的营销网络，把自己的可乐输送到中国的每个乡村与角落地带，利用"农村包围城市"的战略在中国碳酸饮料市场占据了一席之地。

思考和讨论：

认真阅读以上案例，分析娃哈哈的创新之处。

实践练习

实践活动 1：扩散思维训练

活动目的：训练同学们的扩散思维

活动内容：

1. 分组：以 5~8 人为一组。
2. 根据材料扩散、功能扩散、结构扩散、形态扩散、方法扩散、组合扩散、因果扩散、语词扩散的顺序，各位组员轮流提出一个关键词。
3. 其他组员根据关键词及思维扩散方式开展思维扩散训练。
4. 交流彼此思维扩散想到的东西。

实践活动 2：摆数字

活动目的：明白创新性答案不一定很复杂，要大胆地进行创新性构想。

活动准备：图画纸一张、铅笔、橡皮。

活动内容：

请将 4、6、8 三个数字按规律放在以下数字的适当位置（左或右）。

1　7　2　3　5

注意事项：鼓励学员随意畅想，但有必要提示学员寻找事物的规律性。

活动答案：147 23568（有直线的在左边；有弯角的在右边；数字按从小到大排列）。

2.3 创新方法学习

知识概要

创新方法是创造学家收集大量成功的创造和创新的实例后，研究其获得成功的思路和过程，经过归纳、分析、总结，找出的一些带有普遍规律性的原理、方法和技巧。本节通过案例与理论结合讲述常见的几种创新方法。

情景案例

武汉纺织大学李怀玉创业案例

李怀玉，武汉纺织大学机械工程与自动化学院13级本科生，中共党员，学校2017届优秀毕业生。相继获得"江夏区大学生创业先锋"、黄陂区"木兰俊才"、国家级众创空间卓尔青年汇"最具商业价值初创企业"等殊荣。毕业后，他创办武汉云摇初晓科技有限公司，深耕新型显示设备的研发。该型产品被武汉市科技局认定为"武汉名优创品"，不仅受邀在厦门、西安参展，更远销"一带一路"沿线十余个国家，向世界展示了新型显示设备的"武汉创造"。

学以致用：立定脚跟求突破的发明达人

李怀玉具有较强的创新意识，在一次科技成果展览上，李怀玉被国外3D成像产品的视觉效果所震撼，绚丽缤纷的成像效果，激发了李怀玉求索的心理，他萌发了研发自己的3D显示技术的想法。

3D影像技术的出现，是在图像领域彩色替代黑白后又一次的技术革命，而裸眼3D显示技术更是视觉文化行业发展的未来趋势。掌握了裸眼3D显示技术，就是掌握了视觉影像行业发展的金钥匙。传统的3D显示技术，多采用视觉屏障技术或者视觉光栅技术。李怀玉萌生了打破常规的想法，和其导师张弛教授在不断的摸索之下，提出了基于POV原理的阵列扫描式新型显示设备的设计方案。

POV（Persistence of vision）原理，中文全称视觉暂留原理，又称"余晖效应"，人眼在观察景物时，光信号传入大脑神经，需经过一段短暂的时间，光的作用结束后，视觉形象并不立即消失，这种残留的视觉称"后像"，视觉的这一现象则被称为"视觉暂留"。走马灯便是据历史记载中最早的视觉暂留运用。可以说，这一技术原理，既古老又新颖。在现代LED成像技术及软件算法之下，搭载物联网等最新的技术手段，将会使基于POV原理的裸眼3D显示技术焕发新的生命力。

基于这一基本原理，李怀玉团队的新型显示设备采用一定算法将视频按帧数进行格式转换。调整图片的笛卡尔坐标系显示为极坐标系显示，通过四片各自含有168颗LED

灯珠的扇叶高速旋转来完成裸眼 3D 显示屏的建立,从而实现在肉眼上的视觉效果即可呈现 3D 效果。经过近两年的研发,李怀玉他们一共取得了 11 项知识产权,包含 1 项发明专利,5 项实用新型专利以及 5 项软件著作权,团队发表核心学术论文若干,成为国内第二个拥有完全自主知识产权的新型显示设备的创新团队。

勇于进取:抬眼望天谋发展的创业先锋

2017 年 6 月,凭借着新型显示设备领域的两年深耕,再加上十余项专利的知识产权,李怀玉决定在江城开启他的创业人生。他成立了武汉云摇初晓科技有限公司,与母校展开良好的产学研科技成果转化,将实验室里的裸眼 3D 显示设备搬到现实。2018 年,李怀玉在黄陂区承担了该地区的一项成果转化,为企业发展积累了宝贵的经验。

2018 年 6 月,第一台裸眼 3D 显示设备工程样机顺利下线,设备所有参数均达到预设值,部分关键技术指标居于行业前列。酒香不怕巷子深,短短几个月后,凭借该设备,李怀玉的创业项目就顺利通过了 2019 年湖北省大学生科技创业专项评审,并获得了国家级众创空间卓尔青年汇"最具商业价值初创企业"。2019 年 3 月,新型裸眼 3D 显示设备代表武汉的名优创品,出征厦门、西安等多地展览,吸引了一批又一批的消费者驻足围观,订单纷至沓来。

抬头望天需要时机。2018 年 12 月,中国——中东欧国家合作机制(简称 16+1 合作)国家协调员代表团考察湖北,李怀玉的裸眼 3D 显示设备凭借着出色的显示效果大放异彩,会后,考察团里 6 个国家的代表向他抛出橄榄枝,李怀玉的创业之路成功走出了国门。发展至今,李怀玉的合作伙伴涵盖了中车、良品铺子、三只松鼠等优秀的国营民营企业,更是借着 16+1 合作的契机,远销"一带一路"沿线十余个国家和地区,成为了年销售突破一千余万的创业先锋。在李怀玉的鼓舞带动下,他所在学院创新创业氛围得到了较大的提高,综合素质教育工作取得了长足的发展,学院年专利获得数突破 60 余件,李怀玉也被评选为"机械学院榜样学子"。

思考:

1. 你觉得李怀玉成功的原因有哪些?
2. 李怀玉运用了哪种创新方法?
3. 该案例对你产生了哪些启示?

知识要点

一、创新的分类

1. 按内容分类

创新涵盖众多领域,包括政治、军事、经济、社会、文化、科技等。创新按内容具体可以划分为知识创新、技术创新、工程创新、社会创新。

（1）知识创新是指通过科学研究，包括基础研究和应用研究，获得新的基础科学和技术科学知识的过程。其中科学研究是知识创新的主要活动和手段，知识创新的目的是追求新发现、探索新规律、创立新学说、创造新方法、积累新知识。

（2）技术创新属于经济概念，指企业应用创新知识和新技术、新工艺，采用新的生产方式和经营管理模式，提高产品质量，开发新产品，提供新服务，占据市场并实现市场价值。

就一个企业而言，技术创新不仅指应用自主创新的技术，还可以是创新性地应用合法取得的、他方开发的新技术，或已进入公有领域的技术，从而创造市场优势。技术创新是企业发展的源泉和竞争的根本。但创业者要认识到，技术上的领先不等于创新成功。

（3）工程创新指技术要素层次的集成，其重要标志是"集成创新"，包括工程理念创新、工程设计创新、工程技术创新、工程管理创新、工程制度创新。

（4）社会创新是指能够满足社会目的、取得实效的新想法，其中包括中央政府、地方政府及企业通过新的更有效方法的设计和开发，应对城市扩张、交通堵塞、人口老龄化、慢性病等挑战的过程。

2. 按创新程度和创新中自我知识产权的比重分类

按创新程度和创新中自我知识产权的比重，可将创新分为自主式创新和开放式创新。

（1）自主式创新是指拥有自主知识产权的核心技术及在此基础上实现新产品价值的过程，即创新主体独立地依靠自己的智慧和力量而进行的一种拥有自主知识产权的创新，包括原始创新、集成创新和引进技术再创新。自主创新的成果，一般体现为新的科学发现及拥有自主知识产权的技术、产品、品牌等。

（2）开放式创新的概念是从对高技术行业的案例研究中提炼出来的，开放式创新的最终目标是以更快的速度、更低的成本，获得更多的收益与更强的竞争力。开放式创新应用广泛，很多传统行业也开始应用。

3. 按创新的方式分类

以创新的方式为依据，即创新被应用在哪些领域或哪些地方，可把创新的主要应用领域分为产品创新、服务、工艺、营销和商业模式创新。

（1）产品创新

产品创新是指通过改善或创造产品，以进一步满足顾客需求或开辟新的市场。产品创新的价值在于创造性地解决了用户的问题，同时兼顾了用户价值和商业价值，既满足了用户的需求、创造了用户价值，又达成公司的商业目标、创造了商业价值。成功的产品创新通过在功能、外观、质量、安全等各方面不断改进以满足顾客的需求，从而争取更多的用户基础，实现企业的市场竞争优势。

（2）服务创新

服务创新是企业为了提高服务质量和创造新的市场价值而发生的服务要素变化，对服务系统进行有目的、有组织的改变的动态过程，是一种技术创新、业务模式创新、社会组织创新和需求、用户创新的综合。服务创新能通过新的设想、新的技术手段转变成新的或者改进的服务方式，使顾客或潜在顾客感受到不同于从前的崭新内容。

（3）工艺创新

工艺创新对社会的影响比前两者大。工艺创新，指企业采用了全新的或有重大改进的生产方法、工艺设备或辅助性活动。工艺创新的"新"要体现在技术、设备或流程上；它对本企业而言必须是新的，但对于其他企业或整个市场而言不一定是新的。工艺创新侧重于活动的过程；产品创新的成果主要体现在物质形态的产品上，而工艺创新的成果既可以渗透于劳动者、劳动资料和劳动对象之中，还可以渗透在各种生产力要素的结合方式上；产品创新的生产者主要是为用户提供新产品，而工艺创新的生产者也是创新的使用者。

（4）营销创新

营销创新是指营销策略、渠道、方法、广告促销策划等方面的创新，海尔集团的"亲情营销"和"事件营销"都属于营销创新。海尔集团由一个亏空147万元的集体小厂，最终发展成为享有国际声管的世界百强企业；同时，"海尔"这两个字的价值也从无到有，从小到大，目前已发展成为一个涵盖所有家电产品、市场占有率领先的中国家电优秀品牌，其成功的背后离不开不断创新的营销理念。

（5）商业模式创新

商业模式创新是指企业把新的商业模式引入社会生产体系，并为客户和自身创造的价值。通俗地说，商业模式创新就是指企业以新的有效方式赚钱。新引入的商业模式，既可能在构成要素方面不同于已有商业模式，也可能在要素间关系或者动力机制方面不同于已有商业模式。阿里巴巴凭借电子商务商业模式的不断创新，成了中国乃至世界最大的电子商务企业。

二、创新方法的概念

创新方法是创造学家研究大量成功的创造和创新的实例后，经过归纳、分析、总结，找出的一些带有普遍规律性的原理、方法和技巧。创新方法有助于高效解决问题，有助于培养创新思维，有助于科学指导创新实践。

三、五种创新方法

1. 模仿创新法

模仿创新法是通过模仿旧事物创造出与其类似的事物的创造方法。根据模仿程度的不同，可以将其分为机械式模仿、启发式模仿和突破式模仿。

机械式模仿是把别人成功的经验和先进的生产方式直接吸收过来，加以利用，所以很少独创。

启发式模仿不是在二者相同条件下进行的，而是在其他对象的启发下，借用其做新的创造。例如，在小创伤护理市场，邦迪创可贴给伤口止血的优势只在于胶布的良好性能，没有消毒杀菌的功能，云南白药集团认为自己的市场机会在于让小伤口更快地愈合，其生产的创可贴成功地模仿和超越邦迪创可贴，迅速占领市场。

突破式模仿是指与自己模仿的东西有质的差别，是一种全新的创造。

模仿创新的途径包括以下几种。

（1）原理性模仿。按照已知事物的运作方式，创造新事物。例如，计算机人工智能就是模仿人脑神经设计的。

（2）形态性模仿。模仿已知事物的形态，创造新事物。例如，军人的迷彩服是对大自然色彩的模仿性创造。

（3）结构性模仿。模仿已知事物的结构特点，创造新事物。例如，复式住宅来自对双层公共汽车的结构模仿。

（4）功能性模仿。从某种功能要求出发，模仿类似的已知事物。例如，人们受智能照相机的启发，研制出无人驾驶汽车。

（5）仿生性模仿。以生物界事物的生存、发展的原理、功能、形状为参照物，进行仿生性模仿创造，包括原理性仿生、技术性仿生、信息性仿生等。

2. 类比思考法

类比思考法由美国麻省理工学院教授威廉·戈登在 1944 年提出，是指以外部事物或已有的发明成果为媒介，并将其分成若干要素，对其中的元素进行研究，综合利用被激发出来的灵感，发明新事物或解决问题的方法。

戈登发现，当人们看到一个外部事物时，往往会得到启发思考的暗示，即类比思考。而这种思考的方法和意识没有多大联系，反而是与日常生活中的各种事物有紧密关系。人类的不少发明创造、文学作品都是由日常生活的事物启发而产生的灵感。

类比思考法常用的方法包括下面几种。

（1）拟人类比，将创造的对象加以"拟人化"。例如，机器人的设计就是模拟人的动作，挖土机的设计就是模拟人体手臂的动作。

（2）直接类比，从自然界或者已有的成果中找寻与创造对象类似的东西。例如，运用仿生学设计飞机、潜艇等。

（3）象征类比，赋予创造对象一定的象征性，使它们具有独特的风格。例如，设计纪念碑、纪念馆，需要赋予其"宏伟""庄严""典雅"的象征格调；设计咖啡馆、音乐厅，就要赋予其"艺术""优雅"的象征格调。

（4）想象类比。充分利用人类的想象能力，通过童话、小说、幻想、谚语等来寻找灵感，以获取解决问题的方案。例如，孙悟空的金箍棒能大能小、收缩自如，有人就通过想象类比，发明了一种可以收缩的自行车把。

3. 头脑风暴法

头脑风暴法由美国人奥斯本在 1939 年提出，是以小型会议形式组建头脑风暴小组，明确讨论的问题，组织成员无限制地自由畅谈，打破常规，积极思考，以产生新观念或激发创新设想。头脑风暴法程序如图 2-1 所示。

头脑风暴为什么能激发创新思维？根据奥斯本及其他研究者的看法，主要有以下几点。

（1）联想反应。联想是产生新观念的基本过程。在集体讨论问题的过程中，每提出一个新的观念，都能引发他人的联想，相继产生一连串的新观念，产生连锁反应，形成新观念堆，为创造性地解决问题提供了更多的可能性。

（2）热情感染。在不受任何限制的情况下，集体讨论问题能激发人的热情。人人自由发言、相互影响、相互感染，能形成热潮，突破固有观念的束缚，最大限度地发挥创造性的思维能力。

（3）竞争意识。在有竞争意识的情况下，人人争先恐后，竞相发言，不断地开动思维机器，力求有独到见解、新奇观念。心理学原理告诉我们，人类有争强好胜的心理，在有竞争意识的情况下，人的心理活动效率可增加 50%或更多。

（4）个人欲望。在集体讨论解决问题的过程中，个人的欲望不受任何干扰和控制是非常重要的。头脑风暴法有一条原则，不得批评仓促的发言，甚至不许有任何怀疑的表情、动作、神色。这能使每个人畅所欲言，提出大量的新观念。

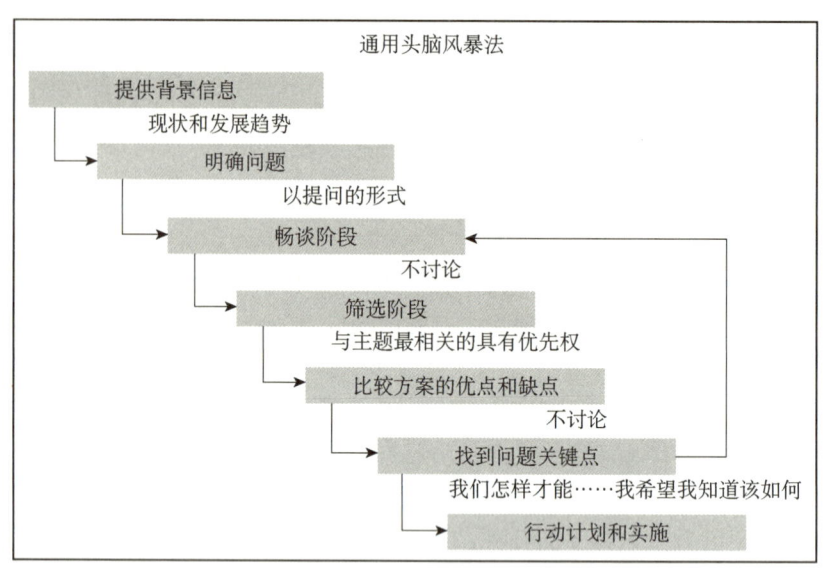

```
                        通用头脑风暴法
        ┌──────────────┐
        │  提供背景信息  │
        └──────┬───────┘
               │  现状和发展趋势
               ▼
        ┌──────────────┐
        │   明确问题    │
        └──────┬───────┘
               │  以提问的形式
               ▼
        ┌──────────────┐◄──────┐
        │   畅谈阶段    │       │
        └──────┬───────┘       │
               │  不讨论        │
               ▼               │
        ┌──────────────┐       │
        │   筛选阶段    │       │
        └──────┬───────┘       │
               │  与主题最相关的具有优先权
               ▼               │
        ┌──────────────────┐   │
        │  比较方案的优点和缺点 │   │
        └──────┬───────────┘   │
               │  不讨论        │
               ▼               │
        ┌──────────────┐       │
        │  找到问题关键点 ├──────┘
        └──────┬───────┘
               │  我们怎样才能……我希望我知道该如何
               ▼
        ┌──────────────┐
        │  行动计划和实施 │
        └──────────────┘
```

图 2-1　头脑风暴法程序

4. 六顶思考帽法

六顶思考帽是英国学者爱德华·德博诺博士开发的一种思维训练模式，或者说是一个全面思考问题的模型。它提供了"平行思维"的工具，避免将时间浪费在互相争执上。其强调的是"能够成为什么"，而非"本身是什么"，是寻求一条向前发展的路，而不是争论谁对谁错。运用德博诺的六顶思考帽法，将会使混乱的思考变得清晰，使团体中无意义的争论变成集思广益的创造，使每个人变得富有创造性。

所谓六顶思考帽法，是指使用六种不同颜色的帽子代表六种不同的思维模式。任何人都有能力使用以下六种基本思维模式。

（1）白色思考帽。白色表示中立而客观。戴上白色思考帽，人们思考的是客观的事实和数据。

（2）绿色思考帽。绿色代表茵茵芳草，象征勃勃生机。绿色思考帽寓意创造力和想象力。它具有创造性思考、头脑风暴、求异思维等功能。

（3）黄色思考帽。黄色代表价值与肯定。戴上黄色思考帽，人们从正面考虑问题，表达乐观的、满怀希望的、建设性的观点。

（4）黑色思考帽。黑色代表消极与谨慎。戴上黑色思考帽，人们可以否定和质疑，合乎逻辑地进行批判，尽情发表负面意见，找出逻辑上的错误。

（5）红色思考帽。红色是情感的色彩。戴上红色思考帽，人们可以表露自己的情绪，还可以表达直觉、感受、预感等方面的看法。

（6）蓝色思考帽。蓝色代表冷静的逻辑。蓝色思考帽负责控制各种思考帽的使用顺序，规划和管理整个思考过程，并负责做出结论。

六顶思考帽法是创新思维工具，也是人际沟通的框架，更是提高团队智商的有效方法。六顶思考帽法是操作简单、经过反复验证的思维工具，它给人以热情、勇气和创造力，让每次会议、每次讨论、每份报告、每个决策都充满新意和生命力。

如图 2-2 所示，六顶思考帽在会议中的典型的应用步骤：陈述问题（白帽）；提出解决问题的方案（绿帽）；评估该方案的优点（黄帽）；列举该方案的缺点（黑帽）；对该方案进行直觉判断（红帽）；总结陈述，做出决策（蓝帽）。

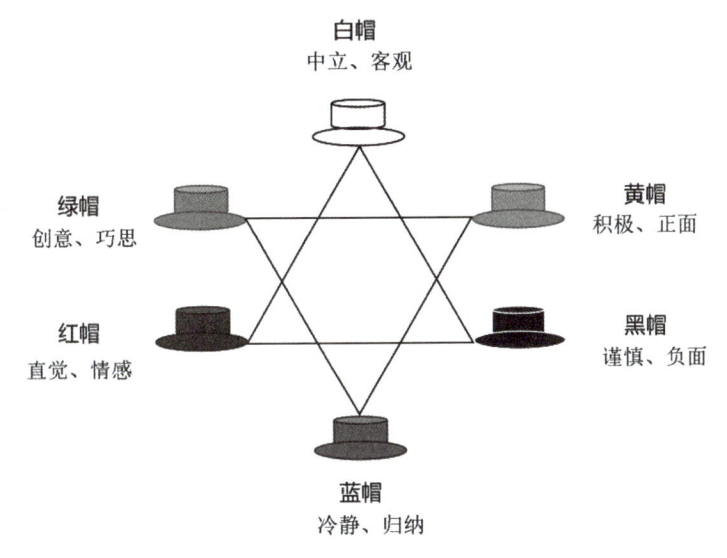

图 2-2　六顶思考帽法

六项思考帽是创新思维工具，也是人际沟通的操作框架，更是提高团队智商的有效方法。六项思考帽是一个操作简单、经过反复验证的思维工具，它给人以热情、勇气和创造力，让每一次会议、每一次讨论、每一份报告、每一个决策都充满新意和生命力。

5. TRIZ 理论法

TRIZ 理论是阿奇舒勒在 1946 年创立的，被称为发明问题的解决理论，如图 2-3 所示。

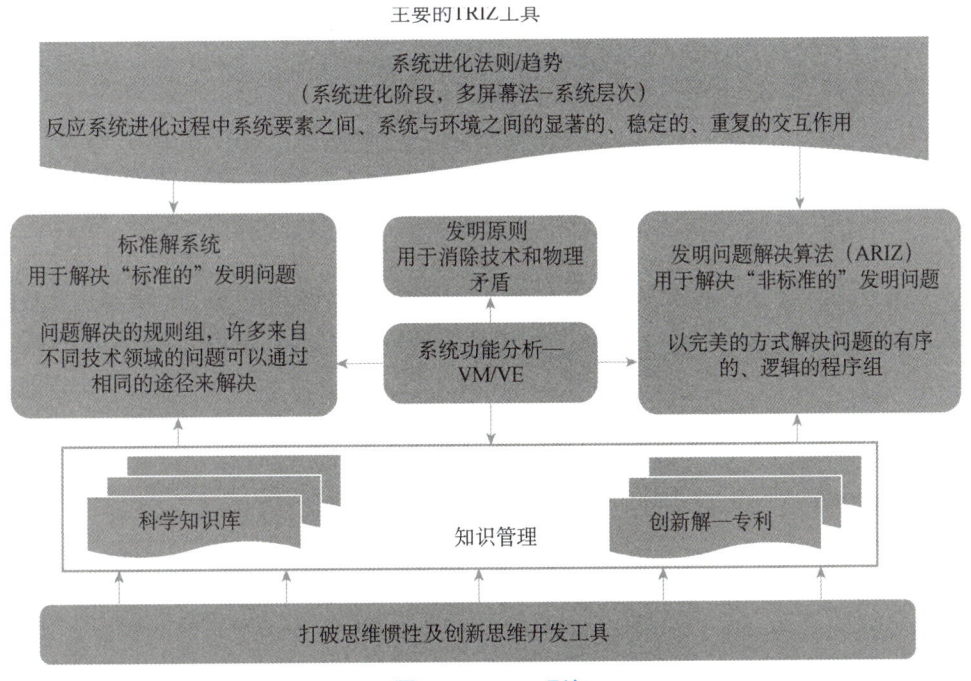

图 2-3　TRIZ 理论

现代 TRIZ 理论的核心思想主要体现在三个方面：第一，无论是一个简单产品还是复杂的技术系统，其核心技术的发展都具有客观的进化规律和模式；第二，各种技术难题、冲突和矛盾的不断解决是推动这种进化过程的动力；第三，技术系统发展的理想状态是用尽量少的资源实现尽量多的功能。

现代 TRIZ 理论体系内容主要有以下几个方面。

（1）创新思维方法与问题分析方法。TRIZ 理论提供了如何系统分析问题的科学方法，如多屏幕法等；而对于复杂问题的分析，则包含科学的问题分析建模方法——物—场分析法，可以帮助快速确认核心问题，发现根本矛盾所在。

（2）技术系统进化法则。针对技术系统进化演变规律，在大量专利分析的基础上，TRIZ 理论总结提炼出八个基本进化法则。利用这些进化法则，可以分析当前产品的技术状态，并预测未来发展趋势，开发出富有竞争力的新产品。

（3）技术矛盾解决原理。不同的发明创造往往遵循共同的规律。TRIZ 理论将这些共同的规律归纳成 40 个创新原理，针对具体的技术矛盾，可以基于这些创新原理、结合工程实际寻求具体的解决方案。

（4）创新问题标准解法。针对具体问题的物—场模型的不同特征，分别对应有标准的模型处理方法，包括模型的修整、转换、物质与场的添加等。

（5）发明问题解决算法。主要针对问题情境复杂、矛盾及其相关部件不明确的技术系统。它是一个对初始问题进行一系列变形及再定义等非计算性的逻辑过程，实现对问题的逐步深入分析、问题转化，直至问题的解决。

（6）构建知识库。基于物理、化学、几何学等领域的数百万项发明专利的分析结果而构建的知识库，可以为技术创新提供丰富的方案来源。

拓展阅读

阿尔迪商店——靠"模仿"赚钱

1948 年，卡尔的母亲不幸去世了，留给卡尔和弟弟特奥的只有一个叫"阿尔迪"的小商店。这一年，哥哥卡尔 27 岁，弟弟特奥 25 岁。之后，兄弟俩开始全力经营这家小商店，但经营情况并不好，卖得比较好的是点心、罐头、汽水一类小东西。到了年终，兄弟俩一算账，除去成本，利润少得可怜。

兄弟俩对这种情况很费解，常常坐在一起讨论，但没有找到经营窍门。最后，他们决定出去转一转，看看别的商店是如何经营的。次日，兄弟俩安排好店里的事情，开始在附近的大街小巷里转悠，想向别人取经。可是，一连转了三天，什么有用的经验都没有发现。不过，他们并不灰心。弟弟特奥认为，如果经营的窍门很容易就找到了，天下的人不就都成为富翁了吗？所以，他们继续转悠，寻找经营的窍门。这天中午，兄弟俩终于有所发现，他们看到一家顾客盈门的商店，进进出出的人都拿着大包小包的东西，好像被这家商店的东西迷住了似的。这种情况马上引起了兄弟俩的注意，于是仔细观察了起来。

在商店的门口，他们看到一块精致的告示牌，上面清晰地写着这样的告示："凡是在本店购买商品的顾客，请务必保管好购物发票，年终的时候可以凭发票免费领取价值款额 3% 的商品。"

兄弟俩把告示看了一遍又一遍，突然明白了其中的道理，找到了其中的窍门。兄弟俩非常高兴，回到自家的小商店后，他们就商量起具体的操作办法来。

弟弟特奥说："这家商店之所以这样兴隆，靠的就是'告示'上所写的，很多顾客就是希望得到那3%的免费赠物，所以才不断从他们那里买东西。如果我们也采用这种方法，就会很快兴旺起来。"

卡尔思考了一会儿，说："你的主意不错，但我们不能照猫画虎，单纯模仿人家，应该加入自己的创新。"

特奥说："那家商店年终让利3%，我们何不一直让利3%，这样就有优势了。"

卡尔兴奋地说："没错，让出3%的利，就可以售出更多的商品，就可以招揽更多的顾客，说不定生意比那家商店还要好呢！"

就这样，兄弟俩定好了策略，在第二天开始实施。阿尔迪商店门口贴上了这样一张大红告示："从今天起，本店开始让利3%，假如哪位顾客发现本店出售的商品不是让利3%，可以退还差价，我们还会给予适当的奖励。"就这样，没过几天，阿尔迪商店的销售额就得到了大幅提升，真可以说是生意火爆，门庭若市。

靠这种销售手段，阿尔迪商店的规模不断扩大，连锁店一家接一家地开了起来，最终发展成为德国第一零售商、全球零售业巨头，并且长盛不衰。

不难看出，卡尔兄弟的成功，秘诀就是模仿他人。为什么模仿者能取得被模仿者没有取得的巨大成就，一路发展成为世界知名连锁企业呢？主要原因就是卡尔兄弟的模仿并不是纯粹抄袭，而是将自己的创新融入模仿之中，从而造就了自己的事业。这种"模仿创新"的赚钱手段也正是创业者和生意人最值得学习的。

思考和讨论：
卡尔兄弟运用了哪种创新方法？

实践练习

实践活动1：思考和讨论
1. 谈谈你知道的各种类型的模仿创新法案例。
2. 结合本节内容，选一到两种创新方法，设计创新方案。

实践活动2：办公室PC速度缓慢的解决
活动目的：学会用六项思考帽法解决问题。
案例应用：
蓝帽：目前办公用PC存在年限长、速度慢等缺陷，本次会议讨论解决方案，先请白帽介绍情况。
白帽：
（1）随着软件的增多，占用的资源多，如Mcafee等，当前就要上的AD域，部分设备将不能满足（要求容量>=1GB），2008—2009年都在1GB以下。
（2）设备的更新周期要大于3年，且实际的情况只能更新三分之一。
蓝帽：大家出出主意，怎么办?

绿帽：

（1）根据设备折旧程度，是否可以调整设备折旧的期限。

（2）是否可以采用笔记本电脑代替 PC 机。

（3）采取策略，每半年重装软件。

（4）加装另一个硬盘，将 OS 装到这个新设备上。

（5）采用虚拟化技术。

（6）对人群进行分类、对发放策略进行调整。

（7）采用新软件节省内存。

黑帽：现在更换笔记本电脑则预算不能达到。

蓝帽：这是黑帽，请先用黄帽进行讨论这些方案的可行性。

黄帽：

（1）现在已进入新时代，笔记本电脑是应该普及的设备，且更换设备端的配置将很好地满足需求。

（2）配置升级、保护投资。

（3）软硬件方面的调整，改善是最常用的方法，已在其他单位应用，效果不错。

蓝帽：现在讨论以上方法的局限性。

黑帽：

（1）更换设备资金不足，不能满足需求；财务制度变革时间长。

（2）目前使用统一软件，不是正版的，需要统一采购，在 PC 机上不能使用。

（3）软件重装耗费时间太长，人员达到数百。

蓝帽：那么从目前看，解决方案主要集中在配置升级和调整配置策略，大家举手表决一下优先顺序。

红帽：表决顺序如下：

（1）把少量更新换代机会给更需要计算速度的员工。

（2）大部分员工利用硬件升级（加内存、硬盘），延长使用寿命，节约成本。

（3）定期重装 OS 和应用软件（如一年左右）。

（4）梯次更新。

蓝帽：本次会议经充分讨论，缓解员工疑问，找出了确定可行且具有高可操作性的方法，顺利结束。谢谢大家！

不同的思考模式可以让问题得以顺利解决，提出的解决办法也是大家都能认可并接受的，而且还可以提高决策效率。这种思考模式可以用来解决问题、提高会议效率。

思考应用：

1. 创业者是否一定需要具备创新思维和创新能力？并阐述理由。

2. 你还可以列举出哪些课本上没有介绍的创新思维类型？

3. 请同学们分组讨论六项思考帽的基本内容和步骤。

第3章 创业机会与风险

学习目标

知识目标：
1. 了解创业机会、创业风险、创业模式、商业模式的含义。
2. 熟悉创业机会和风险的分类、四种创业模式、商业模式的构成要素。
3. 掌握识别创业机会、创业风险的方法，以及商业模式设计、创新的方法。

能力目标：
1. 能够运用科学的方法分析创业项目的发展优势和风险。
2. 能够较好地规避、应对大学生创业过程中出现的风险。
3. 能够运用创业模式进行创业实践。

素养目标：
1. 认识到创业失败乃常事，树立屡败屡战的拼搏精神，提高抗挫折能力。
2. 树立风险意识，提前规划，防患于未然，增强执行力。
3. 具备创新意识，创新自身的商业模式。

3.1 创业机会识别

知识概要

识别创业机会是创业的起点。创业过程就是围绕机会进行识别、开发、利用的过程。识别正确的创业机会是创业者应当具备的重要技能。本节内容介绍了创业机会的类型、创业机会识别的主要影响因素及分析创业机会可行性的三种方法，有助于提高大学生识别创业机会的能力，得以更加全面地评价创业机会，进而把握创业机会。

情景案例

南京大学王庆阳创业案例

王庆阳，南京大学"双创之星"，创办南京星链高科技发展有限公司，2019年12月带领团队入选南京"高层次创业人才引进计划（市级）"。

创业初体验，做数据的主人

王庆阳于2016年进入南京大学，开始研究生学习生活。通过与导师沟通，他了解到学校每年会举办创新创业训练营。他内心萌生了对创业的好奇。因此，在12月南京大学创新创业训练营启动之际，他毫不犹豫地选择加入其中，系统化地接受了创新能力和创业训练。

2017年3月，在新学期首周的数据分析课程中，王庆阳和同班两位好友默契配合，提交的企业人物的分析报告得到了学院老师的一致好评。三个人在交流过程中，意识到了数据分析的魅力与价值。他们认为，未来的数据世界，如果能有一个工具提供针对性的分析服务，将产生不可估量的价值。于是，三个人一拍即合，决定一起研发"名门望族"企业家数据银行，从服务企业家开始挖掘数据价值。

同年5月，"名门望族"第一版正式上线，由王庆阳带头与企业洽谈。三人团队先后与五星控股、红豆集团、协鑫集团、远东集团等企业进行了服务对接，推进与企业家合作。王庆阳的创业征程至此正式开始。2018年4月，"名门望族"入选南京市大学生优秀创业项目，得到了政府的奖励支持。

技术专长，打造创业小高地

因热爱新技术的学习应用，他最先研究了区块链底层技术，并基于以太坊开发了智能合约。同时，他积累了大量关于大数据和人工智能的理论知识和实践技能。开始承接区块链技术开发服务，并逐渐寻找新的发展机会和方向。

2018年4月，他组织成立了南京大学人工智能协会，首次吸引到400多名同学参加。同时，他还发起了南京大学区块链联盟、南京区块链社群联盟，召集了大量区块链技术爱好者，为之后区块链技术应用落地打下了坚实的基础。

2018年6月，他带着团队正式入驻南京大学国家双创示范基地，在南京大学大学生创业园办公。南京大学"双创办"给予学生创业公司创业券、项目路演、法律咨询、专题讲座等大量的支持。

2018年7月20日，他积极参与"江北新区百亿公链产业基金"活动，联合中关村区块链联盟、水木道，在南京大学组织区块链系列专题讲座培训活动，以期寻找更多的区块链技术落地应用机会。

2018年8月，他依旧为落地应用方向不断奔波忙碌，联合了南京大学、颐东集团，举办"2018年区块链创新应用案例大赛"，累计3万多人参与。

机会青睐有准备之人。2018年10月，五星控股集团计划布局区块链技术板块，向王庆阳抛出了橄榄枝。他与团队成员多次探讨分析之后，决定接受五星控股集团的战略投资，并于2018年11月入驻五星控股集团孵化器。

创业团队于2019年1月3日正式成立南京星链高科技发展有限公司，聚焦区块链商业服务应用。在五星控股集团大平台的加持之下，创业团队获得了资本、资源、战略等方面的一系列支持，得以快速发展。至此，他不再盲目追逐探索不同方向，而是坚定信念，在区块链商业化领域持续深耕，走上了创业正轨。

区块链溯源开放平台，创业喜讯接连不断

王庆阳在2019年明确业务发展方向，"打造区块链溯源开放平台，实现商品全流程溯源，规范行业溯源标准"。在开放平台构建的同时，他与中国商品信息验证中心多次洽谈，双方达成战略合作关系。

4月，他代表团队正式推出中国商品溯源链1.0版本，兼容超级账本和以太坊主流框架，部署完成36个溯源节点，并开放给商品验证中心，联合其共同服务客户36562家，年生码量超60亿个，实现链上日均扫码量1.2万次。

他还对接了众多投资机构，在精心选择和考量之后，于6月初正式签署投资协议，完成扬子国投和金雨茂物资本的Pre-A轮融资。

同时，他被评选为南京大学"双创之星"，南京大学为其对接了阿里巴巴、腾讯、科大讯飞等一流企业资源。随后，他入选南京大学2019年香港浸会大学"创业训练营"，与MIT、牛津大学、剑桥大学等一流名校创业者交流合作。2019年毕业之际，他被评选为南京大学优秀毕业生，作为代表开办了系列创新创业讲座，获得学校的高度支持和认可。同年12月，他带领团队入选南京"高层次创业人才引进计划（市级）"。

"区块链+灵活用工"，疫情创业迎转折

突如其来的新冠肺炎疫情，让全国几乎所有服务行业都按下了暂停键，尤其是中小微和初创企业深受其害。焦虑不安侵袭着众多的创业者，王庆阳也不出其外。他及时转换心态，审时度势。他发现疫情期间，失业率居高不下，企业招人困难重重，错配问题尤为凸显。为了应对企业暂时人力不足的挑战，同时缓解暂停营业带来的人力压力，王庆阳与公司主要负责人探讨后，提出了"区块链+灵活用工"的新项目方向。

详细规划确定后，他于 2020 年 3 月成立星福通（江苏）高科技有限公司，并正式与中国自由贸易区江北新区研创园签署投资协议。4 月 26 日，他组织召开公司灵活用工项目启动会议，在会上获得了江北新区市场监督管理局集群注册授权。

2020 年 5 月，在公司的第 5 次战略研讨会上，他宣布"区块链+灵活用工"自由职业者综合服务平台正式运营。江苏省政府投资基金等多家创投机构与其接洽，进行 A 轮融资，估值 5 亿元。

王庆阳满腔创业热情，带领团队一路披荆斩棘，克服重重困难，终于取得丰硕成果。未来，他将带领团队为客户提供更优质的服务，帮助企业降低用工成本，帮助个人实现灵活就业，持续为客户创造价值，继续朝着国家级独角兽企业进发。

资料来源：全国高等学校学生信息咨询与就业指导中心《闪亮的日子——创业人物事迹》

思考：

1. 王庆阳的创业机会有哪些？
2. 王庆阳是如何识别这些创业机会的？
3. 该案例对你产生了哪些启示？

知识要点

一、创业机会的含义

我国关于创业机会有几种不同的定义方式。

（1）创业机会是为购买者或使用者创造或增加价值的产品或服务，它具有吸引力、持久性和适时性。

（2）创业机会是引入新产品、新服务、新原材料和新组织方式，并能以高于成本价出售的情况。

（3）创业机会是一种新的"目的-手段"关系，它能为经济活动引入新产品、新服务、新材料、新市场或新组织方式。

（4）创业机会主要是指具有较强吸引力的、较为持久的、有利于创业的商业机会，创业者据此可以为客户提供有价值的产品或服务，并同时使创业者自身获益。

综合上述，本书得出较为全面的概念：创业机会是指在市场经济条件下，社会的经济活动过程中形成和产生的一种有利于企业经营成功的因素，是一种带有偶然性并能被经营者认识和利用的契机。

二、创业机会的类型

1. 问题型机会

问题型机会，指的是为了解决现实中存在的尚未解决的问题而产生的创业机会。我们的生产生活中存在着大量未解决的问题，有的问题，我们自身能够解决，而有的问题则不得不依靠他人的时间、精力和能力来解决。因此，创业机会大量存在是无可置疑的。例如，美国人提姆·平克发现很多职业人士由于工作原因，无法抽出时间遛狗，而自己特别喜欢与小动物相处，于是创办公司，专门在狗主上班时间为其提供遛狗服务。

2. 趋势型机会

趋势型机会，指的是通过预测未来市场的发展方向，挖掘潜在的创业机会。趋势型的创业机会一般出现在经济变革、政治变革、人口变化、社会制度变革、文化习俗变革等多个方面。例如，信息技术不断发展，2021年2月浙江省召开了全省数字化改革大会，不少创业者瞄准数字化改革的市场红利，开始提供数字化政务、数字化教育、数字化旅游等程序开发服务。

3. 组合型机会

组合型机会，指的是将现有的两项或两项以上的技术、产品、服务等因素结合起来，实现新的用途和价值而获得的创业机会。例如，有创业者发现人们往往会在一些重要的节日买花送人、买蛋糕与其一同庆祝，但消费者需要向分别出售蛋糕和鲜花的店家购买。对消费者而言，这样做增加了时间成本和费用成本。因此，该创业者将蛋糕店与花店相结合，推出了蛋糕与鲜花的组合套餐，销售火爆。

三、创业机会识别的主要影响因素

1. 先前经验

先前经验有助于创业者在特定产业中识别机会，同时，创业经验也非常重要。根据"走廊原理"，创业者创建企业，在他开始创业旅程之后，通向创业机会的"走廊"变得日渐清晰，投身于某产业创业的个人，将比那些从产业外观察的人，更容易看到产业内的新机会。因此，具有创业经验的创业者更加容易发现新的创业机会。

2. 认知因素

大多数创业者将机会识别看作一项先天技能或一种认知过程，认为自己比其他人拥有更敏锐的洞察力。洞察力在很大程度上被视为一种习得性的技能，拥有某个领域知识的人，往往比其他人更容易发现该领域内的商机。例如，计算机工程师远比一位导游熟知计算机产业内的趋势、机会和消费需求。

3. 社会关系网络

通常，个人社会关系网络的深度和广度影响着机会识别的能力大小。具有良好的社会关系与专家网络的精英，比那些社交面狭小、足不出户的人更容易获得商业机会和创意。在社会关系网络中，按关系的亲疏远近，可以大致将各种关系划分为强关系与弱关系。强关系以频繁相互作用为特色，形成于亲戚、密友和配偶之间；弱关系以不频繁相互作用为特色，形成于同事、同学和一般朋友之间。研究显示，创业者通过弱关系比通过强关系更能获得新的商业创意。例如，一位电工向餐馆老板解释他如何解决了一个商业问题。当听到这种解决办法后，餐馆老板可能会说："我是绝对不可能从本企业或本产业内的人那里听到这种解决方案的。这种见解对我来说是全新的，有助于我解决自己的问题。"

4. 创造性

从某种程度上讲，机会识别就是一个创造过程，是不断反复的创造性思维过程。在听到更多趣闻轶事的基础上，创业者更容易看到创造性蕴含在许多产品、服务和业务的形成过程中，这对创业者挖掘、把握创业机会大有裨益。

四、创业机会的可行性分析

有利可图的项目，为什么没有人做？这是因为创业中存在许多风险，有好的创业想法，并不一定带来创业的成功。当我们发现一个创业机会时，要对其进行科学的、全面的可行性分析后，才可以决定是否将想法落地。分析创业机会的可行性，可以利用 PEST 分析法、波特五力分析模型和 SWOT 分析法，分别从宏观、中观和微观三个层面进行分析。

1. PEST 分析法

PEST 分析法是指对宏观环境进行分析，P 是政治（politics），E 是经济（economy），S 是社会（society），T 是技术（technology）。在分析一个创业机会所处的背景时，通常可以通过这四个因素来分析。进行 PEST 分析需要掌握大量的、充分的相关研究资料，并且对所分析的创业机会有着深刻的认识。经济方面主要内容有经济发展水平、规模、增长率、政府收支、通货膨胀率等。政治方面有政治制度、政府政策、国家产业政策、相关法律及法规等。社会方面有人口、价值观念、道德水平等。技术方面有高新技术、工艺技术和基础研究的突破性进展。

2. 波特五力分析模型

波特五力分析模型由迈克尔·波特在 20 世纪 80 年代初提出，属于外部环境分析中的微观环境分析，主要用来分析本行业的企业竞争格局及本行业与其他行业之间的关系。波特五力分析模型确定了竞争的五种主要来源，即供应商的议价能力、购买者的议价能力、潜在进入者的威胁、替代品的威胁，以及来自目前在同一行业的公司间的竞争。这五大竞争力量，决定了创业项目的盈利能力，并指出创业项目的核心应在于选择正确的行业及行业中最具有吸引力的竞争位置。

3. SWOT 分析法

SWOT 分析法，是将对企业内部、外部条件各方面进行综合和概括，进而分析组织的优势和劣势、面临的机会和威胁的一种方法，包括分析企业的优势（strengths）、劣势（weaknesses）、机会（opportunities）和威胁（threats）。运用这种方法，可以对研究对象进行全面、系统、准确的研究，从而根据研究结果制定相应的发展战略、计划及对策。优势和劣势分析主要着眼于企业自身与竞争对手实力的比较，而机会和威胁分析应将注意力放在外部环境的变化及对企业的影响上。在分析时，应把所有的内部因素集中在一起，然后根据外部的力量对这些因素进行评估。

拓展阅读

李嘉诚对创业机会的把握

1940 年，11 岁的李嘉诚为了逃避日军侵略战火而不得不随家人辗转到香港。14 岁，父亲早逝，为了帮助母亲养家糊口，他辍学求职。由于时局动荡，经济不景气，再加上李嘉诚年龄太小，身体单薄，工作并不好找。几次碰壁之后，他终于在一家茶楼找到了一份堂倌的工作。在茶楼跑堂时，李嘉诚每天工作长达 15 小时以上，异常辛苦。舅父让李嘉诚到他的中南钟表公司工作，但李嘉诚不愿受别人太多的荫庇和恩惠，哪怕是亲戚。他认为这样会失去进取心。

逆境是改变命运的机会。17 岁时，李嘉诚去一家五金厂负责推销镀锌铁桶，成为一名推销员，颇有业绩。此时，他看好了塑胶行业的发展前景，毅然加盟塑胶公司。李嘉诚凭借自己的勤勉和机灵，取得了出类拔萃的销售业绩。18 岁那年，李嘉诚被提升为部门经理，两年后，又以杰出的成就，成为塑胶公司的经理。但是，李嘉诚选择了离开，因为他心中已有自己的计划——创办塑胶厂。把握机会，就得敢于挑战，果断迈出第一步。1950 年，22 岁的李嘉诚用做推销员积蓄的 5 万港元，创立了长江塑胶厂，取名"长江"，其寓意为"长江不择细流，故能浩荡万里"，足见其胸襟与抱负。创业初期，为了节省成本，李嘉诚到远离市区的地方找廉价的厂房，技工、设计、推销、采购、会计、出纳，几乎什么事都是他一手操持。随着塑胶业的发展日新月异，在他的努力经营下，塑胶厂得到了稳健的发展。

坚持学习的李嘉诚居安思危，思考着塑胶厂的未来。他将目光转向全球，从《塑胶》杂志上看到欧美市场出现塑胶花的消息，嗅觉敏锐的他立刻意识到机会的到来。他推想，欧美家庭都喜爱在室内户外装饰花卉，但快节奏的生活使人们无暇种植娇贵的植物花卉，而塑胶花正好弥补了这个缺陷。李嘉诚对机会做出判断——塑胶花的面市必将引起塑胶市场的一场革命。

机不可失，失不再来，善于捕捉机会的李嘉诚迅速出动。1957 年，李嘉诚前往意大利学习制造塑胶花的技术。他以购货商、推销员的身份，有时甚至出苦力打短工，一点点地搜集技术资料。不久，他完全掌握了制作塑胶花的各项步骤和技术要领。返回香港后，他开始生产当时在香港尚属"冷门"的塑胶花，并大力进行广告宣传。

机会总是青睐第一个吃螃蟹的人。李嘉诚的塑胶花产品很快打入了东南亚市场。同年底，欧美市场对塑胶花的需求也越来越大，订单成倍地增长。世界塑胶花市场的这种旺势一直持续到 1964 年，在前后 7 年时间里，李嘉诚获得了数千万港元的利润。长江公司成为世界上最大的塑胶花生产基地，李嘉诚也以"塑胶花大王"的美誉而声名大噪。

机会是具有时效的，并非永久存在。李嘉诚认为，欧美人天性崇尚自然，塑胶花革命势必不会持久。当塑胶花市场炙手可热的时候，他就预料到这种局面维持不了几年。他相信物极必反的道理，于是急流勇退，及早收手。当一个机会窗口关闭的时候，总会有另一个机会窗口被打开。李嘉诚不知不觉地将生产重点转移到了已逐渐被人们冷落的塑胶玩具上面，并很快跻身国际市场。两年后，当所有塑胶花厂商为产品严重滞销而苦不堪言的时候，曾经是世界最大塑胶花生产基地的长江公司，却正在国际玩具市场中大显身手，每年出口额高达 1000 万美元，又成为香港地区的"塑胶玩具大王"。

时势造英雄，机会来源于对宏观环境的把握，李嘉诚较早意识到了香港经济已开始繁荣。1958 年，李嘉诚在香港北部购置了一块土地，正式向房地产业进军，20 世纪 60—70 年代，香港的房地产市场繁荣，长江实业大获其利。1978 年，他又收购了历史悠久的英资水泥公司青洲水泥。在房地产业再度兴旺时，李嘉诚连创佳绩。紧接着，他在 1979 年收购拥有贸易、商业、房地产等诸多子公司的哈奇逊公司。1981 年，长江集团成为香港最大的企业集团。这距李嘉诚创业仅 30 年的时间。这之后，已经是华人首富的李嘉诚又涉足能源、海外投资、电信传媒等行业，可谓是建立了一个商业帝国。

思考和讨论：
李嘉诚识别的创业机会有哪些？他是如何识别这些创业机会的？

实践练习

实践活动 1：思考和讨论

1. 结合自己所学的专业或身边发生的事情，发现、识别和分析创业机会。
2. 讨论大学生如何提高自身识别创业机会的能力？

实践活动 2：抓手指游戏

活动目的：通过抓手指活动，引导学生意识到抓住的不仅是手指，更重要的是机会，认识创业机会识别的重要性。

活动内容：将学生随机分成 2~4 个团队，每个团队的学生围成一圈。每个同学伸出自己的左手、掌心朝下，伸出自己右手的食指、指尖向上，用自己右手食指的指尖顶到位于自己右侧的同学左手手掌心的下面。指尖必须挨着掌心。教师数"1、2、3"三个数，等"3"数完时，所有同学的右手指尖迅速逃离，同时用自己的手掌抓住左方同学的手指。被抓住的同学在游戏结束后表演节目。

活动总结：活动结束后，同学们表达参加活动的感受，谈谈对创业活动的启发。

3.2 创业模式选择

知识概要

创业是复杂的,又是灵活的,创业的方式多种多样。对于大学生而言,深入了解各种不同的创业模式,据此选择适合自身的创业模式非常关键。本节内容介绍了适合大学生的四种主要创业模式——知识技术型、概念创新型、积累演进型、网络媒介型。不同的创业模式要求创业者的素质是不同的,选择最适合自己的创业模式,可以化解很多不利因素。同时,在创业过程中,还应不断调整优化创业模式,以提升创业成功率。

情景案例

武汉科技大学郭广欣创业案例

郭广欣,武汉科技大学建筑学专业2016届毕业生,现为武汉众果科技有限公司(以下简称"众果科技")的法人代表。2019年,众果科技营业额达3100万元,自拍摄影加盟合作店遍布全国大中小城市,以及美国、英国、新加坡、马来西亚等国家。

2011年9月,郭广欣从河南商丘来到了武汉科技大学。在辅导员老师的推荐下,他积极参加学校创业文化沙龙、创新创业讲座等,感受着"大众创业、万众创新"的氛围。2014年,他萌生了创业的想法,做起了新生用品生意,那段时间一共赚取了2000余元。

2014年,他在互联网上注意到了自拍照相馆这一行业。那时照相馆开自拍业务的在全国也不多,这是从国外传入的新拍摄模式。通过分析判断,他觉得这个行业有潜力,适合年轻的消费群体。于是,他立刻组建团队,成立武汉橡树摄影工作室(武汉众果科技有限公司前身)。自助式摄影属于新兴行业,当时还没有自拍行业专用的单反相机自拍系统,相关的软硬件技术一片空白。他说:"起初我们是使用无线快门遥控器来控制相机快门,经常会出现遥控器入镜问题,影响照片美观,且后期剪辑工作量大。"他产生了利用声音和体感手势直接控制相机快门的想法,可真正实施起来却犯难了。郭广欣上大学一年级时,在艺术设计学院学习,大二转学建筑,对于电学知识知之甚少。为了弥补自己的不足,他天天在图书馆和网上查阅相关资料,不断向老师和计算机学院的同学请教,设计图纸、连接线路、焊电路板,常常熬夜到凌晨两三点。

功夫不负苦心人,历时三月,他成功地设计好了电路。一个只有移动电源一般大,便于携带,看似简单的声控拍照感应模块设备诞生,它解决了行业的痛点,成为摄影自拍技术上的一大飞跃。

"自助式摄影与传统的摄影相比,模式上有较大创新:它无须摄影师参与拍摄,拍照只需摆好姿势,喊出命令,显示屏便出现对应的照片。像KTV一样,按小时付费,拍摄价格低。"他说,传统摄影模式多年无本质变化,一方面价格较高,另一方面摄影师拍摄时会给人带来不适和紧张感,而自助式摄影以自拍方式来呈现,可以降低艺术写真的消费门槛和一些心理障碍，很符合当前年轻人对于个性化摄影的需求。

2016年，因业务发展需要，他创办武汉众果科技有限公司，进一步加强在自助式摄影领域的研发投入和品牌建设。该公司在技术、服务、性价比等方面均领先于国内其他竞争对手，在全国迅速成为领军企业。

2017年，在原有的业务基础上，众果科技面向影楼市场又研发出基于绿幕抠像技术的虚拟数字影棚产品和服务，可以利用绿幕拍摄出数千种虚拟特效创意照片，不仅可以改变影楼的经营模式、丰富影楼的拍摄效果，同时可以降低人工成本。产品一经推出，在影楼市场获得200余家用户的青睐，自拍摄影加盟店增加380家，公司2017年全年营业额达到500万元。

随后公司进一步加强在自拍摄影和影楼数字化摄影系统方面的研发投入，申请了10多项软件著作权，并推出商业互动项目和软件开发业务。2018年有近1000家新增加盟合作的门店，公司总营收达到1000万元。随着加盟店的持续增加，自拍行业的规模效应已产生巨大推力，同时借助在短视频平台上亿次的曝光，越来越多的人了解到了自拍模式，消费者和加盟商数量呈爆发式增长。郭广欣决定布局高端自拍品牌，主打智能化自拍摄影模式，继续保持自身的竞争优势。2019年9月，众果科技斥资300万元建立高端自拍摄影品牌"茄子达人"，并开设线下直营旗舰店，致力于通过智能化自拍摄影棚提供高品质的摄影服务。他认为，在摄影棚足够智能化和标准化之后，自拍摄影模式将有可能取代大部分传统摄影行业。2019年，众果科技营业额3100万元，新增2000家自拍摄影加盟店，遍及全国大中小城市，美国、新加坡、马来西亚、英国等地也有加盟合作店。

2020年，公司旗下高端自拍品牌茄子达人商业模式已基本成型，下一步将考虑通过融资或战略合作的方式，更快速地推进自拍模式的市场宣传和习惯培养，让更多的人享受到摄影的乐趣。

思考：

1. 郭广欣的创业模式是什么？
2. 郭广欣的创业模式有什么样的特点？
3. 该案例对你产生了哪些启示？

知识要点

一、创业模式的含义

创业模式是指创业者为保障自身的创业理想与权益，而对各种创业要素的合理搭配。创业的组织形式、创业的方式确定、创业的行业选择组成了创业模式。任何一种创业模式都是一个涵盖企业资源和能力、客户价值和盈利方式的三维立体模式。由于客户价值的主张和资源利用的过程不是一成不变的，因此创业模式也不是一个静态的过程，而是一个伴随大学生创业者学习曲线和外部环境变迁不断演化的过程。

二、大学生主要的四种创业模式

1. 知识技术型

知识技术型创业模式依托大学生的知识技能，大学生以自己的创新、有开发价值的技术或者专利等来吸引外资创办自己的企业；或者通过技术入股的方式进入企业成为企业股东；或者在自己有足够的经济实力和创业技能的条件下，依托自己的技术创建独立的企业。

知识技术型创业模式的关键在于技术的水平，以及该技术的创新点及可持续发展的能力，否则将面临被新技术取代及后续产品短缺的危机。该创业模式多集中于计算机、建筑、艺术等技术性比较强的行业。大学生依靠技术、专利或者其他智力成果吸引有眼光的企业投资或者自筹资本创业。这种模式对个人的能力要求较高，要求创业者具有良好的知识、技术和综合素质。

比尔·盖茨创立微软公司的案例是大家熟知的。1968年，盖茨13岁，开始计算机编程设计；1973年，盖茨考进哈佛大学；1975年，盖茨从大学退学，与好友保罗·艾伦一起创办了微软公司。微软公司以研发、制造、授权和提供广泛的计算机软件服务业务为主，是世界个人计算机软件开发的先导，最为著名和畅销的产品为 Microsoft Windows 操作系统和 Microsoft Office 系列软件。微软公司是全球最大的计算机软件提供商。微软公司的创立便是知识技术型创业模式。

知识技术型创业模式对技术含量和社会经验要求较高，该创业模式有几个特点：一是技术创业一般进入知识密集型产业，进入门槛高，竞争没有别的行业激烈，创业风险相对较小；二是技术、发明、专利或其他智力成果具有市场竞争力，能够迅速进入市场，并在短期内取得相应回报；三是知识创业者一般能够自筹资本或者吸引企业投资，在资金方面具备创业条件。所以，该创业模式适合在相关领域有一定的实践经验的大学生。

2. 概念创新型

概念创新型创业模式是指大学生通过自己的构想、创意等来吸引投资，或者在某些新型领域从事创业活动的一种创业模式。基于概念创新模式进行创业的行业集中于网络、艺术、装饰、教育培训、家政服务等新兴行业。

概念创新型创业模式要求大学生必须具有创新且实用的项目，以吸引投资；也可以是一些艺术、服务、教育、设计方面的新颖独特的方案，如独特的婚庆方案、艺术作品等。创业者的设想能够标新立异，在行业或领域是个创举，并迅速抢占市场先机。该模式需要创业者具有独特的个性特征和旺盛的创业欲望，善于洞察商业机会，如世纪佳缘婚恋网站和饿了么外卖网。

（1）世纪佳缘婚恋网站案例：2003年，复旦大学研究生龚海燕建立了一个专为高校学子牵线搭桥的交友网站，但另辟蹊径，实行会员制，将会员定位于大专以上学历，并要求会员提交真实的身份证明资料。她最初的想法就是帮助身边大龄、高学历的朋友找到合适的另一半，世纪佳缘在创办之初就找准了自己的定位——高端、严肃的婚恋网站。不同于国外同行 Match.com 向会员收取会费，世纪佳缘实行会员免费制，其重要收入来自互联网广告、线下 VIP 婚姻介绍服务、线上增值产品、线下活动等。

（2）饿了么外卖网案例：2009年，几个上海交通大学的学生在一次闲聊中发现了餐饮外卖的商机，并组建了自己的团队，饿了么网站上线。历经数年，其已成为国内快餐外卖市场份额最大的外卖平台。饿了么主要在高校和写字楼进行推广，将客户定位为上班族（没有时间做饭或外出用餐者），外卖网站成为他们选择外卖的主要途径。饿了么最初的盈利来自与学校周边餐厅的分成，但随着销量增加、分成多了，商家不愿意，很难做大，后来调整为收取入驻平台费、竞位排名展示费等。

概念创新型创业模式强调的是有好的创意或想法，创造新的市场需求，并能够在细分行业或领域形成先发优势，通过快速商业化产生行业门槛。该创业模式的特点：一是大学生多思维严谨，接受新鲜事物能力强，自主创新意识较强，有创业的激情，迫切希望将自己的创意转化为现实项目；二是项目能够填补市场空白，具有市场前景，能够盈利；三是大部分的创意都是学生在日常生活中萌发的，能够满足市场需求，迅速开发客户群，打开潜在市场。该模式能够利用大学生的优势、规避劣势，抓住机会，并具备关键成功因素，较容易获得成功。

3. 积累演进型

积累演进型创业模式指的是大学生从小做起，积少成多，不断地使自己的企业发展的一种创业模式。例如，从加盟、代理等做起，学习企业的产品技术和经营管理方式；当有一定的经济实力和管理经验时自主开店或者创立公司；当达到一定的规模和实力之后打造自己的品牌，为自己的品牌寻找加盟商，获得加盟利润。

积累演进型创业模式适合经验不足的大学生创业者，大学生可以从基层做起，将创业和学习有机结合，使创业活动稳步进行。

例如，上海理工大学倪张骊等人在大二时创立"牛人文化"项目，组织在校学生在校园和学生宿舍中分送饮用水罐，同时派发广告，以解决大学校园内广告投放的精准性和延续性问题。在积累创业经验的同时，他们也完成了企业发展需要的原始积累。

义乌工商职业技术学院的杨甫刚，大一便开始在校内捡矿泉水瓶、易拉罐卖钱。然而，当被人说成是"捡垃圾的"时，杨甫刚大受打击。之后，他又找了一条稍"高端"的路线，到学生宿舍推销义乌名牌——梦娜袜子。后来，他开始转战淘宝，依托义乌的化妆品产业集群，淘宝生意节节攀升。2015年，他成立义乌市精可贸易有限公司，创立"妖精可可"品牌，并邀请明星黄圣依为品牌代言人。目前，他的"妖精可可"品牌面向全国招商，为其他创业者提供产品供应链。

选择积累演化型创业模式，最大优点在于进入门槛低，能够很好地满足大学生创业者的成就动机，培养商业精神，锤炼机会识别能力、组织能力、领导力和沟通能力，提升商业运作能力。

4. 网络媒介型

网络媒介型创业模式是一种比较新的创业模式，随着网络的普及和全方位应用，以网络为媒介的创业方式不断涌现，其中以电商平台创业最为常见。例如，国内电商平台淘宝、天猫、京东、拼多多、阿里巴巴、微商等，跨境电商平台亚马逊、速卖通、eBay、Wish、Shopee、Lazada、阿里巴巴国际站等，新业态电商直播及互联网金融等电子商务类创业活动也是在大学生中新兴的一种被广泛接受的创业模式。

大学生创业在模式的选择上受到了思维、背景、能力、融资、产权、区域等内外因素的制约。大学生作为一个特殊的群体，有着较高的专业文化素质、特有的创新精神和相对的年龄优势。但同时，大学生社会经验相对欠缺，自身能力与资源不足，选择合适的创业模式将是提升创业成功率的重要因素，大学生应根据自身实际情况，寻找适合自己的最优创业模式。

网络媒介型创业模式克服了时间和空间的限制，再加上智能手机的普及，使交易随时随地可以进行。此种创业模式突破了传统经营方式，减少了成本，经营和管理较为便捷。

例如，"苹果宝宝"焦鹏是来自山西运城的义乌工商职业技术学院 2018 届电子商务专业毕业生。以前，焦鹏老家的苹果都是走线下批发路线，产品附加值不高。焦鹏深受学校创新创业氛围影响，利用所学专业，在学校组建团队，进行电商创业。在学校就读的三年时间里，其团队直接销售近 50 万斤山西苹果，因此被称为"苹果宝宝"，其事迹被教育部网站报道。在他的带领下，山西运城的一批年轻人开始在互联网上销售农产品，投身电商领域，开展创业活动。

网络媒介型创业模式的特点：一是开网店在时间和空间上有极大的弹性，不需要特定的营业地点和固定的营业时间；二是网店进入门槛低，通过网站认证或者发帖即可，方便、快捷，比其他交易方式省时、省力；三是经营成本低，对于绝大部分未实现经济独立的大学生来说，资金上的约束促使其只能通过网店来完成自己的创业梦想；四是大学生与网络接触较多，同时校园网或者购物网站拥有足够的人气。

此外，大学生创业模式不是一成不变的，是动态演化的过程，强调内在资源禀赋、内部创造力与外部机会、外部资源的不断优化重组，不同类型的初创模式具有不同的特征，伴随着内外因素的变化，创业模式也会相应改变和发展。

拓展阅读

美团和拼多多：中国两大电商创业模式之路

美团和拼多多，这两家公司有很大的相似之处。两家公司都是通过打折来吸引消费者。这两家公司都于 2018 年上市——美团在香港上市，拼多多在纽约上市。现在它们的身价都超过了 1000 亿美元，但两者实现这一目标的方式看起来完全不同。

先从两家中较大的美团说起。该公司是清华大学工程系毕业生王兴于 2010 年创立的，主要是销售一些折扣代金券。就像腾讯和阿里巴巴一样，美团也向其他领域扩张。2013 年，美团推出了外卖送餐业务，也推出了能够让用户预订酒店和机票的旅游业务。两年后，美团与大众点评合并，后者是一家类似 Yelp 的餐厅点评和预订平台。2018 年，美团斥资 27 亿美元收购了摩拜单车，进入共享单车领域。2019 年，美团的共享单车扩展到了中国几十个城市。里昂证券（CLSA）的经纪人埃莉诺·莱昂表示，如今的美团可以被视为"服务业的搜索引擎"。

美团的一些业务，如外卖送餐或共享单车，都是低利润、高产量的业务。2019 年，美团每单外卖利润不到 3 美分（主要来自餐厅交纳的佣金），但这还是让合作的商家感到不满。目前，该平台有 70 万~80 万名外卖员。在国内，每次上门送餐的 3 元快递费里就有 2 元进入美团的口袋。

和摩拜单车一样（摩拜单车属于资本密集型且无盈利业务），餐饮行业先吸引用户，然后再将他们引向利润更高的产品，比如旅游出行。美团在酒店预订方面的营业利润率为 20%~35%。

拼多多采取了与美团截然相反的策略。拼多多没有分散火力，而是在电子商务上加倍下注。该公司的战略负责人大卫·刘表示，在线零售在中国发展迅猛，足以证明我们不能当"三脚猫功夫的万事通"。

他说得有道理。根据市场研究机构 eMarketer 的数据，国内的实体店逐渐减少，实体店零售总额下降，电子商务销售额则相应增长。电子商务增长量的一半可能属于阿里巴巴，剩下的一半属于拼多多与京东。普通消费者可能更倾向于购买拼多多的便宜货。

拼多多崛起的核心是其"社交购物"概念，它将自己定位为好市多（Costco）和迪士尼乐园（Disneyland）的融合。如果你和其他喜欢砍价的人一起大量购买商品，商品就会更便宜，因为商家会牺牲一些利润来换取更高的销量。拼多多用户可以通过微信加入现有群组或邀请好友。微信是腾讯旗下的一款社交通信应用，腾讯持有拼多多 16% 的股份。

拼多多创始人黄峥曾在谷歌任工程师，他从团购得到启发，如引入游戏，并在后续消费中给予玩家积分奖励。

消费者很喜欢这个模式。截至 2020 年 3 月底，中国消费者中有 6.28 亿人在过去一年里从拼多多购买过一件商品，比 2019 年增加 42%，比京东多出 60%；目前，只有阿里巴巴的用户（7.26 亿）比拼多多更活跃。这些消费者的平均年消费额也从 1250 元增加到 1800 元。拼多多在中国电子商务市场的份额也从 2017 年的 2% 上升到 2019 年的 10%。研究机构伯恩斯坦（Bernstein）预计，到 2024 年，这一比例将达到 18%，与京东持平。

购物狂欢节活动让拼多多第一季度收入同比增长 44%，达到 65 亿元。这些收入来自交易费及商家在拼多多的产品推广费。拼多多与很多电子商务巨头不同，但与 eBay 很像，拼多多既没有库存，也没有自己的物流网络，完全依靠商家将产品运送给买家。相反，它在促销和营销上消耗了大量现金，而且还在不断增长。

David Liu 坚持认为，这些成本可以轻松收回。可是，其他电商平台的经验表明，情况并非如此。优步也是将卖家（司机）和买家（乘客）联系起来的，但它一直在亏损。拼多多也像优步一样享受着一些"网络效应"——使用该应用的买家越多，吸引来的卖家就越多，这些卖家又反过来吸引新的买家，以此类推。但是，和叫车服务一样，买家和卖家几乎不花成本，就可以转向其他提供更优惠价格的平台。京东和阿里巴巴也向其庞大的用户群推出类似拼多多的产品。

美团的致富之路更加清晰。2019 年，该公司首次实现盈利。美团的餐饮和旅游业务利润颇丰，一直从竞争对手那里获得市场份额（如阿里巴巴的外卖配送应用"饿了么"及国内最大的出行中介携程旅行）。这为美团的几个亏损部门提供了喘息的空间。

总之，美团和拼多多两家公司都体现了对数字中国光明前景的期待。

思考和讨论：
美团和拼多多分别采用的是哪种创业模式，它们是如何实施自身的创业模式的？

实践练习

实践活动 1：思考和讨论

1. 针对文中大学生的四种创业模式进行讨论，分析其优点和缺点。
2. 结合自身实际情况，挖掘拥有的和可利用的创业资源，分析自己适合哪种创业模式。

实践活动 2：头脑风暴

1. 实践内容

成年人很容易被旧有的思维和行为模式"套牢"，而缺乏创造力是这个日新月异的时代最忌讳的弱点。其实，不是你不会创造，而是缺乏创造的习惯和激情。所以，让"头脑风暴"来帮助你。

形式：4~6 人一组。

时间：20 分钟。

材料：回形针（也可以采用其他物品或题目）、可移动的桌椅。

适用对象：全体学生。

活动目标：给学生练习创造性解决问题的机会。

2. 步骤、要求

（1）调查研究表明，创造力可以通过简单的练习培养。可是，很多时候，创新的想法往往被诸如"这个我们去年就已经试过了"或" 我们一直就是这么做的"的想法扼杀。为了让参与者发挥与生俱来的创造力，必须进行头脑风暴演练。

头脑风暴的基本准则：不允许有任何批评意见；欢迎异想天开（想法越离奇越好）；要求的是数量而不是质量；寻求各种想法的组合和改进。

（2）将全体人员分成每组 4~6 人的若干小组。他们的任务是在 60 秒内尽可能多地想出回形针的用途。每组指定一人负责记录想法的数量，而不是想法本身。

（3）一分钟之后，请各组汇报他们想到的主意的数量，然后举出其中"疯狂的"或"激进的"主意。有时，一些"傻"念头往往被证实是有意义的。

（4）第二轮游戏开始，以每组一位同学为例，请每组在 60 秒内尽可能多地想出该同学可以创业的方向和途径，记录创业方向和渠道的数量。一分钟后，各组汇报数量，讨论哪些是有新意和可行的。

3. 评分基本标准

（1）每组成员对每个同学进行评分，最后取平均分。

（2）评分具体要求：根据成员提供的想法数量打分（50 分）；根据想法的创新性和可行性等打分（50 分）。

3.3　商业模式设计

知识概要

商业模式第一次出现在20世纪50年代，出现的时间不长，却受到越来越多的重视，现已成为挂在创业者和风险投资者嘴边的一个名词。简言之，商业模式就是公司通过什么途径或方式来赚钱。有一个好的商业模式，成功就有了一半的保证。本节内容主要介绍商业模式的基本内涵、构成要素、设计原则与方法等，帮助大学生创业者加深对商业模式的认知，并能够将知识有效应用于创业实践。

情景案例

深圳职业技术学院高雨杨创业案例

高雨杨，深圳职业技术学院建环学院2016届建筑电气专业学生，2019年参加了第五届中国"互联网+"大学生创新创业大赛，他的"淘货车"获得了全国总决赛银奖。他的创业成功既是"互联网+"大赛的实践成果，也是运用"互联网+"进行创新创业的成功范例。

创业的成功固然需要抓住机遇，可机遇总是给有准备的人的。高雨杨显然就属于那个有准备的人。高雨杨的创业成功得益于他抓住了粤港澳大湾区战略实施带来的发展机遇，更得益于他个人多年为实现自己的创业梦想所做的充分准备。他父母本身是"创一代"，从事货物运输行业近10年。大学时代，他一边在学校创新创业学院学习，一边跟着父母经营货运公司。一方面，他把创业班的学习成果运用到父母公司的实际运营中，提高公司的管理水平和效益；另一方面，又通过工作实践积累自己的企业经营经验。

2016年，临近毕业的高雨杨敏锐地发现，随着快递行业的兴起，越来越多的人选择网购，对货车的需求也逐年升高。于是，高雨杨就利用课余时间去了解市场行情，准备进入货运市场。在调查中，他了解到，从事货运行业，货车司机要办理从业资格证，货车要办理运营证。这些证件的办理都要经过公司层面，个人无法办理，再加上司机的文化水平普遍不高，办证困难重重。他发现为司机代办证件是一个不错的商机，于是和几个朋友一起，克服重重困难，办起了一家专门为货车司机代办从业资格证和营运证的公司。

在为货车司机服务的过程中，高雨杨又敏锐地发现，随着粤港澳大湾区经济的发展，尤其是粤港澳大湾区发展战略的提出和实施，极大地带动了粤港澳大湾区物流业的发展，而物流业的发展又带来了对货车的旺盛需求。据他了解，截至2018年12月，我国货车保有量达1356万辆，每年货车置换量280万辆，这是一个庞大的交易市场。他还了解到司机对于购买二手货车的需求较高，因为二手货车有价格低、投入少、回本快的优势，但我国二手货车交易管理尚不规范，买卖双方信息不对称，买家难以找到合适车源，卖家难以找到买主。同时，货车质量无保障等问题尤为突出。很多司机购车后，维权困难，购车权益没有办法保证。很多司机把自己的所有积蓄投在货车上面，他们的经济来源都依靠货车营运收入，所以在某种意义上说，货车就是司机的第二生命。解决二手货车交易存在的各种难题，正是他选择从事二手货车交易的初衷。2017年，他的二手货车交易服务平台"淘货车"正式立项，2018年4月正式推向市场。

高雨杨的"淘货车"采用"线上平台+线下展区"的购车模式，打破买卖双方信息不对称的现状，严控车辆评估流程，杜绝销售事故车、泡水车，让司机省心购好车。总结起来，该项目有四大核心亮点：一是控品质，联合检测机构参与质量把关，杜绝销售事故车、泡水车；二是高保障，买车"1+1"，一辆使用，一辆流转备用；三是新模式，一分钟联系意向客户，一天提供满意货车，一星期交付使用；四是重安全，引进公路驾驶特勤处置训练系统，培训司机的应急处理能力，为司机生命安全保驾护航。

正因为高雨杨敏锐地抓住了粤港澳大湾区战略实施的机遇，充分运用了"互联网+"的创新创业模式，"淘货车"一上市就大显身手。自2018年上线以来，"淘货车"已累计售出二手货车600多辆，2018年全年营收8253.16万元，2019年全年营收突破1亿元，交易规模稳居深圳二手货车第一的位置，累计带动2万余人就业。该公司将立足深圳，拓展全国市场，致力成为二手货车交易的领导者。

思考：
1. 高雨杨的商业模式是什么？
2. 高雨杨的商业模式有什么样的特点？
3. 该案例对你产生了哪些启示？

知识要点

一、商业模式的基本内涵

商业模式是企业为了使利益最大化，围绕企业运行的内外要素所构建的具有一定核心竞争力的企业运营系统。其核心是价值创造，即用来描述企业如何发现价值、创造价值、传递价值和获取价值的基本原理。同时，商业模式十分注重客户价值，企业所有的活动与目标的实现都是围绕为客户创造价值来开展的。

商业模式的本质应该是企业"可持续盈利的交易结构"。商业模式也是一套完整的交易体系，它决定了企业的生存与发展。有持续竞争力和持续盈利点的商业模式能够为企业提供源源不断的发展动力。

有一个好的商业模式，成功就有了一半的保证。商业模式就是企业通过什么途径或方式来赚钱。简言之，饮料公司通过卖饮料来赚钱；快递公司通过送快递来赚钱；网络公司通过点击率来赚钱；通信公司通过收话费来赚钱；超市通过平台和仓储来赚钱。只要有赚钱的地方，就有商业模式存在。

商业模式是一种包含一系列要素及其关系的概念性工具，用以阐明某个特定实体的商业逻辑。它描述了企业能为客户提供的价值及企业的内部结构、合作伙伴网络和关系资本等用以实现（创造、推销和交付）这一价值并可持续盈利的要素。

二、商业模式的构成要素

商业模式包含九大要素，如表3-1所示。

表3-1 商业模式九大要素

要 素	分 析
客户细分	目标用户群体是谁
价值主张	为用户和客户提供什么产品和服务及价值，帮助用户解决什么根本性问题
渠道通路	以什么方式和途径将产品和服务触达用户，并使用户能够为之买单
客户关系	以什么方式或机制可以保证产品服务，和用户拥有长期的利益关系
收入来源	主要收入来源是什么
关键资源	拥有什么核心资源，可以保证所有商业计划被执行和落实
关键业务	需要做哪些关键性的事情才能使产品和服务正常运行
关键合作	需要和哪些上下游重要企业重度合作
成本结构	在所有的商业运作过程中都包含的成本消耗

1. 客户细分（Customer Segments，CS）

客户细分：用来描述一个企业想要接触和服务的不同人群或组织，即企业或机构所服务的一个或多个客户分类群体。对于面向企业用户的产品，此处需要注意的是不要混淆了用户和客户。举例来说，一款面向某集团公司的企业应用分析平台，目标客户可以是应用开发商及集团公司本身，但是用户则主要是产品设计、开发及运营人员，如产品经理等。

想精确地定义目标消费群体还必须从使用习惯、需求心理、媒体接受习惯、接受态度、收入水平、消费能力以及对同类产品存在的不满等的元素为标靶来进行目标消费者群体的定义。客户细分以客户为中心，需要回答以下问题：

◆ 我们正在为谁创造价值？
◆ 谁是我们最重要的客户？

一般来说，可以将客户细分为五类群体类型：①大众市场——价值主张、渠道通路和客户关系全都聚集于一个大范围的客户群组，客户具有大致相同的需求和问题；②利基市场——价值主张、渠道通路和客户关系都针对某一利基市场的特定需求定制，这种商业模式常常在供应商—采购商的关系中找到；③区隔化市场——客户需求略有不同，细分群体之间的市场区隔有所不同，所提供的价值主张也略有不同；④多元化市场——经营业务多样化，以完全不同的价值主张迎合完全不同需求的客户细分群体；⑤多边平台或多边市场——服务于两个或更多的相互依存的客户细分群体。

2. 价值主张（Value Propositions，VP）

价值主张：解决客户难题和满足客户需求。该构成要素需要精炼地表述所提供的产品或服务，并且需要明确点出其目的、益处、价值等。例如，给用户提供一个网盘，则务必描述"随时随地获取文件"等价值。价值主张主要回答以下问题：

- ◆ 我们该向客户传递什么样的价值？
- ◆ 我们正在帮助客户解决哪一类难题？
- ◆ 我们正在满足哪些客户需求？
- ◆ 我们正在提供给客户细分群体哪些系列的产品和服务？

价值主张的简单要素包括：①新颖——产品或服务满足客户从未感受和体验过的全新需求；②性能——改善产品和服务性能是传统意义上的创造价值的普遍方法；③定制化——以满足个别客户或细分客户群体的特定需求来创造价值；④设计——产品因优秀的设计脱颖而出；⑤品牌/身份地位——客户可以通过使用或显示某一特定品牌而发现价值；⑥价格——以更低的价格提供同质化的价值，以满足价格敏感客户细分群体；⑦成本削减——帮助客户削减成本是创造价值的重要方法；⑧风险抑制——帮助客户抑制风险也可以创造客户价值；⑨可达性——把产品服务提供给以前接触不到的客户；⑩便利性/可用性——使事情更方便或易于使用可以创造客观的价值。

3. 渠道通路（Channels，CH）

渠道通路：如何接触、沟通其细分客户而传递价值主张。这些渠道可以是自有的，也可以是合作伙伴的。对于企业应用，除网站、社交媒体等之外，还可以考虑实施团队、"现金牛"产品等现有资源。渠道通路主要回答以下问题：

- ◆ 通过哪些渠道可以接触我们的细分客户群体？
- ◆ 我们如何接触细分客户群体？
- ◆ 我们的渠道如何整合？
- ◆ 哪些渠道最有效？
- ◆ 哪些渠道成本效益最好？
- ◆ 如何把我们的渠道与客户的接触和沟通进行整合？

企业组织可以选择通过自有渠道、合作伙伴渠道或者两者混合渠道来接触客户。其中，自有渠道包括自建销售队伍和在线销售；合作伙伴渠道包括合作伙伴店铺和批发商。

4. 客户关系（Customer Relationships，CR）

客户关系：描绘与客户群体建立的关系类型。小米所营造的"粉丝"，也是一种非常好的客户关系，通过强黏性的客户关系，为产品的持续改进等提供良好支撑（如在新产品的研发过程中，就可以让典型用户参与进来，优先体验功能，提出改进意见等）。客户关系主要回答以下几个问题：

- ◆ 每个客户细分群体希望与我们建立和保持何种关系？
- ◆ 哪些关系我们已经建立了？这些关系成本如何？
- ◆ 如何把它们与商业模式的其余部分进行整合？

客户关系类型主要有五种：①个人助理——基于人与人之间的互动，可以通过呼叫中心、电子邮件或其他销售方式等个人助理手段进行；②自助服务——为客户提供自助服务所需要的所有条件；③专用个人助理——为单一客户安排专门的客户代表，通常向高净值个人客户提供服务；④自助化服务——整合了更加精细的自动化过程，可以识别不同客户及其特点，并提供与客户订单或交易相关的信息；⑤社区——利用用户社区与客户或潜在客户建立更为深入的联系，如建立在线社区；⑥共同协作——与客户共同创造价值，鼓励客户参与到全新或创新产品的设计和创作。

5. 收入来源（Revenue Streams，RS）

收入来源：从客户群体中获取的扣除成本之后的现金收入。主要的现金收入类型有：产品销售、使用收费、订阅收费、租赁收费、授权收费以及广告收费等。每种收入都有不同的定价机制，一般来说有固定定价和动态定价两种类型。通常，如果产品能通过运营来实现收入，则相比一锤子买卖形式的产品销售或项目实施，会更激动人心。另外，需要注意的问题是，不要将产品为客户节省的费用填写到此处。例如，云盘可以节省存储资源采购费用，即节省的是存储资源产品的价值，而不是产品本身能创造的收入。收入来源主要回答以下几个问题：

- ◆ 什么样的价值能让客户愿意付费？
- ◆ 他们现在付费买什么？
- ◆ 他们是如何支付费用的？他们更愿意如何支付费用？
- ◆ 每个收入来源占总收入的比例是多少？

收入来源一般可以分为以下方式：①资产销售——销售实体产品的所有权来获得收入，如亚马逊在线销售图书、音乐、消费类电子产品和其他产品；菲亚特销售汽车，客户购买之后可以任意驾驶、转售甚至破坏；②使用收费——通过特定的服务收费。电信运营商可以按照客户通话时长来计费，旅馆可以按照入住天数来计费，快递公司可以按照运送地点的距离来计费；③订阅收费——销售重复使用的服务，如一家健身房可以按月或按年以会员制订阅方式来销售健身设备的使用权；④租赁收费——针对某个特定资产在固定时间内的暂时性排他使用权的授权收费；⑤授权收费——将受保护的知识产权授权给客户使用，并换取授权费用；⑥经纪收费——提供中介服务而收取的佣金，如信用卡提供商作为信用卡商户和顾客的中间人，从每笔销售交易中抽取一定比例的金额作为佣金；⑦广告收费——提供广告宣传服务获得收入。

6. 关键资源（Key Resource，KR）

关键资源：让你的商业模式有效运转所必需的最重要因素。通常来说，企业的关键资源就是人、财、物，也即人力资源、金融资产、实体资产。除此之外，还需要关注知识资产，因为对于某些专业系统或工具，领域专家的作用非常关键，对于数据分析类应用，基础数据库及数据模型等也是关键资源。关键资源主要回答以下几个问题：

- ◆ 我们的价值主张需要什么样的核心资源？
- ◆ 我们的渠道通路需要什么样的核心资源？
- ◆ 我们的客户关系需要什么样的核心资源？
- ◆ 我们的收入来源需要什么样的核心资源？

核心资源可以分为以下四种类型：①实体资产，包括生产设施、不动产、汽车、机器、系统、销售网点和分销网络等；②知识资产，包括品牌、专有知识、专利和版权、合作关系和客户数据库，这类资产日益成为强健商业模式中的重要组成部分，知识资产的开发很难，但成功建立后可以带来巨大价值；③人力资源，在知识密集产业和创意产业中，人力资源至关重要；④金融资产，包括金融资源抑或财务担保，如现金、信贷额度或股票期权池。

7. 关键业务（Key Activities，KA）

关键业务：为了确保商业模式可行，企业必须做的最重要的事情。这个比较容易确定，列举关键事项即可。例如，数据分析类企业的关键业务是数据清洗、建模分析，应用类企业的关键业务是产品设计、产品运营等。用户体验设计等也可以适当考虑。关键业务主要回答以下几个问题：

- ◆ 我们的价值主张需要哪些关键业务？
- ◆ 我们的渠道通道需要哪些关键业务？
- ◆ 我们的客户关系需要哪些关键业务？
- ◆ 我们的收入来源需要哪些关键业务？

关键业务可以分为以下三种类型：①制造产品——与设计、制造及发送产品有关，是企业商业模式的核心；②问题解决——为客户提供新的解决方案，需要知识管理和持续培训等业务，如咨询公司、医院和其他服务机构的关键业务就是问题解决；③平台/网络——以平台为核心的商业模式，其关键业务都是与平台或网络相关的，如网络服务、交易平台、软件甚至品牌都可以看成是平台。

8. 关键合作（Key Partnerships，KP）

关键合作：现在早已不是单打独斗的年代了，网络上有"不怕神一样的对手，就怕猪一样的队友"来形容优秀伙伴的重要性。例如，在开发一些专业系统时，通过和高校等研究机构或专业技术团队合作，能有效弥补企业在专业研究上的不足，较快地推出产品占领市场。一般来说，关键合作可以分为四种类型：在非竞争者之间的战略联盟关系；在竞争者之间的战略合作关系；为开发新业务而构建的合作关系；为确保可靠供应的购买方——供应商关系。关键合作主要回答以下几个问题：

- ◆ 谁是我们的重要伙伴？
- ◆ 谁是我们的重要供应商？
- ◆ 我们正在从伙伴那里获取哪些核心资源？
- ◆ 合作伙伴都执行哪些关键业务？

建立重要合作伙伴的作用：①商业模式优化和规模经济。优化的伙伴关系和规模经济的伙伴关系会降低成本，而且往往涉及外包或基础设施共享。②降低风险和不确定性。可以减少不确定性为特征的竞争环境的风险。③特定资源和业务的获取。依靠其他企业提供特定资源或执行某些业务活动来扩展自身能力。

9. 成本结构（Cost Structure，CS）

成本结构：运营商业模式所引发的所有成本，也即我们需要列举出来所有可能的成本开销。成本结构类型一般有成本驱动和价值驱动两种。成本驱动侧重于在每个地方尽可能降低成本，价值驱动则更专注于价值创造。对于软件企业，主要是人工成本。成本结构可以反映产品的生产特点，从各个费用所占比例看，有的大量耗费人工，有的大量耗用材料，有的大量耗费动力，有的大量占用设备。成本结构在很大程度上还受技术发展、生产类型和生产规模的影响。分析产品的成本结构，目的就是寻找可以进一步降低成本的途径。成本结构主要回答以下几个问题：

- ◆ 什么是商业模式中最重要的固有成本？
- ◆ 哪些核心资源花费最多？

◆ 哪些关键业务花费最多？

一般来说，成本结构分为两种类型：①成本驱动——创造和维持最经济的成本结构，采用低价的价值主张、最低程度自动化和广泛外包。比如像西南航空等廉价航空公司；②价值驱动——专注于创造价值，增值型的价值主张和高度个性化服务通常是以价值驱动型商业模式为特征。比如豪华酒店的设施及独到的服务。

上述九大要素模型能够较为完整地反映企业的战略定位、运营过程和利润来源，且具有一定的可操作性。一个有效的商业模式不是九大要素的简单罗列，不同要素之间存在有机的联系。九大要素之间的关系如图 3-1 所示。

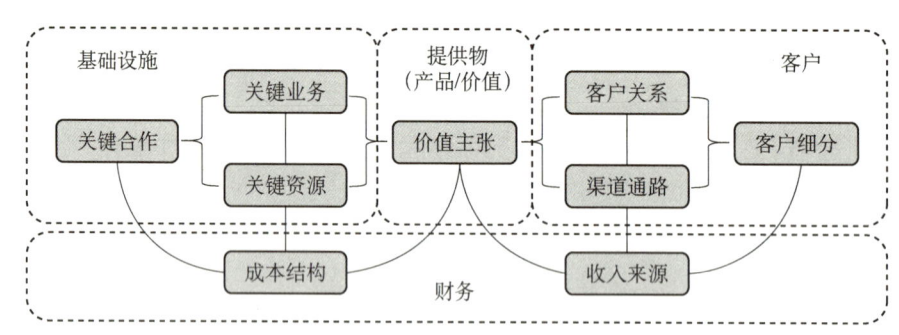

图 3-1　九大要素之间的关系

三、商业模式设计原则

企业能否持续盈利是判断其商业模式是否成功的唯一的外在标准。一个成功的商业模式不一定是在技术上的突破，而是对某个环节的改造，或对原有模式的重组和创新，甚至对整个游戏规则的颠覆。

创业者在设计商业模式时，要兼顾以下八个原则：客户价值最大化原则、持续盈利原则、资源整合原则、创新原则、融资有效性原则、组织管理高效率原则、风险控制原则和合理缴税原则。

1. 客户价值最大化原则

一个商业模式能否持续盈利，是与该模式能否使客户价值最大化有必然关系的。一个不能实现客户价值的商业模式，即使盈利也一定是暂时的、偶然的，是不具有持续性的。反之，一个能使客户价值最大化的商业模式，即使暂时不盈利，终究也会走向盈利。所以，对客户价值的实现是创业者应该始终追求的目标。

2. 持续盈利原则

在设计商业模式时，盈利和如何盈利是必须重点考虑的问题。当然，这里指的是在"阳光"下的持续盈利。持续盈利是指既要"盈利"，又要有发展后劲，具有可持续性，而不是一时的偶然盈利。

3. 资源整合原则

资源整合就是要优化资源配置，就是要有进有退、有取有舍，要获得整体的最优化。在战略思维的层面上，资源整合是系统论的思维方式，是通过组织协调，把企业内部彼此相关但分离的职能，把企业外部具有共同的使命又拥有独立经济利益的合作伙伴，整合成一个为客户服务的系统，取得"1+1>2"的效果。在战术选择的层面上，资源整合是优化配置的决策，是根据企业的发展战略和市场需求对有关的资源重新进行配置，以凸显企业的核心竞争力，并寻求资源配置与客户需求的最佳结合点，目的是要通过组织制度安排和管理运作协调来增强企业的竞争优势，提高服务水平。

4. 创新原则

创业者应该在设计商业模式时，始终保持创新意识，力所能及地创造出新的、突破性的商业模式。商业模式的创新贯穿于企业经营的整个过程，贯穿于企业资源开发、研发、制造、营销、市场流通等各个环节。也就是说，在企业经营的每个环节上的创新，都可能演变成一种成功的商业模式。商业模式一旦确定，不应随意变动，但要时刻警惕内外环境的变化，使商业模式与时俱进，这样才能在激烈的竞争中保持优势。

5. 融资有效性原则

融资模式的打造对企业有着特殊的意义，尤其对广大的中小企业来说更是如此。我们知道，企业生存需要资金，企业发展需要资金，企业快速成长更需要资金。资金已经成为很多企业发展中绕不开的障碍和很难突破的瓶颈。谁能解决资金问题，谁就赢得了企业发展的先机，也就掌握了市场主动权。从一些已成功企业的发展过程来看，无论其对外阐述的成功的原因是什么，都不能回避资本对其成功的重要作用，许多失败的企业就是因为没有建立有效的融资模式而失败了。商业模式的设计很重要的一环就是要考虑融资模式，能够吸收资金并用对地方的商业模式就是成功一半的商业模式。

6. 组织管理高效率原则

高效率是每个企业管理者都梦寐以求的境界，也是企业管理模式追求的最高目标。从经济学的角度来衡量，决定一个国家富裕或贫穷的关键是效率；决定企业是否有盈利能力的也是效率。现实生活中的万科、联想、华润、海尔等大公司，在管理模式上都是可圈可点的，也是值得我们学习的。

7. 风险控制原则

设计得再好的商业模式，如果抵御风险的能力很差，就会像在沙丘上建立的大厦一样，经不起任何风浪。这个风险既包括系统外的风险，如政策、法律和行业风险，也包括系统内的风险，如产品的变化、人员的变更、资金的缺乏等。

8. 合理缴税原则

合理缴税，在现行的法律制度内，设计一套利于企业的缴税体系。合理缴税做得好能大大增加企业的盈利能力，千万不可小看。

四、商业模式设计的方法

"商业模式画布"是现在最为流行，也最受认可的商业模式工具。按照这一方法设计商业模式，就是利用"画布"中的九个模块，进行充分的构想，如图3-2所示。

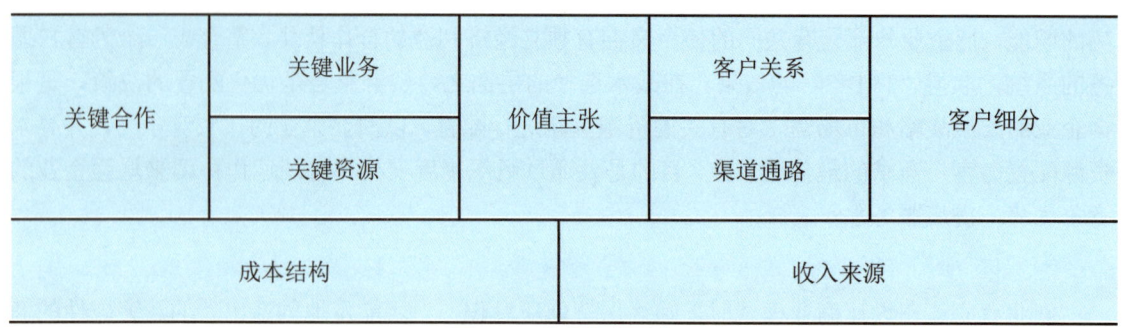

关键合作	关键业务	价值主张	客户关系	客户细分
	关键资源		渠道通路	
成本结构			收入来源	

图 3-2　商业模式画布

五、创新商业模式的方法

创新商业模式的六大方法：客户洞察、创意构思、可视思考、原型制作、故事讲述和情景推测。

1. 客户洞察

企业在市场研究上投入大量的精力，而在设计产品、服务和商业模式上往往忽略了客户的观点。我们要从客户的角度来看待商业模式，这样可以让我们找到全新的机会。这并不意味着要完全按照客户的思维来设计商业模式，但在评估商业模式的时候需要把客户的思维融入进来。创新的成功需要依靠对客户的深入理解，包括环境、日常事务、客户关心的焦点及愿望。

苹果公司的 iPod 商业模式是一个很好的案例。苹果公司知道人们需要能够搜索、下载和收听数字内容，包括音乐，并且用户愿意为成功解决这些问题的服务付费。苹果公司为客户建立了一种无缝音乐体验，将 iTunes 音乐与媒体软件、iTunes 在线商店和 iPod 媒体播放器整合在一起。以这种价值主张作为核心的商业模式，使得苹果公司成为数字音乐市场的领导者。

我们可以使用"移情图"，这是一个可视思考工具。我们可以将其称为"超简客户分析器"，这个工具可以帮助你超越客户的人口学特征，更好地理解客户的环境、行为、关注点和愿望。

2. 创意构思

新的商业模式需要产生大量商业模式创意，并筛选出最好的创意，这是一个富有创造性的过程。这个收集和筛选的过程被称作创意构思。创意构思的过程可以采取多种形式，针对团队构成、全情投入、扩展、条件筛选、原型制作等关键问题。

3. 可视思考

对于商业模式的相关工作来说，可视思考是必不可少的。所谓可视思考，是指使用草图、图表和便利贴等可视化工具来构建和讨论事情。商业模式是由各种构造块及其相互关系组成的复杂概念，不描绘出来很难真正理解一个模式。

有两种方便实用的可视化思考技术——便利贴和结合商业模式画布略图描绘。便利贴就像创意容器，你可以增加、减少或在商业模式构造块之间调整和移动。图画在许多方面都能发挥作用，最明显的是基于简单图画解释商业模式。

4. 原型制作

原型制作来自设计和工程领域。在这些领域中，原型制作被广泛地用于产品设计、架构和交互设计。不必把商业模式原型看成像某个商业模式草图。相反，原型是一个思维工具，可以帮助我们探索不同的方向，确定哪些是应该尝试选择的方向。

原型作为探索新可能性的思考辅助工具，可以帮助我们获得对商业模式本质更好的理解。同样的设计理念可以被应用于商业模式创新，通过创造商业模式原型，我们可以探索创意的各方面，如新的收入来源。

5. 故事讲述

讲故事的目的，是把一种新的商业模式以形象具体的方式呈现出来。故事的内容一定要简单易懂，主人公只需一位，可以从公司、客户两种视角来讲故事，可以采用谈话和图画结合、视频片段、角色扮演、文本和图画结合等技巧。

6. 情景推测

在新的商业模式的设计和原有模式的创新上，情景推测能起到很好的作用。情景推测把抽象的概念变成具体的模型。它的主要作用就是通过细化设计环境，帮助我们熟悉商业模式设计流程。两种常见的情景推测是——描述不同的客户背景、描述新商业模式可能参与竞争的未来场景。客户情景推测可以在商业模式设计中引导我们做出正确的选择，而在未来商业模式的设计中，一般比头脑风暴更方便、有效。

六、市场营销

市场营销策略是指企业根据自身内部条件和外部竞争状况确定的关于选择和占领目标市场的策略。它是制订企业战略性营销计划的重要组成部分，其实质就是企业开展市场营销活动的总体设计。企业制定市场营销策略，目的在于充分发挥企业优势，增强竞争能力，更好地适应营销环境变化，以较少的营销投入获取最大的经济成果。

制定市场营销策略的目的是创造顾客，获取和维护顾客，从长远考虑如何有效地竞争，立于不败之地，让顾客记得你，让顾客熟悉你。这是一种建立客户认识的过程，让产品变得好卖的一个过程。

例如，中国联通的广告"情系中国结，联通四海心"、红牛的广告"你的能量超乎你的想象"等，将产品功能融入广告语中，朗朗上口，进入消费者心里。当消费者选择产品的时候，自然选择耳熟能详的产品，这就达到了市场营销的目的。

企业在选择目标市场营销策略时，必须根据主客观条件进行通盘考虑，充分权衡利弊，做出明智的选择。"4P"营销策略是四个基本策略的组合，即产品（product）、价格（price）、促销（promotion）、渠道（place）策略，如图3-3所示。

4P营销策略是由美国学者杰罗姆·麦卡锡提出的，该策略能从复杂的营销变数中找到最为重要的因素，并从单一的策略上升为一组策略，从而更好地适应日益复杂的营销环境。它奠定了营销策略组合在市场营销理论中的重要地位，为企业实现营销目标提供了最佳手段，即最佳综合性营销活动，也称整体市场营销。随着市场营销理论的发展，出现6P、10P、11P营销策略，这些都是4P营销策略的扩展，其核心仍是4P营销策略。

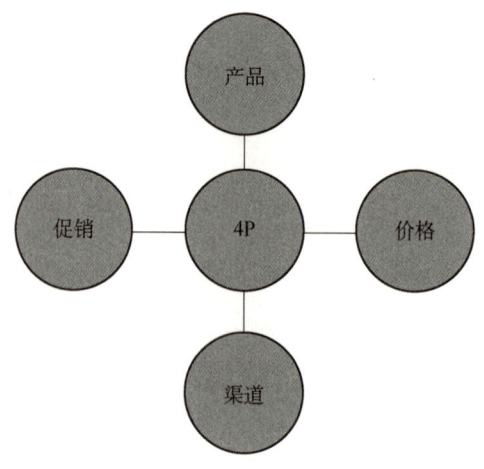

图 3-3　4P 营销策略

七、4P 营销策略解析

1. 产品策略

产品策略主要是指企业以向目标市场提供各种适合消费者需求的有形和无形产品的方式来实现其营销目标，其中包括对同产品有关的品种、规格、式样、质量、包装、特色、商标、品牌及各种服务措施等可控因素的组合和运用。

在市场营销策略组合中，产品策略处于中心地位。企业的一切生产经营活动都是围绕着产品进行的，即通过及时、有效地提供消费者需要的产品来实现企业的发展目标。创业项目或者企业想要生存和发展壮大，首先应当梳理产品观念，认真研究新产品开发，熟悉和掌握产品生命周期、品牌、包装、服务等理论。

企业生产什么产品？为谁生产产品？生产多少产品？是企业产品策略必须回答的问题。企业开发满足消费者需求的产品，并将产品迅速、有效地送到消费者手中，构成了企业营销活动的主体。随着科学技术的快速发展、社会的不断进步，消费者的需求日趋个性化，市场竞争的程度加剧，导致产品的内涵和外延也在不断扩大。

产品有下面三个层次。

（1）核心产品，即产品向消费者或用户提供的基本效用或利益，是消费者购买产品的本质所在。

（2）有形产品，即产品构成中能被消费者直接观察和识别的外观特征和内在质量方面，包括包装、品牌、质量、特色、设计等。

（3）附加产品，消费者购买有形产品或无形服务时获得的全部附加服务和利益，包括提供信贷、免费送货、产品保证、安装、售后服务、培训、使用指导、维护、备件供应等。

新产品的类型包括全新产品、革新产品、改进产品、仿制型新产品。开发新产品是企业生存和发展的需要，是科学技术发展的必然要求，是提高企业竞争力的主要手段，是企业创新的重要表现，是适应消费者需求变化的需要。

2. 价格策略

价格策略主要是指企业以按照市场规律制定价格和改变价格等方式来实现其营销目标，其中包括对与定价有关的基本价格、折扣价格、津贴、付款期限、商业信用及各种定价方法和定价技巧等可控因素的组合和运用。

价格是市场营销策略中十分复杂、敏感又难以控制的因素，它直接影响消费者的购买行为，也关系到企业的市场份额和盈利率。因此，初创企业必须重视价格策略的选择和应用。

定价目标包括利润最大化、投资收益率、提高市场占有率、适应价格竞争、维持价格稳定。

定价方法包括下面三种。

（1）成本导向定价法，即根据成本加成定价和根据目标定价。

（2）竞争导向定价法，即随行就市定价和根据投标定价。

（3）需求导向定价法，即根据认知价值定价和反向定价。

"价格战"在任何时候都会存在，在竞争日益激烈的全球化市场，价格竞争是常用的竞争手段，问题在于是良性竞争还是恶性竞争。当不择手段、不计成本地降价时，这一竞争肯定是恶性的，它会使竞争双方两败俱伤。因此，当我们准备使用降价策略时，应考虑相关因素。有的企业采用降价策略，不仅没有卷入价格战的漩涡中，反而取得了可喜的收益，并相应遏制了统一市场上可能恶化的价格战，从而对整个市场保持良性竞争状态起到了积极的催化作用。

目前网络"秒杀"等新兴营销方式日渐盛行，已成为越来越多的企业追捧的营销手段。相比传统终端渠道，选择新兴营销渠道也是降低企业营销成本、直接让利给消费者的重要手段。

3. 促销策略

促销策略主要是指企业采用一定的促销手段向消费者传递产品信息，引起消费者的注意和兴趣，激发消费者的购买欲望和购买行为，以达到销售产品、增加销售额的目的。促销手段有人员推销、广告、营业推广和公共关系等。

有时候，产品有良好的品质、完美的包装、适中的价格及顺畅的渠道，也并不能完全保证营销活动的成功，因为在竞争激烈的现代市场经济条件下，产品再好，如果不为人所知，其最终的命运就是积压。因此，企业需要采用各种有效的方法，促进产品销售，使消费者认识你的产品，购买你的产品。

促销是企业整体营销活动中不可缺少的重要组成部分，具有一些不可忽视的作用：传递信息，沟通渠道；引导需求，扩大销售；突出特点，树立形象；稳定销售，巩固市场。

促销组合是指企业在市场营销过程中，对人员推销、广告、营业推广和公共关系等促销手段的综合运用。促销组合运用得好坏，关系到企业的产品能否顺利到达消费者手中，关系到企业经营活动的成败。消费者需求是多方面的，既是理性的，也是感性的，促销活动需要满足消费者的心理需求。

4. 渠道策略

渠道策略主要指企业选用何种渠道使产品到达顾客手中。渠道有很多种，比如直销渠道、间接渠道（分销、经销、代理等）。企业可以根据不同的情况选用不同的渠道。产品在流通领域通过一系列的转移所有权活动才能最终从企业到达消费者手中，而这一过程必须通过营销渠道来实现。

渠道策略是为使目标顾客能接近和得到产品而制定的策略，必须有效地利用各种中间商和营销服务设施，以便更有效地将产品和服务提供给目标市场。厂家应了解各种类型的零售商、批发商和从事实体分销的公司及其是如何进行决策的。

渠道策略包括渠道的拓展方向、分销网络建设和管理、区域市场的管理、对营销渠道自控力和辐射力的要求。进入 21 世纪，渠道策略强调关系营销，与顾客建立长期、稳定且密切的关系，降低顾客流失率，建立顾客数据库，开展利用数据库营销的活动，从而降低营销费用。

营销渠道的选择和确定是企业面临的复杂而富有挑战性的决策之一，不同的营销渠道会给企业带来不同的销售和成本水平，从而影响企业营销组合的其他方面。

八、市场营销策略的影响因素

影响市场营销策略的因素有宏观环境因素和微观环境因素。

1. 宏观环境因素

宏观环境因素是指企业运行的外部大环境，对企业来说，既不可控制，又不可影响，而其对企业营销的成功与否起着十分重要的作用。

（1）人文环境：一是人口因素，包括人口数量与市场构成的关系、人口城市化与市场的关系、世界人口年龄结构变化与市场的关系。二是人口的地理迁移因素，包括人口的移动特点和规律与地理环境的关系、购买动机与地理环境的关系。三是社会因素，家庭、社会地位等，影响细分市场。

（2）经济环境：国民生产总值、个人收入、外贸收支情况。

（3）自然环境：自然资源的短缺、环境的恶化、疾病的影响。

（4）技术环境：技术对企业竞争的影响，以及对消费者的影响。

（5）政治、法律环境：政治、法律环境直接影响营销策略。

（6）社会、文化环境：人均教育水平、宗教信仰、传统习惯。

2. 微观环境因素

微观环境因素是指存在于企业周围并密切影响其营销活动的各种因素，包括供应者、购买者、中间商、竞争者、公众及企业自身等。

（1）供应者：资源的保证，成本的控制。

（2）购买者：一是私人购买者，人多面广，需求差异大，多属小型购买，购买频率较高，流动性较大。二是集团购买者，数量较少，但规模较大，属于派生需求，弹性较小。

（3）中间商：购买产品和服务主要是为了转卖，以取得利润，购买次数较少，单批量大。

（4）竞争者：竞争者及其数量和规模、消费者需求量与竞争者供应量的关系。

（5）公众：金融公众、政府公众、市民行动公众、地方公众、企业内部公众、一般公众。

（6）企业自身：企业内部各部门协作。

拓展阅读

小米手机的成功之道

2011 年 12 月 18 日，小米手机首轮备货 10 万部，在零点开售后，三小时售完。2012 年 1 月 4 日，小米手机再次备货 10 万部，很快在三个半小时内售完。在 1 月 11 日中午 12 点 50

分,小米手机开始的第三轮开放购买更引发了抢购热潮,仅用八个半小时便售出了30万部。2012年1月12日23点,小米公司官网停止手机预定,小米手机第三轮开放购买备货的50万部已经告罄。至此,小米手机开放购机数量已达到70万部,加上开放销售前的30万部订单,小米手机的销量已达百万部。

刚出生几个月的小米为何销量能比肩国内一线品牌?小米到底有何独到之处呢?

有人说小米手机的硬件配置较好,但称不上重大技术创新。MIUI操作系统是在Android基础之上做出改进,也没有太大的新意。而"米聊"虽然号称有数百万用户,比起QQ来说就是小巫见大巫了。

高规格的硬件配置、MIUI操作系统、米聊,单个说来都谈不上什么重大创新,但当雷军将这些全都整合在一起的时候,就拥有了一种神奇的力量。

小米手机的成功源于营销模式、商业模式及竞争战略的创新。

营销模式创新

小米手机除运营商的定制机外,只通过电子商务平台销售,最大限度地省去中间环节。通过互联网直销,运营成本比传统品牌大大降低,从而能够最终降低终端的销售价格。

与其他电子商务企业不同的是,小米公司从未做过广告。雷军表示,保持产品的透明度和良好的口碑,是小米公司初步取胜的秘诀。从MIUI开始,小米公司就牢牢扎根于公众,让公众(尤其是发烧友)参与开发。小米每周五发布新版本供用户使用,开发团队根据用户反馈的意见不断改进产品。此后的"米聊"和小米手机皆如此,而且还鼓励用户和媒体拆解手机。

有人说发烧友是一个特定的用户群,不一定能代表广大用户,但这些人其实是最苛刻的用户,他们的反馈意见将推动小米手机不断地改进用户体验。而且,数十万人的发烧友队伍将成为口碑营销的主要力量。小米的成功,在于依靠MIUI和"米聊"用户,以及一批批用户的口口相传。

商业模式创新

目前所有手机厂商的商业模式都是靠销售手机赚钱,包括苹果、三星等厂商。在商业模式上,小米公司也可以跟传统手机厂商一样靠硬件盈利,但雷军选择把价格压得最低、把配置做得最高。

作为一家互联网公司,小米公司更在意的是用户的口碑,只要有足够的用户,盈利自然不是问题。小米公司也许只卖出100万部手机,却吸引了几千万的移动互联网用户。

谷歌免费提供Android系统,是通过搜索和广告赚钱。亚马逊的Kindle Fire低价亏本销售也是这个思路,只要用户量足够,以后通过终端销售内容和服务就可以大大赚钱了。

手机用户换手机,用户可能就是别家的了,所以大部分手机厂商没有经营用户的认识,特别是国产品牌,以及与运营商深度合作的厂商。如果只是低价卖手机,用户又不是自己的,这就没有意义。

而小米是小米公司自己的手机品牌,并且自己有系统级产品服务,能让用户不仅是手机用户,而且是自己的系统用户,这样发展起来的用户就有价值了。其实,从这点上说,小米公司与苹果公司已经很类似了,区别是苹果公司的利润主要来自硬件,而小米公司不靠硬件赚钱。

竞争战略创新

一个小公司，当没有资源、没有品牌、没有用户，什么都没有的时候，就必须找到一个最适合自己的战场，让大公司看着眼馋，就是不敢进来。

显然，小米公司正是找到了这样的一片蓝海，用不靠硬件赚钱的模式发展手机品牌，软硬件一体化，定位中档机市场，基本配置赶超高端机。这个产品空间，其他厂商不太好进入。

另外，手机与移动互联网混合的模式也使小米公司没有竞争对手。小米公司所有 Android 开发方面的竞争对手都不是其手机的竞争对手，所有做手机的竞争对手又不是其 Android 开发方面的竞争对手。而且，就算是竞争对手模仿跟进，遇到的困难和挑战也是一样的。

小米公司相对于一般的 Android 厂商的优势是有多个差异化竞争手段（MIUI、米聊等）。源于 Android 的二次开发系统 MIUI 是一个优势。而雷军最大的优势是那些关联公司（金山软件、优视科技、多玩、拉卡拉、凡客诚品、乐淘等）。雷军让小米公司和这些公司进行对接，就有了其他手机厂商不具有的优势——低成本，高效率，整合速度快和双向推动作用。小米公司由此形成一个以手机为纽带的移动互联网帝国。

手机是目前人们不可或缺的电子设备，未来所有的信息服务和电子商务服务都要通过手机传递给用户，谁能成为这一入口的统治者就是新一代的王者。而王者必须是硬件、系统软件、云服务三位一体的，雷军反复说的"铁人三项"指的就是这个，而小米公司正是奔着这个方向去的。

思考和讨论：

小米手机成功的秘诀是什么？小米公司在商业模式上有哪些创新？

实践练习

实践练习1：商业模式画布

用商业模式画布（如图3-2所示）的形式来展现小米公司整个商业模式的组成。
1. 分组认真阅读小米公司的案例，并展开讨论。
2. 小组进行角色扮演与分工。
3. 小组成员分别围绕案例中的商业模式陈述个人观点，并做好记录。
4. 将小组集体讨论结果填写到商业模式画布的九个要素内。
5. 小组所有成员按照角色分工上台陈述分析结果。

实践活动2：一分钟自我推销

1. 实践内容

（1）问候。

（2）我是谁（包括姓名、来自哪里、个人兴趣特长、对专业的理解、对课程学习的认识和期望，或介绍家乡特产、旅游风景名胜等）。

（3）目的：一是便于教师尽快掌握全班学生情况，便于以后有针对性地上课提问和组织开展活动；二是加深学生的相互了解；三是锻炼学生上台发言的胆量和口头表达能力。

2. 步骤、要求

（1）每位同学精心写一份一分钟自我推销介绍词，利用上课时间反复演练，做到内容熟练、神情自然。

（2）地点、参加人员：本班教室，全班同学参加。

（3）具体步骤：

第一步，上台问候。跑步上台，站稳后向所有人问好，然后再介绍。注意面带微笑，展现热情。

第二步，正式内容演练，自我介绍，注意音量、站姿、介绍顺序、肢体动作等。

第三步，致谢回座。对全体同学致谢以后，才能按照教师的示意回到座位。

3. 评分基本标准

（1）由班委组成评委，对每个同学评分，最后取评委平均分。

（2）评分具体要求：

上台自我介绍神态、举止（55分）：声音大小10分、热情展现7分、面带微笑10分、站姿8分、肢体语言5分、语言表达10分、服装得体5分。

自我介绍词内容新颖、独特、顺序自然（35分）。

时间掌控（10分）：每位同学介绍时间控制在60~90秒，少于45秒或超过100秒，此项不得分。

4. 注意事项

（1）每位同学精心准备，反复演练，特别是学生干部要带头上台。

（2）带头学生演练完成后，按学号顺序上台演练，一个接一个进行。第一位同学上台后，下一位同学在指定位置等候。

（3）上台前要向老师举手示意，并喊话："报告，××号学生准备完毕，请指示。"听到老师"开始"的指令后，跑步上台。听到老师"时间到，停"的指令后，要向所有同学说"谢谢"。然后，按照老师的示意，回到座位。

（4）注意课堂纪律，控制笑声，确保自我介绍顺利进行。一位同学介绍完毕并致谢后，所有同学应鼓掌回应。

（5）在实践过程中，教师准备好以下话语：

自我介绍开始！

停，未跑步上台，重来一次！

停，激情不够，重新开始！

不要紧张，重新开始！

时间到，掌声鼓励。

3.4 创业风险控制

知识概要

创业不是一蹴而就的，大多数人在成功创业前，已经历了许多的失败。对于大学生而言，能够较好地识别创业过程中存在的风险，提前做好风险防范预案，提升应对风险的能力，对成功创业是至关重要的。本节内容介绍了创业风险的分类及大学生常见的七大创业风险，帮助大学生规避创业风险，增加创业成功的可能性。

情景案例

内蒙古建筑职业技术学院解帅创业案例

解帅，内蒙古建筑职业技术学院2016届毕业生，毕业后自主创业，创办了内蒙古夯力管理咨询服务有限责任公司，旗下"橘子团建"已是全国知名、内蒙古区域范围内领先的团建企业服务品牌，在2020年中国团建产业大会中被评选为全国团建机构50强。

随着"专升本"考试的失利，"好面子"的解帅告别了老师推荐的实习单位，内心彷徨，对未来毫无方向。恰在此时，学校的一纸"开办大学生创业培训班"通知，为他打开了就业的思路，种下了一颗待时间浇灌的创业种子。创业培训班给所有参加培训的学生做了一个创业前期辅导，至于是否立即创业在于个人的选择。解帅没有选择立即创业，而是选择沉淀下来，给自己定下了5年内进行创业的小目标。

职场历练磨性格，跨界创业踏新路

毕业前一个月，通过学校就业信息群提供的信息，解帅应聘一家公司，通过面试，满怀热忱与冲劲踏入了职场。但是，作为公司内唯一一个同期入职的专科生，他第一次感受到了自己和别人在知识上的差距。虽然工作初期处处波折，但他还是坚持了下来。

机遇总是留给努力的人。经老师推荐，解帅得到进入内蒙古工业大学设计院的工作机会，并在2017年年底作为代表参加了公司年会的筹备工作。伴随着对公司活动的了解，解帅发现了自己创业的商机——培训与活动。随着创业心思的萌发，他不自觉地就将注意力转移到关于培训和活动的资讯上面。在一次寻找招标信息时，他偶然看到鄂尔多斯伊金霍洛旗工会关于员工培训的招标信息，那是一个将近160万元的培训项目，坚定了他踏入培训行业的决心。

跨界创业历艰辛，砥砺笃行贵坚持

俗话说得好，"一个篱笆三个桩，一个好汉三个帮"。2018年新年过后，解帅拿着自认"成熟"的创业方案,找到了同宿舍的兄弟,谈起了创业梦想。两位同学均不甘平凡,三人一拍即合,达成共识,形成了最初的创业合伙人团队,且做出了各自的工作方向和分工,创立了"内蒙古夯力管理咨询服务有限责任公司",以"橘子团建"作为主打品牌,为企事业团体单位提供团队建设培训、活动策划、会议会展等服务。

学生创业,本身就面临着很多现实问题,跨界创业更困难重重。对行业缺乏认识、缺资金、缺客户,无一不在敲打着这个年轻的创业团队。伴随着业务的开展,因为经验缺少,执行、交付问题频发,导致客户尾款未结的情况时有发生。在坚持一年后,三个人关于公司发展的分歧也日渐明显,最终初创团队的两人踏上了各自新的职业道路。合伙人的出走,让他一度想放弃,但心中又有一股不服输的劲头和毅力始终支撑着他。

两个核心合伙人的离开,导致很多工作难以理顺,但更多的是心理压力。这时,他意识到志同道合的合伙人对于公司及团队的重要性。重新招募不如内部筛选,解帅的目标是一位在公司内部已经共同奋斗半年多的大学同宿舍兄弟。两人对于公司目前的方向均持乐观态度,共同认为"困难只是暂时的"。因为理念相符,他们成为新的创业合作伙伴。三人的初始创业,变成了两人的砥砺坚持。伴随执行、交付经验的增加,客户的满意度也不断提升,公司最终实现了收支平衡。

资源整合谋发展,开疆拓土展芳华

公司逐渐正规之后,重新定位发展,这成了品牌崛起的重要转折。解帅引进优秀师资、优秀项目,从根本上提升培训效果和服务质量;利用新媒体工具,制造热门话题;借助互联网技术,进行差异化竞争;寻找业内知名企业做靠山。他通过这些手段,大大地提高了品牌在当地的影响力,得到了客户广泛的认可,使公司的核心竞争力不断提升。目前橘子团建已经形成以七大团建形式为主的产品库,共计100多种热门产品方案和3000多种创意玩法,已承接各类培训活动近200场,客户覆盖九大支柱性行业。

思考:
1. 解帅的创业风险有哪些?
2. 解帅有哪些创业品质?
3. 该案例对你产生了哪些启示?

知识要点

一、创业风险的含义

创业风险,指的是创业中人们期望的目标与实际结果之间的差异。这种差异源自创业环境的不确定性,创业机会与初创企业的复杂性,创业者、创业团队与创业投资者的能力与实力的有限性。

首先,创业风险是所有经营风险之中最早到来的风险,并且是其他经营风险的根源,若其发生，将可能直接导致新企业的过早夭折；其次，由于企业处于成立的初期，事物繁多，也就造成了创业风险具有相当的隐蔽性，创业者不易觉察或无暇顾及。更为重要的是，由于主观认识的有限性和客观条件的动态易变性，导致了任何新企业都无法完全规避创业风险。由此可见，新企业要想取得良好的创业绩效，首先必须采取有效的措施控制创业风险的发生。

二、创业风险的分类

按风险来源的主观性和客观性划分，可将创业风险分为主观创业风险和客观创业风险。主观创业风险，是指在创业阶段，由于创业者的身体与心理素质等主观方面的因素导致创业失败的可能性。客观创业风险，是指在创业阶段，由于客观因素导致创业失败的可能性，如市场变动、政策变化、竞争对手出现、创业资金缺乏等。例如，2021年，国家出台"双减政策"，让教育行业大洗牌，大浪淘沙，不少校外培训机构纷纷转向。[①]

按风险的内容划分，可将创业风险分为技术风险、市场风险、政治风险、管理风险、生产风险和经济风险。技术风险，是指由于技术方面的因素及其变化的不确定性而导致创业失败的可能性。市场风险，是指由于市场情况的不确定性导致创业者或初创企业损失的可能性。政治风险，是指由于战争、国内外关系变化或有关省市主政官员更迭、政策改变而导致创业者或企业蒙受损失的可能性。管理风险，是指因初创企业管理不善产生的风险。生产风险，是指初创企业提供的产品或服务从小批试制到大批生产的风险。经济风险，是指由于宏观经济环境发生大幅度波动或调整而使创业者或创业投资者蒙受损失的风险。

按投资的影响程度划分，可将创业风险分为安全性风险、收益性风险和流动性风险。安全性风险，是指从创业投资的安全性角度来看，不仅预期实际收益有损失的可能，而且投资者与创业者自身投入的其他财产也可能蒙受损失，即投资方财产的安全存在危险。收益性风险，是指投资创业的投资方的资本和其他财产不会蒙受损失，但预期实际收益有损失的可能性。流动性风险，是指投资方的资本、其他财产及预期实际收益不会蒙受损失，但资金有可能不能按期转移或支付，造成资金运营的停滞，使投资方蒙受损失的可能性。

按创业过程划分，可将创业风险分为机会的识别与评估风险、准备与撰写创业计划风险、确定并获取创业资源风险和初创企业管理风险。机会的识别与评估风险，指在机会的识别与评估过程中，由于各种主客观因素，如信息获取量不足、把握不准确等使创业一开始就面临方向错误的风险。另外，由于创业而放弃了原有的职业所面临的机会成本风险，都是该阶段存在的风险之一。准备与撰写创业计划风险，指创业计划的准备与撰写过程带来的风险。创业计划往往是创业投资者决定是否投资的依据，因此创业计划是否合适将对具体的创业产生影响。在创业计划制订过程中各种不确定性因素与制订者自身能力的限制，都会给创业活动带来风险。确定并获取资源风险，指由于存在资源缺口，无法获得所需的关键资源，或即使可获得关键资源，但获得的成本较高，从而给创业活动带来一定风险。初创企业管理风险，主要包括管理方式，企业文化的选取与创建，发展战略的制定及组织、技术、营销等各方面的管理中存在的风险。

按创业与市场和技术的关系划分，可将创业风险分为改良型风险、杠杆型风险、跨越型风险和激进型风险。改良型风险，是指利用现有的市场、现有的技术进行创业所存在的风险。杠

[①] 2021年7月24日，中共中央办公厅、国务院办公厅印发《关于进一步减轻义务教育阶段学生作业负担和校外培训负担的意见》，明确规定各地不再审批新的面向义务教育阶段学生的学科类校外培训机构，现有学科类培训机构统一登记为非营利性机构，校外培训机构不得占用国家法定节假日、休息日及寒暑假期组织学科类培训，要求各地区各部门结合实际认真贯彻落实。

杆型风险,是指利用新的市场、现有的技术进行创业存在的风险。跨越型风险,是指利用现有的市场、新的技术进行创业存在的风险。激进型风险,是指利用新的市场、新的技术进行创业存在的风险。

三、大学生创业常见的七大风险

1. 管理风险

组织管理风险即由于新企业因组织管理不善而导致新企业创业绩效下降的可能性,此类风险的典型表现为"管理体制不规范""人员配备不合理""责任体系不清楚"等。创业失败者,基本上都是管理方面出了问题,其中包括决策随意、信息不通、理念不清、患得患失、用人不当、忽视创新、急功近利、盲目跟风、意志薄弱等。尤其重要的是,大学生知识单一,经验不足,资金实力和心理素质明显不强,更会增加管理上的风险。

2. 资金风险

资金风险在创业初期会一直伴随在创业者的左右。是否有足够的资金创办企业是创业者遇到的第一个问题。企业创办起来后,就必须考虑是否有足够的资金支持企业的日常运作。对于初创企业来说,如果连续几个月入不敷出或者因为其他原因导致企业的现金流中断,都会给企业带来极大的威胁。相当多的企业会在创办初期因资金紧缺而严重影响业务的拓展,甚至错失商机,不得不关门。

3. 竞争风险

如何面对竞争是每个企业都要随时考虑的事,对初创企业更是如此。如果创业者选择的行业是一个竞争非常激烈的领域,那么在创业之初极有可能受到同行的强烈排挤。一些大企业为把小企业吞并或挤垮,常会采用低价销售的手段。对于大企业来说,由于规模效益或实力雄厚,短时间降价并不会对它造成致命的伤害,而对初创企业来说,可能意味着彻底毁灭的危险。因此,考虑好如何应对来自同行的残酷竞争是初创企业生存的必要准备。

4. 团队分歧的风险

现代企业越来越重视团队的力量。初创企业在诞生或成长过程中最主要的力量来源一般都是创业团队,一个优秀的创业团队能使初创企业迅速地发展起来。但与此同时,风险也就蕴含在其中,团队的力量越大,产生的风险也就越大。一旦创业团队的核心成员在某些问题上产生分歧、不能达到统一时,极有可能会对企业造成强烈的冲击。事实上,做好团队的协作并非易事,特别是与股权、利益相关联时,很多创业伙伴都会闹得不欢而散。

5. 核心竞争力缺乏的风险

对于具有长远发展目标的创业者来说,他们的目标是不断地发展壮大企业。因此,企业是否具有自己的核心竞争力就是最主要的风险。一个依赖别人的产品或市场来打天下的企业是永远不会成长为优秀企业的。核心竞争力在创业之初可能不是最重要的问题,但要谋求企业长远的发展,这就是最不可忽视的问题。没有核心竞争力的企业终究会被淘汰出局。

6. 人力资源流失风险

一些研发、生产或经营性企业需要面向市场,大量的高素质专业人才或业务队伍是这类企业成长的重要基础。防止专业人才及业务骨干流失应当是创业者时刻注意的问题。在那些依靠某种技术或专利创业的企业中，拥有或掌握这一关键技术的业务骨干的流失是创业失败的最主要风险源。

7. 意识上的风险

意识上的风险是创业团队最内在的风险。这种风险来自于无形，却有强大的毁灭力。风险性较大的意识有投机心态、侥幸心理、试试看的心态、过分依赖他人、想快速回本的心理等。

拓展阅读

史玉柱的创业人生

1980年，史玉柱以全县总分第一的成绩考入浙江大学数学系，毕业后分配到安徽省统计局，时年24岁。由于工作出类拔萃，他被作为第三梯队，送往深圳大学进修。可是，进修之后，史玉柱决心辞职创业。当时，他身上全部的家当就是东挪西借的4000元钱，以及耗费9个月心血开发出来的M-6401桌面排版印刷系统。

1989年8月2日，他利用报纸《计算机世界》先打广告后收钱的时间差，用全部的4000元做了一个8400元的广告——M-6401，历史性的突破。13天后，史玉柱即获15820元；一个月后，4000元广告已换来10万元的回报；4个月后，新的广告投入又为他赚回100万元。这一年，史玉柱产生了创办公司的念头。他想："IBM是国际公认的蓝色巨人，我办的公司也要成为中国的IBM，不如就用'巨人'这个词来命名公司。"

1991年7月，"巨人"实施战略转移，总部由深圳迁往珠海，"珠海巨人新技术公司"迅速升格为"珠海巨人高科技集团公司"（以下简称"巨人集团"），下设8个分公司。这一年，M-6403桌面印刷系统共卖出2.8万套，盈利3500万元。1993年7月，巨人集团下属全资子公司已经发展到38个，是仅次于四通集团的全国第二大民营高科技企业，拥有M-6405汉卡、中文笔记本电脑、手写电脑等5个拳头产品。史玉柱本人也被罩上各种各样的光环，迎来第一个事业高峰。

狂热失误

1994年年初，巨人大厦动工。这座最初计划建18层的大厦，在众人热捧和领导鼓励中被不断加高，从18层到38层、54层、64层，最后升为70层，号称当时中国第一高楼，投资也从2亿元增加到12亿元。史玉柱基本上以集资和卖楼花的方式筹款，集资超过1亿元。

同样是1994年，史玉柱发现，计算机技术日新月异，汉卡早已失去了存在的必要，如果继续做软件，敌不过猖獗的盗版。于是，他把一部分注意力转向了保健品，"脑黄金"项目开始起步。

1995年，巨人集团发动"三大战役"，把12种保健品、10种药品、10多款软件一起推向市场，投放广告1亿元。同年，史玉柱被《福布斯》列为中国大陆富豪第8位。

1996年，巨人大厦资金告急，史玉柱决定将保健品方面的全部资金调往巨人大厦，保健品业务因资金"抽血"过量，再加上管理不善，迅速衰落。巨人集团危机四伏，脑黄金的销售额达到5.6亿元，但烂账有3亿多元。

1997年年初，巨人大厦未按期完工，各方债主纷纷上门，巨人集团现金流彻底断裂，媒体"地毯式"报道巨人集团财务危机。不久，只完成了相当于三层楼高的首层大堂的巨人大厦停工，巨人集团名存实亡。随着"巨人"倒下，负债2.5亿元的史玉柱黯然离开广东，北上隐姓埋名。

痛定思痛

史玉柱陷入苦苦的思索："我究竟错在哪里？"他怕自己想不彻底，把报纸上骂他的文章一篇篇接着读，越骂得狠越要读，看别人对他失败的"诊断"。他还专门组织"内部批斗会"，让身边的人一起向他开火。

在各种猛药的"外敷内服"下，史玉柱终于输得明白。这个背着2.5亿元巨债的"中国首负"，在1997年完成了一生中最重大的转变。这个转变让他再度崛起。他说："这10年来，我一直都在吃老本。如果老本吃光了，我肯定又危险了。"

那么，史玉柱的"老本"是什么？那就是史玉柱为自己制定的三项铁律：一、必须时时刻刻保持危机意识，每时每刻提防公司明天会突然垮掉，随时防备最坏的结果；二、不得冒进，草率进行多元化经营；三、让企业永远保持充沛的现金流。

在此之外，史玉柱还有一个最大的收获，那就是懂得了研究消费者。在这方面，史玉柱有切肤之痛。

"1995年2月10日，我下达'三大战役'的总动员令，广告攻势是我亲自主持的，第一个星期就在全国砸了5000万元的广告费，把整个中国都轰动了，风光无限。可后来一评估，知名度和关注度都有，但广告效果是零，因为我们根本不知道消费者需要什么。"在史玉柱看来，这正是他走下坡路的起点。

"自从'三大战役'失败后，我就养成一个习惯，谁消费我的产品，我就要把他研究透。一天不研究透，我就痛苦一天。"正是这种本领，让史玉柱奇迹般地起死回生。

东山再起

幸运的是，受到重创的史玉柱，除缺钱外，似乎什么都不缺——公司20多人的管理团队，在最困难的时候依然不离不弃，没有一个人离开；他依然有两个项目在手——软件和保健品。

1998年，山穷水尽的史玉柱找朋友借了50万元，开始运作脑白金。区区50万元，已容不得史玉柱再像以往那样高举高打，最终他把县级市江阴作为东山再起的根据地。这几乎是最后的机会，他必须孤注一掷。

在启动江阴市场之前，史玉柱首先做了一次"江阴调查"。他戴着墨镜走村串巷，挨家挨户寻访在家的老年人。经过与300位潜在消费者进行深入的交流，史玉柱对市场营销中可能遇到的各种问题摸了个通透。他信心十足地对大家说："我们有救了，脑白金这个产品年销售额很快就能做到10亿元。"

在充分调查的基础上，史玉柱推出了广告"今年过节不收礼，收礼只收脑白金"。这则广告无疑已经成了中国广告史上的一个传奇，尽管无数次被人诟病为功利和俗气，但它已被播放了10多年，累计带来了100多亿元的销售额，这两点的任何一个都足以让它难觅敌手。

脑白金在江阴市场启动后，星星之火，开始燎原。到1998年年底，史玉柱已经拿下了全国1/3的市场，月销售额近千万元。2000年，公司创造了13亿元的销售奇迹，成为保健品的状元，并在全国拥有200多个销售点的庞大销售网络，规模超过了鼎盛时期的巨人集团。

3年不到，史玉柱又重新站了起来。2000年秋天，他做了一个轰动一时的决定，悄悄还了所欠的全部债务。2001 年 2 月 3 日晚上，史玉柱接受采访，他终于堂堂正正地递出了自己的名片。从 1997 年"巨人"倒下后他一直没用过名片，现在他终于可以摘下墨镜，昂首挺胸地在大街上行走了。

重新布局

脑白金的一炮走红并没有让史玉柱满足，他决心力推由维生素和矿物质组成的混合保健品——黄金搭档。2001 年，黄金搭档上市，在史玉柱纯熟的广告策略和成熟的通路推动下，很快走红全国市场。

除保健品外，史玉柱重新进行布局。2001 年，史玉柱的新巨人公司在上海注册成立。2004 年 11 月，上海征途网络科技有限公司正式成立。2007 年 6 月，上海征途网络科技有限公司正式更名为上海巨人网络科技有限公司。2007 年 11 月，史玉柱旗下的巨人网络集团成功登陆美国纳斯达克股市，总市值达到 42 亿美元，史玉柱的个人身价突破 500 亿元。

2003 年，史玉柱接盘了华夏银行发起人北京华资银团公司和首钢总公司持有的 1.4 亿股华夏银行的法人股，又接手了地产商冯仑持有的 1.43 亿股民生银行股票。当年，史玉柱花了 3 亿元买入的这两家银行的股票，如今价值已经超过了 130 亿元。

2008 年 10 月，史玉柱的巨人投资公司宣布，正式开辟在保健品、银行投资、网游之后的第四战场——保健酒市场，推出了五粮液黄金酒。巨人投资公司与酒业巨头五粮液签署了长达 30 年的战略合作协议，由巨人投资公司担任五粮液黄金酒的全球总经销。

资料来源：李家华、刘农贵、焦新伟《新编大学生创新与创业教程》

思考和讨论：

史玉柱遭遇了哪些创业风险？东山再起前的他是如何防范创业风险的？

实践练习

实践活动 1：思考和讨论

针对自身的创业项目，分析其存在的创业风险、自身的风险承受能力，思考如何防范这些创业风险。

实践活动 2：投掷比赛

1. 活动准备

（1）在地上放两个干净的塑料桶（目标物），准备 3~4 个直径 3~4 寸的软塑料球备用。

（2）把塑料桶放到教室前面或室外的空地上，确定最远投掷位和目标物之间有 3 米的距离。然后，在最远投掷位和目标物之间分 10 个等距离，每个等距离为一个投掷位，共 10 个投掷位，用粉笔或者白板笔在地面上画横线表示每个投掷位，或者用白板笔在白纸上标明 1~10 不同的数字，将纸按照从大到小的顺序，依次粘贴在距目标物从远到近的投掷位上。

（3）在活动开始前，可以根据学生人数，将全体学生分成 3~4 个小组（10 人左右为一个小组），要求每个小组选出 3~4 人参与投掷，讲清投掷的规则：参与者站位基本与地面垂直，不能过度前倾，除脚之外身体的其他部位不能接触地面。5~10 分钟的准备时间，在准备时间，小组成员可以试投。

2. 投掷开始

共投掷 3~4 个轮次（每个小组有几名学生参加，就投掷几个轮次，但一般不超过 4 个轮次，以利于课堂控制），每个学生共可以投掷 3 次，并在一个轮次中一次完成。

在投掷过程中，学生可自行选择距离目标物的远近，可以调整站位。但是，每个轮次每个小组只能有一位学生参加，而且每个学生只能参加一次；在三个轮次的投掷过程中需要调整小组的出场顺序。例如，第一个轮次第一小组先出场，第一小组的一名同学投掷 3 次后，换第二小组的一名同学，然后是第三及第四小组的一名同学进行投掷；第二个轮次，可以从第二小组开始，然后第三小组、第四小组、第一小组；第三个轮次则从第三小组开始，然后是第四小组、第一小组、第二小组；以此类推。通过变换各小组的出场顺序，强调游戏的公平性。

在投掷过程中，教师需要对每位学生、每个小组的得分情况进行记录，站在数字几的位置投，将球投进记几分，投不进记 0 分，投进后又弹出的可以记一半分值（若有小数位则向下取整，如 7 的一半记 3 分），并加计每位同学的总得分及小组的总得分，得分最高的小组胜出。

3. 活动总结

每个小组进行活动总结，思考对投掷人员的选择、每个投掷人员的站位是如何进行决策的，比赛过程中的战略战术调整对比赛结果的影响是什么，从中让学生感受到风险的识别、防范和应对。

第4章 创业团队建设管理

学习目标

知识目标：
1. 了解团队意识的功能，认识团队意识、团队建设的重要性。
2. 熟悉团队组建的方法及团队管理的要素。

能力目标：
1. 具备较强的组织能力、沟通能力、协调能力。
2. 提高领导力和管理能力。

素养目标：
组建一个目标统一明确、专业性强、凝聚力强的创业团队。

4.1　团队意识培养

知识概要

创业团队不仅是人的集合，更是能量的结合与爆发。俗话说，"三个臭皮匠，赛过诸葛亮"，拥有良好的团队意识能够帮助大学生在创业中有效地脱离困境。团队意识能够凝聚全体成员，让团队成员"心往一处想，劲往一处使"。本节内容主要介绍团队意识的重要性及如何培养团队意识。

情景案例

义乌工商职业技术学院王鹏创业案例

王鹏，义乌工商职业技术学院电子商务专业2014届毕业生，毕业时已拥有一个10余人的创业团队、数家网店，主要经营帽子、皮带等，一年的营业额为200万元左右。此外，他还拥有一家位于国际商贸城的实体店铺。

王鹏高考失利，在填报志愿时，想填报距离家乡远一些的学校，远离父母的约束，毕业后再回老家跟着亲戚承包建筑工程谋生。于是，他成为义乌工商职业技术学院建筑艺术分院的一名学生。王鹏在中学时期接触计算机的机会很少，进入大学之前完全不知道"电子商务"是什么。在进入大学之后，王鹏迅速被学校的电商创业氛围吸引。开学一个星期后，他便开了第一家淘宝店。接下来，他开始如饥似渴地学习电商相关的知识，包括网络交易规则、美工课程等，并将理论知识与创业实践相结合，一步一步地去尝试。王鹏的学习能力很强，上手很快。一个学期后，他的店铺业绩已经在班级里数一数二。为了更好地创业，他申请转专业到创业学院电子商务专业。尽管父母表示反对，他依然坚信自己的选择是正确的。从大一的第二个学期开始，电商创业的收入已经让王鹏不需要父母给生活费及此后两年的学费。

随着网店的不断发展，王鹏开始感到力不从心，一个人的能力和精力已经无法满足网店发展的要求。于是，他组建了创业团队，团队成员既有在校大学生，也有校外的社会人员。由于店铺生意火爆，平时下班时间一般为晚上10点30分，有时候会加班到凌晨，"双十一"和其他促销活动期间更需要通宵加班。于是，王鹏为团队成员提供两顿饭——晚餐和夜宵。在还是一人单打独斗的创业初期，为了节约成本，王鹏都是挤公交车去市场拿货的。组建团队后，为了方便进货，王鹏在大三时用自己创业赚的钱买了一辆车。与其说是给自己买车，不如说是给团队买车。买车前，很多人建议买一辆价位更高一点的轿车，但考虑到团队还处在发展关键时期，还有很多需要花钱的地方，王鹏最终买了一辆性价比较高的货车，以便进货，提高团队效率。

网店订单多的时候，团队成员连吃饭的时间都没有。此时，王鹏并不会只做管理工作，而是只要有人上厕所，二话不说立即顶替上去。虽然月收入早已过万元，王鹏依然是学生打扮，和团队成员一样坐在计算机前，时刻关注着网店的交易状况。面对困难，王鹏总是面带微笑，将自己的自信带给团队里的每一个成员。

> **思考：**
> 1. 王鹏和他的团队成员身上有哪些团队意识？
> 2. 团队意识对王鹏创业产生的作用有哪些？

知识要点

一、团队意识的含义

团队意识也叫团队精神，是指整体配合的意识，分为团队目标、团队角色、团队关系及团队运作过程四个方面。团队意识不是泯灭个性，扼杀独立思考精神，更不是处处依靠团队中的其他成员。一个好的团队，应该鼓励和正确引导成员发挥个人能力。

团队若给成员提供一个充分施展自己才能的机会，将会具有永不枯竭的创新能力。作为团队成员，不要因为身处团队之中就抹杀自己的个性。团队制度的建立是为了更好地发挥成员的才能，让大家"八仙过海，各显神通"地开展工作。

强调团队合作，并不意味着否认个人智慧、个人价值，个人的聪明才智只有与团队的共同目标一致时，其价值才能得到最大的体现。成功的团队提供的是尝试积极开展合作的机会，而成员所要做的是，在其中寻找到生活中真正重要的东西——乐趣，即工作的乐趣、合作的乐趣。

团队成员只有对团队抱有强烈的归属感，强烈地感觉到自己是团队的一员，才会真正快乐地投身于团队的工作之中，体会到工作对于人生价值的重要性。

二、团队意识的作用

1. 目标导向功能

团队意识能够使团队成员齐心协力，拧成一股绳，朝着一个目标努力。对团队中的个人来说，团队要达到的目标即自己必须努力的方向。这样就使团队的整体目标被分解成各个小目标，在每个团队成员身上都得到落实。

2. 团结凝聚功能

任何组织群体都需要一种凝聚力，传统的管理方法是通过组织系统自上而下地下达行政指令，淡化个人感情和社会心理等方面的需求。通过对群体意识的培养，通过人们在长期的实践中形成的习惯、信仰、动机、兴趣等文化心理，来引导人们产生共同的使命感、归属感和认同感，逐渐强化团队精神，产生强大的凝聚力。

3. 促进激励功能

团队精神要靠每个团队成员自觉地向团队中最优秀的成员看齐，通过成员之间正常的竞争实现激励功能。这种激励不是单纯停留在物质基础上，而是要得到团队的认可，获得团队中其他成员的认可。

4. 实现控制功能

在团队里，不仅成员的个体行为需要控制，群体行为也需要协调。团队意识产生的控制功能，是通过团队内部形成的一种观念的力量、氛围的影响，去约束、规范、控制团队成员的个体行为。这种控制不是自上而下的硬性强制力量，而是由硬性控制转向软性内化控制，由控制个人行为转向控制个人的意识，由控制个人的短期行为转向对其价值观和长期目标的控制。因此，这种控制更为持久，更有意义，而且深入人心。

三、团队意识的培养

团队意识并不是与生俱来的，而是通过后天培养获得的。对团队意识的培养，一般可以从个人和组织两个层面展开。

1. 个人层面

（1）树立大局意识。大局意识要求团队成员自觉从大局看问题，把工作放到大局中去思考、定位，做到正确认识大局、自觉服从大局、坚决维护大局。当个人利益与集体利益产生冲突时，当眼前利益与远景目标产生冲突时，要用长远的眼光看待问题，做好权衡和统筹，避免因蝇头小利而导致"捡了芝麻，丢了西瓜"的结局出现，如此团队才能持续发展，创业成功的可能性才会更高。

（2）学会换位思考。换位思考是人对人的一种心理体验过程。将心比心、设身处地是做到理解他人不可缺少的心理机制。它在客观上要求我们将自己的内心世界，如情感体验、思维方式等与对方联系起来，站在对方的立场上体验和思考问题，从而与对方在情感上得到沟通，为双方增进理解奠定基础。它既是一种理解，也是一种关爱。换位思考，首先要做到对人对己同一标准，其次就是宽人严己。如果每个团队成员能够做到换位思考，就能够避免很多矛盾，使团队更具向心力和凝聚力。

（3）增强合作意识。比尔·盖茨曾经说过："团队合作是企业成功的保证，不重视团队合作的企业是无法取得成功的。"合作意识是合作行为产生的一个基本前提和重要基础。善于合作的人，不仅能够达到自己的目标，往往还能从工作中找到乐趣。合作意识很难通过讲座或讨论的形式得到培养，其需要通过某种活动，通过人与人交往的过程，通过共同完成任务和对各种结果的经历，通过成果的分享及责任的共同承担去培养。在合作过程中，要懂得发挥自身所长，借用他人所长，补自己的短板，同时要考虑对方的需求，不能一味地注重自己的利益。

2. 组织层面

（1）组织团体活动。团体活动能够营造团结向上的氛围，在活动中培养团队成员的团队意识，增强团体凝聚力。第一，可以举行文体活动，如集体旅行、户外团建、生日聚会等，增加团队成员之间的互动和交流，增进彼此的情感。第二，可以组织趣味性的团体游戏、运动会等，让团队成员释放创业压力，明白团队的价值，从而在日常工作和生活中合理分工、团结协作、优势互补，克服创业过程中的种种困难，提高工作效率，促进企业健康发展。第三，培养团队成员共同的兴趣爱好，有助于找到团队成员之间的共同点，彼此有共同的话题可以交谈，有更多的想法可以探讨，有更多的机会可以了解对方。

（2）树立榜样。榜样是旗帜，代表着方向；榜样是资源，凝聚着力量。因此，可以通过树立团队意识强的榜样，培养团队成员的团队意识。在选择团队榜样时，需要注意以下四点：第一，榜样的选取要真实，接地气。榜样的水准不是越高越好，而是团队成员通过努力能够达到的水平，这样才更有促进作用。第二，榜样的模范事迹要具体，要指明哪些内容是其他成员应该学习的，而不是模糊不清的。第三，榜样可以是个人，也可以是团体，可以赞扬个人的无私奉献、顾全大局，也可以赞扬团队内部的互帮互助、通力协作。

（3）建立合理的考核激励机制。考核，即对组织贡献大、支撑公司发展战略的行为和结果给予肯定，对工作不力或给公司带来损失的行为和结果给予否定。合理的考核激励机制能够不断督促团队成员完成创业任务，实现创业目标。考核要与利益相挂钩才有实际意义，利益可以包括职务升降、培训发展、劳动薪酬等。为了培养团队成员的团队意识，可以根据创业团队的实际情况，明确个人工作结果的好坏会影响团队其他成员及整体的利益，而团队获得成就则能相应地促进个人的收益。

拓展阅读

小米公司创始人雷军的团队意识

雷军创立小米公司时有一份名单，是关于投资人的。要想实现梦想，他需要一个真正懂手机的人支持。雷军虽在软件行业呼风唤雨，但在手机行业，他还是一个崭露头角的小辈。

雷军找到自己的老熟人李开复，通过李开复认识了林斌。林斌，1995—2006年任职微软公司，历任软件开发工程师、主任开发工程师、研发经理、工程总监。2006年以后，他担任谷歌中国工程研究院副院长、谷歌全球工程总监，主要负责Android系统的本地化。经过一次会面，林斌发现雷军不仅懂软件，还懂手机。两人之间有一种难得的默契。

林斌认识微软工程院的首席工程师黄江吉，黄江吉当时正面临人生的转折点。在微软工作了13年，是继续干下去还是做点别的什么，是继续留在中国还是回美国，这是当时困扰黄江吉的两个问题。在林斌牵线下，雷军与黄江吉在北京见了面。三个电子产品发烧友之间进行了一番经验交流。临走的时候，黄江吉对雷军说："我不知道你们未来究竟有什么打算，但不管做什么，就算上我一份吧！"就这样，黄江吉加盟雷军团队。

此外，林斌还联系了自己在谷歌的下属，高级产品经理洪峰。洪峰一度在谷歌美国总部做高级工程师，也就是在那段时间，洪峰和其他技术人员一起开发了"谷歌街景"。从美国回来后，洪峰成为谷歌中国公司的第一产品经理。在他的主持下，谷歌音乐上线。和雷军第一次见面时，洪峰问："要做手机，你有自己的硬件团队吗？你对运营商了解多少？你有获取手机屏的渠道吗？"洪峰这一问，还真把雷军问住了，因为洪峰说的这些他一样都没有。这次会面结束后，雷军就决定把洪峰拉到团队中来。洪峰虽然对雷军的创业计划充满诸多疑问，但他喜欢富有挑战的事情，最终答应了雷军的邀请，成为小米创业团队里最年轻的成员。

洪峰向雷军介绍了刘德，美国艺术中心设计学院高才生，在设计领域可以说得上是"大牛"级别。2010年5月，回国办事的刘德在洪峰的邀请下见了雷军。那天，他们从下午一直聊到夜里12点。雷军详细地向刘德介绍了自己进军手机市场的计划，随后直截了当地邀请刘德入伙。刘德起初有些犹豫，最终答应了雷军。在刘德看来，好商品易做，好团队难寻，他不想错过这样一个优秀的团队。

黎万强，雷军以前的同事，2000年毕业后加入金山公司，十年时间从设计师一步步走到了金山公司设计总监和金山词霸事业部总经理的位置。在雷军忙着准备做手机的那段时间，黎万强离开了金山公司。离开金山公司后的黎万强找雷军聊过一次天。他兴致勃勃地向雷军阐述了自己的创业计划，但雷军听完之后没有评价，只是试探性地问了句："那个方向不太适合你，我这有个方向，你看要不要跟着我一起干？"听了老上司加老朋友的话，黎万强没多想就答应了。

做手机系统、软件、设计的人都有了，唯独缺一个能把手机做出来的人。在硬件制造领域，不管是雷军还是林斌，都没有广泛的人脉。就在雷军感到绝望时，有人将周光平介绍给雷军。55岁的周光平在摩托罗拉担任高级工程师，在摩托罗拉可以说是要风得风、要雨得雨，没有出来创业的必要。但是，两人见面后大有相见恨晚的感觉，从中午12点一直聊到晚上12点。这次见面后没几天，周光平就答应加盟雷军团队。

对于团队管理，雷军有独到的见解，主要包含以下三点：

1. 扁平化管理

小米公司的组织架构没有层级，基本上是三级：七个核心创始人—部门负责人—员工。而且，团队不会太大，稍微大一点就拆分成小团队。七个创始人有职位，其他人都没有职位，都是工程师，唯一的晋升奖励就是涨薪。员工不需要考虑太多杂事，没有太多杂念，一心在工作上。小米公司在进行互联网转型的时候，先把产品架构和组织结构梳理好后才进行，是由内而外的。

2. 利益透明分享

小米公司有一个理念，就是要和员工一起分享利益，尽可能多地分享利益。小米公司在薪酬方面给了员工足够的回报，工资接近中上游，在期权上有很大的上升空间，而且每年还有一些内部回购。所以，小米公司员工确实压力很大，但也会产生满足感。

3. 不设KPI

现在很多公司注重KPI（关键绩效指标）考核，而小米公司不设KPI考核制度。雷军认为，KPI考核带来的晋升制度会让员工为晋升做事情，从而导致价值的扭曲，为了创新而创新，不一定是为用户创新。严重的话，KPI考核甚至会引来内部的恶性竞争。小米公司在内部强调责任感，即每个人都要对用户负责。这样会使员工之间有共同的价值观，从而利于协同合作，提高效率。

思考和讨论：

雷军的团队意识体现在哪里？为了提高员工的团队意识，雷军采取了哪些措施？

实践练习

实践活动1：思考和讨论

分析自身的团队意识具体展现在过往的哪些经历中。

实践活动2：团队成员招募活动

1. 将学生分成两个组，其中5名同学为创业组，剩余的同学为人才组。
2. 创业组的同学根据自己的创业需要，写出计划招募具备何种优势的团队成员，并轮流上台宣讲。
3. 人才组的同学轮流上台介绍自己，包括个人的优势专长、劣势短板等。
4. 两组双向选择，匹配成功的同学成为一个创业团队，上台展示团队的创业目标及团队成员的组成情况。

4.2 创业团队组建

知识概要

创业团队就是由少数具有互补技能的创业者组成的团队，创业者为了实现共同的创业目标和一个能使他们彼此担负责任的程序，共同为获得高品质的结果而努力。组建团队创业有利于分散创业的失败风险；团队成员之间技能互补，可提高驾驭环境不确定性的能力，从而降低初创企业的经营风险；更为重要的是，团队创业具有更强的资源整合能力，能同时从多个融资渠道获取创业资金等资源，保证创业成功。本节内容主要介绍创业团队组建的核心要素、创业团队组建步骤和注意事项等。

情景案例

"我爱生活"——社区扫码售货无人车创始人

杨斌，浙江温州人，浙江越秀外国语学院2016届毕业生，在校期间加入校团委学生会，担任校学生会副主席，分管大学生创业园。2016年，毕业实习结束之后，他开始了自己的创业之路，在接触各行各业之后，于2017年4月创办了"我爱生活"便民服务平台，于2017年10月发起了"信零售"校园无人货架项目，并且注册公司——绍兴市一八零度电子商务有限公司。截至2018年2月底，"我爱生活"项目已经产生了1000万元的营业额，平均日营业额可达3万元。

为实现创业不断学习

杨斌的大学生活与其他大学生一样，心中充满理想——创业。在高中时，他就想创业，到大学以后，加入大学生创业园。刚开始，他做的事其实跟创业不搭边，更多的是厚积薄发，为以后做准备，从创业者身上学到了很多经验。他尝试了各种各样的事情，学生会的工作让他积累了很多工作经验，提高了交际能力。

创业其实也是综合性的，会涉及方方面面的东西。为了创业，杨斌对互联网、金融这些感兴趣的方面都有所涉猎，还在相关课堂旁听。他说："学的时候就要坐下来好好想想，你需要什么就要学什么。"一个创业者就要各方面都懂，大学四年里学的知识，不管是什么，将来总会派上用场。

创业创新：微信信任（我爱生活）

杨斌开始想做新媒体文案，应聘了三家公司都不顺心，便辞去了工作。他专门到城东的部分小区做调查，发现许多上班族及全职太太非常头疼买菜的事情。对上班族来说，如果一下班，蔬菜直接送到家，就能省下不少时间。于是，他想到在小区贴广告，创建微信群，这一举动使他收获了许多粉丝，于是开始创业，组建运营团队。他的团队是由他和很多学弟、学妹组成的。"微信卖菜"便是杨斌创业的一大步，一个好的开头。每天晚上，商户们会主动报价，杨斌的团队把价格表贴到微信群，晚上8点左右，需要的住户在群里下单，下单时间不固定，一般提前3小时即可。

顾客下单后，所有的菜品都由杨斌和他的团队从农贸市场购得，每样均用透明塑料袋包好，塑料袋上贴着电子秤打印出来的标签，载明品名、价格、重量，塑料袋外写着送货地址。然后，他们骑着电动车，挨家挨户送货上门。没有雇员，接单、买菜、送货，全部由团队成员自己完成。他们与用户之间靠的就是信任。

经过两个月的合作，团队成员已形成默契。杨斌的团队成员都是"90后"，最大的才24岁。这些在家里基本不干家务的小伙们买菜时难免会出现糗事。比如，有客户要买黑鱼做酸菜鱼，结果鱼被送上门后顾客一看便埋怨："做酸菜鱼的黑鱼是要剖背的，你这剖的是鱼肚。"从此，小伙们都知道了，做酸菜鱼的鱼是要剖背的。他们开玩笑说："万一创业失败，我们将来做个居家好男人没问题。"这个项目不过10个月就拿到了500万元的融资，一切就像是奇迹。

杨斌之所以能创办"我爱生活"线上便民服务平台，正是因为他在摸索新的创业模式上下了不少功夫，立足大数据分析，坚持不懈，努力创新，终于找到创业的真正立足点——需求孕育市场。截至2018年2月，该平台已经覆盖了绍兴220个小区，拥有11万粉丝，其核心理念是弘扬社会主义核心价值观，构建和谐的小区和邻里关系，同时连接商品产地，为城市居民和农民搭建桥梁，解决贫困地区农产品滞销等问题。

创业实践积累宝贵经验

创业经历让杨斌积累了很多宝贵的经验。他觉得，要组建一个跟自己三观合、想法一致、行动力强的团队。现在分工越来越明确，一个人懂互联网，一个人懂金融，那是可以的。以前创业卖水果，那时候没有互联网，一个人就可以搞定，但现在渠道要多元化、销售和品位要多元化、研发要多元化，一个人完成不了这么多事情。

谈到资金，杨斌觉得不用担心。现在国家对大学生的创业扶持力度很大，只要有想法，且想法可行，不用担心资金问题。

杨斌非常鼓励现在的大学生创业，他认为只要有团队，有切实可行的想法，有国家的政策帮助，一切都不是问题。从青涩的大学新生年代到现在小有成绩，杨斌就是一个成功的典范，激励大家走上自己的道路。

思考：
1. 杨斌的创业团队是什么样的？
2. 你认为这些团队成员有什么特点？
3. 该案例对你产生了哪些启示？

知识要点

一、团队组建的核心要素

1. 团队精神

简单来说，团队精神就是大局意识、协作精神和服务精神的集中体现。团队精神的基础是尊重个人的兴趣和成就，核心是协同合作，最高境界是具有向心力、凝聚力，也就是个体利益和整体利益统一，推动团队高效率运转。团队精神的形成并不要求团队成员牺牲自我，相反，鼓励成员挥洒个性、表现特长，共同完成任务目标，而明确的协作意愿和协作方式产生真正的内心动力。没有良好的从业心态和奉献精神，就不会有团队精神。

2. 团队目标

目标是十分重要的团队要素，团队设定明确的目标可以按照以下步骤：团队成员的目标达成一致；专注于核心优先事项，由外向内统一；根据主要贡献列表制作任务明细，言简意赅地陈述团队为哪些工作存在；任务明确之后，开列紧要事项清单——确定团队必须完成的工作和团队成员实现核心目标所需的互动方式；根据团队的任务和紧要事项清单来确定参与规则。

3. 团队表现

（1）凝聚力。领袖人物都有一个共同点，就是能将千百万人的心连在一起，这是十分独特的能力。我们跟随领导者，就是希望他能创造环境，结合众人的力量，营造未来。正是这种凝聚力，创造着人类的历史。试想：如果团队成员远离你，甚至因为你的言行而放弃对事业的追求，你还会成功吗？

（2）合作。大海是由无数的水滴组成的，每个人都是团队中的水滴。个人敌不过团队。团队的成功靠的是团队里的每位成员的配合与合作。如同打篮球，个人能力再强，没有队友的配合也无法取胜。比赛时，5个人就是一个团体，有人投球、有人抢篮板球、有人战术犯规，其目的都是实现团队的目标。

（3）组织无我。个人的力量是有限的，成功靠团队共同推进。每个成员一定要明白，团队的利益、团队的目标重于个人的利益和目标。在团队中，如果人人只想着自己的利益，这个团队一定会崩溃。团队没有了，个人的目标自然也实现不了。面对团队行动，应听从领导的安排，这样任何事情会变得容易，这叫组织无我。团队的目标就是靠这种组织无我的精神实现的。

（4）士气。没有士气的团队，是缺乏吸引力、凝聚力、战斗力的，而士气旺盛的团队，无论在任何环境，遇到任何困难，都是无往而不胜的。刘邓大军挺进中原，以少胜多，就是最好的证明。就是士气，让不可能变成了可能。

（5）统一目标。目标是团队的前提，没有目标就称不上团队，因为先有目标后有团队。有了团队目标只是团队目标管理的第一步，更重要的是第二步——统一团队的目标，就是要让团队的每个人都认同团队的目标，并为实现目标而努力工作。

（6）统一思想。就像人在做思想斗争时会降低行动效率一样，团队成员思想不统一也会降低效率。

（7）统一规则。一个团队必须有规则，规则是告诉团队成员应该做什么，不应该做什么。不应该做什么是团队成员行事的底线，如果没有设定底线，大家就会不断地突破底线，一个不断突破底线的组织是不能称为团队的。

（8）统一行动。团队在行动的时候，其成员要相互沟通与协调，让行动统一有序，使整个流程合理衔接，每个细节都能环环紧扣。

（9）统一声音。团队在做出决策后，团队成员的声音一定要统一，不能开会不说，会后乱说，当面一套，背后一套。如果一个团队噪声太多，就会大大降低效率。团队内部有观念冲突是正常的，但在决定面前只能有一种声音。

二、组建创业团队的步骤

1. 确定创业目标

创业团队的总目标就是要通过完成技术、市场、规划、组织、管理等创业阶段的各项工作，使企业从无到有，从起步到成熟。总目标确定之后，为推动团队最终实现创业目标，将总目标加以分解，设定若干可行的、阶段性的子目标。

2. 制订行动计划

在确定一个个阶段性子目标及总目标之后，紧接着研究如何实现这些目标，这就需要制订周密的创业行动计划。行动计划是在对创业目标进行具体分解的基础上，以团队为整体来考虑的计划，行动计划确定了在不同的创业阶段需要完成的阶段性任务，通过逐步实现这些阶段性目标来最终实现创业目标。

3. 招募合适成员

招募合适的成员也是创业团队组建最关键的一步。创业团队成员应该规模适度，精干高效。适度的团队规模是保证团队高效运转的重要条件。团队成员太少无法体现团队的优势，而过多又可能产生交流障碍，团队很可能分裂成许多较小的团体，进而大大削弱团队的凝聚力。一般来说，创业团队的规模控制在 2～12 人最佳。过多的成员会加重成本上的负担，所以要尽可能地保持组织的精简，把较少的人放到适当的位置，发挥最高的效率。

4. 划分内部职权

为了保证团队成员顺利开展各项工作，必须预先在团队内部进行职权划分。创业团队的职权划分就是根据执行行动计划的需要，具体确定每个团队成员要担负的职责及相应享有的权限。团队成员间职权的划分必须明确，既要避免职权的重叠和交叉，也要避免无人承担造成工作上的疏漏。此外，在创业过程中，创业环境是动态、复杂的，会不断出现新的问题，团队成员可能不断更换，因此创业团队成员的职权也应根据需要不断进行调整。

5. 构建基本制度

创业团队制度体系体现了创业团队对成员的控制和激励能力，主要包括团队的各种约束制度和激励制度。一方面，创业团队用各种约束制度（主要包括纪律条例、组织条例、财务条例、保密条例等）指导成员，避免出现不利于团队发展的行为，对其行为进行有效的约束，保证团队的秩序稳定。另一方面，创业团队实现高效运作，要有有效的激励机制（主要包括利益分配方案、奖惩制度、考核标准、激励措施等），使团队成员看到随着创业目标的实现，其自身利益将会得到怎样的改变，从而达到充分调动成员的积极性、最大限度地发挥团队成员作用的目的。要实现有效的激励，首先就必须把成员的收益界定清楚，尤其是关于股权、奖惩等与团队成员利益密切相关的事宜。需要注意的是，创业团队的基本制度应以规范化的书面形式确定下来，以免产生不必要的混乱。

6. 动态调整融合

完美组合的创业团队并非创业之初就能建立起来的，很多时候是随着企业的发展逐步形成的。团队运作起来，人员匹配、制度设计、职权划分等方面的不合理之处会逐渐暴露出来，这时就需要对团队进行调整。问题的暴露需要一个过程，因此团队调整也应是一个动态持续的过程。团队的调整与融合工作是针对团队运行中出现的问题不断地进行调整，直至满足实际需要，在特殊情况下需要对创业目标做出适当的调整。在团队进行调整的过程中，最为重要的是保证团队成员间能够经常进行有效的沟通与协调，强化协作效果，推动团队的建设与完善。

三、组建创业团队注意事项

1. 创业团队规模

优秀的创业团队规模一般比较小，如果成员很多，就很难形成凝聚力、忠诚感和相互信赖感，而这些恰恰是优秀创业团队不能缺少的。通常来说，在创业初期，团队成员不宜超过五人，具体多少视企业的具体情况（如行业、资源、规模等）而定。

2. 互补性

创业者寻找团队成员的目的是弥补团队资源和能力上的不足。考虑到创业目标与成员能力的差距，吸收的新团队成员与原有成员之间应当存在较大的差异，这就带来了团队的多样化问题。优秀的创业团队在成员的性格、能力和背景上通常形成良好的互补，而这种互补有助于强化团队成员间的合作。

3. 渐进性

并不是所有企业在创立时都要配备完整的团队，团队的组建不一定要一步到位，可以按照"按需组建、试用磨合"的方式组建。在正式吸收新成员之前，团队成员之间最好有相当一段时间来相互了解和磨合。在发展过程中，创业团队应根据不同发展阶段面临的任务，完成任务需要的才能，逐渐补充团队成员，并使创业团队日益成熟、强大。

4. 动态性

在创业团队发展过程中，或者由于团队成员有更好的发展机会，或者由于团队成员的能力不能满足团队发展的需求，团队会主动或被动地对成员进行调整。在团队组建时，就应该预见到这种可能的变动，并制定大家一致认同的团队成员流动规则。这种规则应该体现团队利益至上的原则，每个团队成员都认可这样的观点：当自己的能力不再能支持团队发展的时候，可以让位给更适合的人才。此外，这种原则也应体现公平性，充分肯定原团队成员的贡献。

5. 协调性

创业团队成员之间的协调性对于团队效率非常重要。多样化的团队成员可以为团队提供丰富的经验，但如果团队成员之间无法协调一致，甚至存在矛盾，多样化和互补性的优势就不能充分发挥出来，甚至会给团队带来损害。创业团队协调性的根本基石在于创业意愿与共同信念，只有成员拥有共同创业愿景的团队才可能拥有协调性。因此，在创业团队组建和发展的过程中，创业者需要提出一套能够凝聚人心的发展愿景与经营理念,形成团队内部共同的目标、语言、文化,作为成员互信与利益分享的基础。

拓展阅读

与合作伙伴的共赢才是长久之道

有一次,李嘉诚应邀到中山大学演讲,大学生们请教他有关经商的秘诀。

李嘉诚说,他经商其实并没有掌握什么秘诀,如果非说有什么秘诀的话,那就是"与人合作,如果赚10%是正常的,赚11%也是应该的,那我只取9%,所以我的合作伙伴就越来越多,遍布全世界"。

与此相反,我们看到过许多曾经一起艰苦创业、"同甘苦"的伙伴,却在创业刚刚取得一点成绩时,做不到"共富贵"。创业者队伍中也有些"吃独食"的老板,而这样的老板最后必将导致合作伙伴的流失。

作为创业团队中的一分子,我们必须明白,只有共赢才是赢,只有互惠互利才会长久。我们只有在"情感"和"利益"上实现自我超越,懂得和学会将更多的利益与人分享,才有可能成就更伟大的事业。

思考和练习:
1. 应用所学知识,分析李嘉诚组建团队的成功经验。
2. 如果你是李嘉诚,现在需要开始组建团队,请写下你的组建团队计划和团队成员配置方案。

实践练习

实践活动1:讨论"你会选谁做合伙人?"

大学三年,同学们做得最多的应该就是小组作业。小组作业最基础的形式是自由组队,做关于某个主题的文字材料,最后在课堂上由一个人做10分钟的PPT展示。大学课堂作业都是熟悉的人组队,因为彼此熟悉,所以小组分工不明确或者随意。

讨论:在小组作业中,下述哪些人你不会选择做合伙人?为什么?
1. 需要"逼着"才干活的人。
2. 喜欢等你做完搭便车的人。
3. 喜欢把一件事情做"完美"的人。
4. 答应的任务总是延期的人。
5. 在集中讨论时总是抢着发表观点,但无法落实的人。
6. 如果自己的观点得不到支持,就缺乏干劲的人。
7. 发现问题,不敢表达自己的看法,沉默和随声附和的人。
8. 总是指出问题,充满负能量的人。
9. 项目出现问题,总是把责任归结到其他人的人。
10. 做事很努力,也很配合,但完成任务质量总是很低的人。

实践活动 2：俞敏洪创业团队的思考

由陈可辛执导，邓超、黄晓明、佟大为主演的电影《中国合伙人》讲述了"土鳖"黄晓明、"海龟"邓超和"愤青"佟大为在 20 世纪 80 年代到 21 世纪大变革背景下，为了改变自身命运，创办英语培训学校，最终实现"中国梦"的故事。这个故事源于新东方俞敏洪、王强、徐小平创业的经历。

讨论：

俞敏洪最初找到合伙人了吗？如果没有，合伙人加入他会遇到什么困难？为什么俞敏洪优先找他的同学做合伙人？那个时候，他的同学像现在这样有行业地位吗？

4.3 创业团队管理

知识概要

成功的企业一定有一个优秀的团队。要想使创业团队尽快步入正轨，做好团队管理工作是必不可少的，创业团队管理的好坏决定了企业的生存与发展，也是目标能否实现的决定性因素。做好创业团队管理需要管理者制定相关的规章制度，建立团队目标，营造工作氛围，激发团队潜能，使团队成员目标一致，以达到提高工作效率的目的。大学生创业团队，做好团队管理十分重要。本节内容主要介绍如何做好创业团队管理。

情景案例

不忘初心，乡村助农创业"鸡"先锋

罗小庆，江西于都人，2019年毕业于南昌师范学院生物系生物科学专业，现任江西久姿贸易有限公司首席执行官，"一线生鸡 金凤筑梦"大学生扶贫助农创新创业项目负责人，曾获得江西省"互联网+"大学生创新创业大赛青年红色筑梦之旅赛道金奖。

创业初心，源自她得到多次爱心帮扶

罗小庆来自于都县的一个小山村，是得到政府多年帮扶的贫困家庭的孩子。2015年，她刚上大学，她的父亲喂养的100多只土鸡苗遭遇禽流感等疾病，使她家遭受巨大损失。学校了解情况后，向她提供5000元帮扶资金，将学校科研成果转化成青年鸡，帮扶她的父亲喂养土鸡，增加收入。她的父亲通过销售土鸡、土鸡蛋提高收入，土鸡产品供不应求，一颗助农的种子在她心里萌芽。她想让更多乡村贫困户通过喂养青年鸡，创造财富。

创立"一线生鸡"项目，与团队成员共同前进

2017年3月，在学校支持下，"一线生鸡 金凤筑梦"大学生扶贫助农创新创业项目正式成立，以江西省唯一地方鸡种遗传改良重点实验室为技术支撑，运用江西地方鸡种资源和山林资源，建立绿色生态的散养土鸡模式，进行产业扶贫，创建以"研—产—销"为一体的模式，打造以"扶贫助农，绿色生态"为目标的土鸡品牌。

罗小庆和团队成员第一次来到吉水县桑园村试点时，现实浇了他们一盆冷水。她信心满满地和当地贫困户联系，送青年鸡帮扶对方，得到的是质疑和不信任——天下哪有这样的好事，既送好养的鸡苗，又能解决销售难题。幸运的是，在当地扶贫办的努力协调下，团队成功对接了4家农户，每家先养60只青年鸡。当年，青年鸡的成活率高达99%，人均收入增加3000多元。这次小试牛刀，极大地增加了当地农户对"一线生鸡"项目的信任。有了第一次吃螃蟹的人的成功，团队第二次下乡送青年鸡时，全村的人都

在热烈欢迎他们的到来，积极配合土鸡喂养培训、分发鸡苗等工作。罗小庆看到此情此景，感觉所有的努力没有白费。三年来，她和团队成员运用所有的可利用的课余时间，将"给他鸡，教他养，帮他卖，分他钱"的帮扶模式复制到多个乡村。她与她的团队在吉水县桑园村、于都县头金村、修水县朱砂村、安福县洋溪镇等几十个偏远山区帮扶人数达到2672人，帮扶青年鸡3.2万羽，增收金额367.66万元，其中1020人达到脱贫标准。

罗小庆和"一线生鸡"项目在创新创业大赛中的磨炼和进步

2018年，罗小庆第一次参加创新创业大赛，那半年的参赛时光让她认识了许多优秀的人。在参赛期间，她向其他项目学习、借鉴，不断充实和完善项目。学校支持项目工作，为团队成员提供住宿、用餐，解决留校难题。两个月的暑假时间，她和团队成员留下一起打磨项目，每天改进一点。大家一起工作，一起吃饭，一起下乡实践。最后，在学校支持和老师指导下，"一线生鸡 金凤筑梦"大学生扶贫创业项目在第四届江西省"互联网+"大学生创新创业大赛青年红色筑梦之旅赛道获得银奖，得到国赛资格，获得第四届中国"互联网+"大学生创新创业大赛青年红色筑梦之旅赛道铜奖。2019年再创佳绩，获得第五届中国"互联网+"大学生创新创业大赛青年红色筑梦之旅赛道铜奖，以及江西省金奖。

李克强总理为罗小庆点赞

2019年4月，罗小庆与指导老师赶到北京参加"大众创业万众创新"活动复试，在现场15分钟路演时间，评委们争先恐后地问她项目的相关问题，"一线生鸡"项目得到评委们的一致好评。最终，通过三个多月的海选，"一线生鸡"项目从2200多个项目中脱颖而出，成为杭州主会场50个参展项目之一，同时也是江西省唯一入选的高校项目。参展期间，李克强总理和罗小庆握手，全国政协副主席万钢、国家发改委副主任林念修、高教司司长吴岩为罗小庆点赞。她永远记住了吴岩司长对她的鼓励与肯定："你作为一个普通院校本科学生，做这样一个扶贫助农创新创业的项目，很了不起，做到现在的样子，非常不容易。我看你不应该叫小庆，要叫大庆。"这些话让她备受鼓舞，她将项目作为终身奋斗的事业，在创业路上努力学习，永不言弃。

建立"一线生鸡"基地，提高公司造血能力

2018年，作为公司法人，罗小庆和团队成员成立了江西久姿贸易有限公司。2019年7月，刚毕业的罗小庆在进贤县二塘乡租赁100亩山林，采用"公司+农户"的经营模式，打造一个种养结合、休闲娱乐的"一线生鸡"基地，既能让公司有更好的造血功能，也可以为当地村民提供工作岗位。她刚来到基地的时候，草比人高，蚊子成群，叮得人晚上睡不了觉，天气热得只能在门口泥地里打地铺。"一线生鸡"基地背靠军山湖，环境优美，有着喂养土鸡的绝佳地理环境，拥有两个面积20亩的鱼塘，以及茶林、橘林、李子林、板栗林、柚子林、稻田等，有两个露营地、一个烧烤区、一个可容纳60人用餐的餐厅，为当地提供10个工作岗位。

"作之不止，乃成君子"，坚持不懈是罗小庆对大家的承诺。她坚守在乡村第一线，

用年轻的臂膀肩负起时代的责任与使命，用一生去努力，用青春告白，为这片红色土地的建设拼搏，让青春在奉献中焕发绚丽光彩，书写青春无悔的篇章。

思考：
1. 罗小庆的团队成员是什么样的群体？
2. 创业条件艰苦，如何才能更好地管理团队、激励团队？
3. 该案例对你组建团队、管理团队带来哪些启示？

知识要点

一、理解创业团队管理

由于决策的分歧和利益的冲突，创业团队创业成功率不比个人创业高，所以创业团队需要找到合适的结构模式。创业团队管理具有特殊之处，不同于工作团队管理。工作团队的人员和岗位稳定性相对较高，人们习惯性地将重点放在过程管理上，注重通过建设沟通机制、决策机制、互动机制和激励机制等发挥集体智慧，实现优势互补，提升绩效。对创业团队管理而言，重点在于结构管理，而不是过程管理。

首先，创业团队管理是缺乏组织规范的。在创业初期，创业团队还没有建立起规范的决策流程、分工体系和组织规范，"人治"味道相当浓厚，处理决策分歧显得尤为困难。此时，团队成员之间的认同和信任尤其重要。

其次，创业团队管理缺乏短期激励手段和团队管理手段。成熟企业内的工作团队，可以凭借丰富的资源，借助月度工作考核等手段，短期实现成员投入与回报的动态平衡。相比之下，在创业初期，创业团队需要在时间、精力和资金等方面大量投入，短期无法取得回报，所以需要找到能相互适应的合伙人。

最后，创业团队管理是以协同学习为核心，团队成员之间共享相似的知识。

二、创业团队管理注意事项

创业团队管理应注意加强以下三个方面的工作，促进团队内部沟通与协调，提高团队整体技能，彼此增进信任，高效运转，塑造核心竞争力。

1. 建立以团队理念为核心的团队愿景

靠人的主观能动性进行的自我管理，是有效激发人的内在动机。创业者最有效的办法是建立以团队理念为核心的团队愿景，激发创业团队成员发挥自身潜能、实现创业目标，保证企业创业成功。优秀的创业团队的理念通常涉及合作精神、凝聚力、价值创造、公正、目标和收益等要素。

2. 建立合理的企业所有权分配机制

企业所有权分配机制是创业团队必须解决的首要问题，合理的所有权分配机制是增强创业团队凝聚力、激励创业团队成员努力为团队发展目标奋斗的根本保障。在确定所有权分配机制的过程中，应充分树立财富共享、权责对等、重视契约精神的原则。

3. 建立责、权、利统一的团队管理机制

创业团队无论大小，都应依靠制度管理，而非基于人情世故的情绪管理，这为有效地解决企业发展可能存在的争端提供了有益的思路，特别是对于核心成员较少、分歧较大的小微企业更有价值。团队管理规则是解决团队成员之间权力和利益关系的基础，团队管理规则应具有前瞻性和可操作性，可先粗后细、由近及远、逐步细化，便于团队的良性运营和相对稳定。团队管理规则应解决好"剩余索取与剩余控制问题"的公司治理层面的规则、"解决企业价值认同问题"的文化层面的规则和"解决指挥管理权问题"的管理层面规则三方面的内容。此外，管理机制必须构建创业团队制度体系，体现创业团队对成员的激励和控制能力，包含团队成员的激励约束机制和沟通机制。

三、创业团队管理的要素

1. 目标一致

没有目标的人，就是帮别人实现目标的人；不做准备的人，就是准备失败的人；不做计划的人，就是计划失败的人。只要当事者的思想不统一、意识跟不上（不主动、不想干）、考核不到位，再好的措施也得不到好的执行。"思想统一"不仅是喊口号，更是遇到问题不退缩、不迟疑的保证，是提升执行力的最大保障。所以，要想带好一个团队，首先要把部门目标与公司（组织）目标紧密结合起来，并将其落实到团队每个成员头上，围绕公司的中心目标来分解自己的工作，并毫不怀疑地去执行。各级管理者一定要层层分解、宣贯、检查、处置，只有这样才能形成合力，才能把大家的精力、激情集中到一起，共同前进。没有目标的团队只是散兵游勇，没有目标的管理就是"老和尚念经，得过且过"。

2. 激发潜能

（1）善于尊重。"己所不欲，勿施于人。"管理者要学会尊重部下，热情帮助部下，赞美部下，要主动关心下属的工作和生活。比如，下属过生日时，号召（形成制度化）全体团队成员送上祝福卡片或其他礼物，让团队的每个人都能感受到归属和爱的存在。

（2）善于倾听。管理者要认真倾听部下的意见、想法并善于从正面引导，要与下属交朋友，了解下属对将来的打算，尽量满足其需求。管理者倾听部下的苦闷，做一个宣泄的对象，当下属对工作和前途感到渺茫时，主动进行安慰和开导，帮助其消除顾虑和压力。

（3）善于授权。在明确的目标要求下，管理者让下属有能力与权力去做事并对结果负责，但要注意监控，当下属专业知识和业务能力不足时，要对其进行培训。

（4）善于激励。激励就是力量，可以诱之以利，也可以戒之以害，但最有威力的激励是改变心态。一个人不断成长的关键是心态，要经常调整自己的心态，改变自己消极负面的状态。管理者要以结果为导向，关注事实，要善于引导下属将思想、注意力集中于光明前景（结果）。

（5）树立标杆。团队成员素质、能力参差不齐，管理者要帮助能力弱、业绩差的成员来提升整个团队的业绩，更要注重培养工作业绩、学习意识等各项综合表现突出的下属，把他们树为标杆，介绍推广他们的优秀业绩和成功经验，以提振整个团队的士气。

（6）创建学习氛围。学习最重要的是，静下心来，去除浮躁。一个人心静不下来，哪会有

智慧？人在焦躁的时候做出的决定往往是错误的。一个不愿意成长的领导是没有未来的，毛泽东在离开人世前的最后 24 小时还在学习，邓小平说过"活到老，学到老。"

3. 激发团队

团队是由人组成的，激发团队的内动力，首先要着眼于团队内部的每个成员。这对管理者提出了很高的要求，但有思路和途径可以遵循。

4. 规章制度

小头目管事，大主管管人。在项目规模小的时候，项目主管应该是技术专家，善于解决各种各样的技术问题，还应该以传帮带的方式来管理下属；在项目规模较大的时候，项目主管必须通过立规矩、建标准来管理下属。

所谓强将手下无弱兵，没有不合格的兵，只有不合格的元帅。一个优秀的管理者首先是一个规章制度的制定者。规章制度也包含很多层面，如纪律条例、组织条例、财务条例、保密条例和奖惩条例等。好的规章制度可能体现在，执行者能感觉到规章制度的存在，但并不觉得规章制度是一种约束。

执行规章制度还有一些学问。例如，流行的"破窗理论"：如果有人打破了一个建筑物的窗户玻璃，而这扇窗户又得不到及时的修理，别人就可能受到暗示，去打烂更多的窗户玻璃。久而久之，这些破窗户就会给人造成一种无序的感觉。这个理论说明，对于违背规章制度的行为，应该及时制止，否则不良风气和违规行为就会滋生、蔓延。

项目主管虽然是规章制度的制定者或监督者，但更应该成为遵守规章制度的表率。如果项目主管自身不遵守规章制度，如何要求团队成员做到？

5. 建立目标

有一个故事，一条猎狗追赶兔子，但追了很久仍没有抓到。一个牧羊人看到后，讥笑猎狗："你们两个之间小的反而跑得快很多。"猎狗回答："你不知道我们两个跑的目的是完全不同的！我仅仅为了一顿饭而跑，而它却是为了性命而跑。"

这个寓言揭示，不同的人做一样的事情，目标不一致，导致其动力也不一样。在团队管理中，扮演不同角色的成员的目标是不一致的。项目主管直接面向客户，需要按照承诺，保质保量地按时完成项目目标。项目成员可能是打工者心态，我干一天你要支付我一天的工资。当然，从项目中能学到新知识、新技能更好。

团队中不同角色，由于地位和看问题的角度不同，对项目的目标和期望值会有很大的区别，这是一点也不奇怪的事情。好的项目主管善于捕捉成员间不同的心态，理解他们的需求，帮助他们树立共同的奋斗目标，使团队成员的努力形成合力。

当然，在具体实施上可能遇到一些问题。比如，员工持股问题，本来是把员工的利益与公司的利益捆绑在一起，但操作起来可能会走样。A 为一家高科技企业的研发经理，他所在的公司实行员工持股制度，他说："搞员工持股根本就没有吸引力，企业上不了市，我们手中的股票和垃圾没有区别。"所以，企业负责人搞所谓员工持股，还是网不住这些骨干员工的。

项目主管也许没有调配员工股的权利，但可以给员工规划出一个好的发展远景，并使之与项目目标相协调。

6. 工作氛围

假如项目团队缺乏积极进取、团结向上的工作氛围，项目成员的力量就很难合在一起，大家相互扯皮，项目也就不可能成功。

抓过螃蟹的人或许知道，篓子中放一群螃蟹，不必盖上盖子，因为螃蟹是爬不出去的。只要有一只螃蟹往上爬，其他螃蟹便会纷纷攀附在它的身上，把它拉下来，最后没有一只能够出去。企业里常有一些人，嫉妒别人的成就，天天想办法破坏与打压对方。如果不去除这种人，久而久之，组织里只剩下一群互相牵制、毫无生产力的"螃蟹"。

对于项目组中不知悔改的"螃蟹"，应该尽早将其清理出去。对公司而言，也许由于历史尚短，还没有形成成熟的企业文化和企业精神，从而形成不良风气，但在项目组内部，通过大家的一致努力，完全可以营造出一个积极进取、团结向上的工作氛围。

项目主管为了营造这种氛围，需要做出努力：奖罚分明，对于工作成绩突出者一定要让其精神物质双丰收，对于出工不出力者予以相应的惩罚。项目主管应该让每个成员承担一定的压力，不应该成为"所有的苦，所有的累，我都独自承担"的典型。项目主管越轻松，说明管理得越到位；在讨论学术问题时，要平等，不搞一言堂，充分调动每个成员的积极性。在生活中，项目主管需要多关心、多照顾项目组成员，让大家都能感受到团队的温暖。

7. 良好沟通

每个人的知识结构和能力不同，不同的人对于同一问题的认识很可能出现偏差，所以良好的沟通能力是解决复杂问题的金钥匙。

举个简单的例子：在软件设计中，B 和 C 之间有接口。项目主管在给 B 和 C 分配任务时，就可能讲到了这个接口，但因 B 和 C 理解不一致，在调试过程中出现问题。在这种时候，项目主管需要具备良好的沟通能力，并迅速判断到底是谁的理解有问题，把 B 和 C 的认识提升到同一层次。

在研发中，会经常出现接口问题；在实际工程项目中，还经常出现客户对项目需求的更改要求，这也是每个项目主管都非常头疼的问题。项目已经进行到收尾阶段，客户发现现实需求已经发生变化，需要项目组做大幅度的调整。项目主管要是不管不顾，这个项目可能就毫无意义；项目主管要是按照客户需求来调整项目目标，这个项目就可能拖延，超出预算。在这种时候，项目主管与公司高层和客户之间的沟通能力就显得极其重要，良好的沟通能力将有助于解决这类复杂问题。

还有一个方法也可以解决这种头痛的问题，那就是文档共享。通过共享文档，可以让大家彼此知道对方的进度，不会存在接口的问题。如果让外部客户共享文档，客户也会随时了解项目的进展，即使有个别变更，项目组也会在第一时间知道，及时调整战略和工作方向，不会造成大的损失。

四、创业团队管理的方法

团队是现代企业管理的核心，但怎样的团队才算得上一个好团队，怎样才能运作好一个团队呢？许多企业管理者对此不甚了然，在企业团队建设的过程中也出现了许多弊病。例如，生搬硬套管理理论，是很难产生好团队的。

一个优秀的企业管理者，应该怎样管理员工？那就是给员工创造充分利用自己的个性将工作干得最好的条件。压抑个性就是压抑创新，没有个性也就没有创新。

企业管理者应该解放思想，要有多元化思维。不同的企业，团队的性质不一样，要量体裁衣，建设符合企业内在要求的团队，要灵活变化，不搞一刀切。如果企业是劳动密集型企业，那可以建设一支具有高度纪律性、组织性的团队。如果企业是知识密集型企业，那就要灵活地管理员工了，建立一个人尽其才的团队。如果企业既有创造型员工，也有操作型员工，就可将团队建设重点放在操作型员工身上。需要注意的一点是，越聪明的人个性越强，企业管理者要有的放矢。

1. 成员定位和职责要分清楚

这样可以避免团队成员之间职能混乱，工作交叉、重复建设的事情出现。定位和职责最好量化到点，具体到单项工作，这样虽然有些费功夫，但效果明显。特别是一些组织架构复杂的企业，职责和定位模糊，很容易造成踢皮球和重复建设等现象出现。比如，在一个团队中，既有企划，又有策划，还有策略、文案，这些岗位工作内容有些相似，企业管理者如果不明确相关职责，就有可能出现成员工作积极性不高、工作方向盲目、重复建设严重等情况。

2. 了解每个成员的性格、才能

要用好人，必须了解每个人能做什么，有什么特长，行为特征是什么。企业管理者可以从生活和工作中去了解每个成员。一个经验丰富的企业管理者经过短暂的接触和沟通后很快便能对团队成员的性格、才能了解得一清二楚。

3. 团队目标引导

团队运作的时候，要有一个清晰的定位，团队是干什么的，是围绕什么在运行的。如果是因单个项目组成的团队，企业管理者应该清楚地向团队成员阐述项目的目标。

4. 要有管理制度和工作流程

俗话说"不成规矩，无以成方圆"，一个团队应有所有成员必须遵循的规章制度。很多企业管理者比较讨厌管理制度建设，觉得有些多余，其实不然，企业管理制度是工作有序进行的保障。智能化的机器没有人操作会自行工作，这是因为被植入了固定的指引程序，有了制度的团队也是如此。

5. 要有合适的绩效激励体系

每个企业的管理模式不同，驱动每个团队成员前进，得有动力，但值得注意的是，绩效激励体系是个性化的。用市场的角度看待，就是将每个团队成员当成企业管理者的消费者。实际上，每个消费者的需求是不一样的，因此，激励体系应该是根据团队成员的需要制定的。

拓展阅读

雷军自述：小米团队管理的创新

三年时间，小米手机销售收入突破百亿元。我没花钱，就打造了一个三线城市都熟知的品牌。小米公司刷新了中国互联网公司的成长速度，将小米手机定位为"发烧友手机"，实现去山寨化，成为"中国版苹果",并列于一线厂商。

2012年,小米公司销售手机719万部,实现营收126.5亿元,纳税19亿元。小米模式再次引发热潮。

花80%的时间找人

小米团队是小米公司成功的核心原因。我和一群聪明人共事,为挖到聪明人不惜一切代价。如果一个同事不够优秀,不但不能有效帮助整个团队,反而有可能影响整个团队的工作效率。到小米公司来的人,都是真正干活的人,他想做成一件事情,所以非常有热情。来到小米公司工作的人聪明、技术一流,有战斗力,有热情做一件事情,这样的员工做出来的产品注定是一流的。这是真刀实枪的行动。

所以,当初我决定组建超强的团队,前半年花了至少80%的时间找人,幸运地找到了7位强人合伙。他们全有技术背景,平均年龄42岁,经验极其丰富。三个本地人加五个"海归",来自金山、谷歌、摩托罗拉、微软等企业,土洋结合,理念一致,大多数管过超过几百人的团队,充满创业热情。

如果招不到人才,只是因为你投入的精力不够。我每天都要花费一半以上的时间招募人才,前100名员工入职,我都亲自见面并沟通。当时,招募优秀的硬件工程师尤其困难。有一次,一个非常资深的硬件工程师被请来小米公司面试,他没有创业的决心,对小米公司的前途也有些怀疑。几个合伙人轮流和他交流,整整12小时,打动了他。最后,工程师说:"好吧,我已经体力不支了,还是答应你们算了!"

少做事,管理扁平化

中国企业很长时间产品稀缺,粗放经营。员工一周工作7天,一天恨不得12小时在工作,结果还是干不好,管理者就认为员工不够好,就搞培训、搞运动,但从来没有考虑把事情做少。互联网时代讲求单点切入,逐点放大。

扁平化管理模式是基于小米公司相信优秀的人本身就有很强的驱动力和自我管理的能力。我们的员工都有想做最好的东西的冲动,大家有这样的信仰,管理就变得简单了。

当然,这一切都源于一个前提——成长速度。速度是最好的管理。少做事,管理扁平化,才能把事情做到极致,才能快速前进。

小米公司的组织架构没有层级,基本上是三级——七个核心创始人—部门领导—普通员工。而且,小米公司不会让团队太大,稍微大一点就拆分成小团队。从小米公司的办公布局就能看出这种组织结构:一层产品、一层营销、一层硬件、一层电商,每层由一名创始人坐镇,能一竿子插到底。大家互不干涉,都希望在各自分管的领域出力,一起把事情做好。

七个创始人有职位,其他人都没有职位,都是工程师,晋升的唯一奖励就是涨薪。大家不需要考虑太多杂事,一心在工作上。

这样的管理制度减少了层级之间互相汇报浪费的时间。小米公司现在2500多人,除每周一的一小时公司级例会外很少开会,也没什么季度总结会、半年总结会。成立三年多,七个合伙人只开过三次集体大会。2012年"8·15"电商大战,从策划、设计、开发到供应链,仅用不到24

小时准备，小米手机上线后，微博广告转发量近 10 万次，销售量近 20 万部。

我的第一定位不是首席执行官，而是首席产品经理。我的 80% 的时间是参加各种产品会，每周定期和 MIUI、米聊、硬件和营销部门的同事举行产品层面的讨论会。很多产品细节，就是在这样的会议当中，我和相关业务的一线产品经理、工程师一起讨论决定的。

强调责任感，不设 KPI

小米公司从来没有实行过打卡制度，而且没有施行公司范围内的 KPI 考核制度。

小米公司强调，把别人的事当成第一件事，强调责任感。比如，一个工程师的代码写完了，一定要别的工程师检查一下。别的工程师再忙，也必须第一时间检查，然后再做自己的事情。其他公司可能有一个晋升制度，大家都会为晋升做事情，导致价值观扭曲，为创新而创新，不一定是为用户创新。其他公司对工程师强调的是把技术做好，小米公司不一样，要求工程师把事情做好，必须对用户价值负责。

透明的利益分享机制

小米公司有一个理念，就是要和员工一起分享利益，尽可能多地分享利益。小米公司刚成立的时候，就推行全员持股、全员投资的计划。小米公司最初的 56 名员工，自掏腰包投资 1100 万美元——均摊下来，每人投资约 20 万美元。

小米公司给了大家足够的回报：一是，在工资上我们位居前列；二是，在期权上有很大的上升空间，公司每年还会内部回购；三是，虽然有时候工作压力很大，但大家有很强的满足感。

与"米粉"交朋友

如果朋友来找你解决问题的话，你会怎么做？那当然是你能解决就给他立刻解决，解决不了想办法帮他解决。

小米公司学习的是海底捞，就是把用户作为朋友，把它变成一种企业文化，变成一种全员行为，给一线员工权力。比如，用户投诉或不爽的时候，客服有权根据自己的判断，赠送对方贴膜或其他小配件。又如，曾有用户打来电话，说自己买小米手机是为了送客户，客户拿到手机还要自己去贴膜，太麻烦了。于是，在配送之前，客服在订单上加注送贴膜一个。这位用户很快感受到了小米的贴心。

再比如，小米公司对微博客服有个规定——15 分钟快速响应，还专门开发了一个客服平台。用户不管是建议还是吐槽，很快就能得到回复和解答。从我开始，每天会花一小时的时间回复微博上的评论。包括所有工程师，是否按时回复论坛上的帖子是工作考核的重要指标。

为了让工程师拥有产品经理思维，我们从一开始就要求所有员工，在朋友使用小米手机过程中遇到任何问题，无论硬件还是软件，无论是使用方法或技巧问题，还是产品本身出现问题，都要以解决问题的思路去帮助朋友。小米公司甚至要求所有工程师通过论坛、微博和 QQ 等渠道和用户直接取得联系。

我们还让工程师直面每一段代码成果在用户面前的反馈。当一项新开发的功能发布后，工程师马上就会看到用户的反馈。小米公司甚至要求工程师参加和粉丝聚会的线下活动。这样的活动让工程师知道他做的东西在服务谁，他感受到的用户不仅是一个数字，而且是一个个实实在在的人物。因此，这些工程师觉得写程序不是为小米公司写，而是为自己的粉丝写，这种价值的实现是很重要的。

思考和讨论：

雷军的团队管理与你意识里的团队管理有哪些不同？有没有给你带来思想冲击的地方？有哪些值得借鉴的地方？

实践练习

小组合作建高塔

游戏目的：

1. 让游戏参与者融入团队当中，群策群力，共同完成任务。
2. 努力把松散的工作小组转变成为团结高效的执行团队。

游戏准备：

人数：30 人。

时间：25 分钟。

场地：室内。

用具：尽量多的纸杯、报纸、透明胶带、吸管、橡皮筋和 12 把手工剪刀。

游戏步骤：

第一步，把参与游戏的学员分成 6 个小组，每组 5 人。

第二步，向每个小组发放材料，要求每组在 15 分钟之内用这些材料建一座塔。

第三步，这座塔至少 50 厘米高，要求外形美观、结构合理、创意统一。

第四步，做完之后，每个小组把建好的塔摆放在大家面前，培训老师安排大家进行评比。

第五步，每个小组所建的塔都要接受其他组选出的检验员的检验，所建的塔吹不倒而且最高为胜利小组。

第六步，请各组人员发表建塔感想。

问题讨论：

1. 你的小组是如何工作的？
2. 对比自己所在小组的塔和其他小组的塔，进行客观评价。

第 5 章 创业者的行为规范

学习目标

知识目标：

1. 熟悉企业法律形态；了解企业的责任形式；了解个体工商户、合伙企业、个人独资企业、有限责任公司及股份有限公司等多种企业法律形态的概念、优缺点。
2. 熟悉劳动合同的内容，熟悉劳动者和用人单位的权利和义务。
3. 理解合同审查的要点和具体注意事项；理解大学生创业法律风险的领域、表现及防范。
4. 掌握合法创业的边界，了解三种不同的法律责任形态。
5. 掌握合伙企业治理和公司治理规则。

能力目标：

1. 能够结合自己的创业现实，选择合适的企业法律形态。
2. 能够根据大学生创业法律风险的成因，有效规避大学生创业的法律风险。
3. 合法经营，不从事不正当竞争行为，懂得维权。

素养目标：

1. 加强风险意识，努力提高法律素养，合法创业，规避和防范创业风险。
2. 勇于承担责任，培养诚实守信的经营理念。
3. 懂得应用保险机制来防范风险，勤勉敬业。

5.1 企业形态选择

知识概要

从投资额、治理模式、风险、责任、税收、利润分配等角度来看，创业者可以有如下几种选择：一是独自注册个体工商户、独资企业或一人公司；二是与他人合作共同组建普通合伙企业或有限合伙企业；三是与他人共同设立有限责任公司；四是建立股份有限公司。个体工商户或独资企业、合伙企业、有限责任公司及股份有限公司等几种企业形态各有优势，创业者需要结合自身情况，根据企业规模、业务特点及自己的价值观念，慎重选择。

情景案例

山东大学孙朋磊创业案例

孙朋磊，1991年生，山东枣庄人，2016年毕业于山东大学，经济学硕士，曾获全国"互联网+"创新创业大赛银奖、全国创青春大学生创新创业大赛银奖、首届山东省"互联网+"新锐人物、第三届山东省大学生十大创业之星、山东省青年创业大赛二等奖、威海市十佳青年创业之星、威海"互联网+"数据开放创新创业大赛一等奖等奖项。

创办公司，收获经济效益和社会效益

2013年12月，孙朋磊在校期间创办山东盈帆信息科技股份有限公司（以下简称"盈帆科技"）。该公司获得过"全国领先的移动互联网技术服务商""威海市千帆计划入库企业""威海市诚信经营示范企业"等荣誉称号。

该公司有全职员工60人，其中在读博士2人、硕士2人、本科30人、专科及其他26人，拥有技术领先的移动互联网技术开发团队，已取得9项软件著作权、3个商标、1件作品著作权。2016年12月，该公司凭借优秀的移动互联网技术服务和产品，在齐鲁股权交易中心挂牌上市，获得众多财团的多轮投资。

吸引投资，完善自主品牌产品

盈帆科技先后获得威海市地产金融集团望海集团的天使轮投资、A股上市公司东华软件领投的Pre-A轮投资，业务板块包括人力资源服务、技术服务外包、汽车新零售等产业，拥有"萝卜兼职"和"蚂蚁有车"两个自主品牌及知识产权，逐渐形成以人工智能和大数据技术为底层，以移动互联网技术为增长驱动力，借助资本力量完成投资并购，完善旗下自主品牌产品的发展模式。

盈帆科技通过创新的兼职供求模式，快速切入企业灵活用工市场，在2015年推出自主研发的兼职众包平台——萝卜兼职，一款针对大学生的灵活用工产品。该公司连接本地优质企业和大学生，已经发展成为山东省优秀的人力资源服务供应商，成为百度外卖、苏宁电器、中国移动、海信地产、家家悦、魅族、伊利、惠普、长虹、联想等数十家国内外知名企业人力资源供应商，并为上海铁路局、中建八局等企事业单位提供大型软件系统研发服务，先后取得8项计算机软件著作权，被评为威海市"千帆计划"入库企业。2017年8月，"萝卜兼职"品牌升级为"萝卜优聘"，目前已覆盖山东省130所高校，注册求职者超过28万人、累计服务企业客户超过4000家、平台在线交易月流水额超过100万元；在10个城市拥有7天24小时的专业线下服务团队。

蚂蚁有车是盈帆科技的汽车新零售品牌，通过线上电商平台引流，将消费者精准引导至线下实体店，逐渐改变传统汽车产业层级分销模式，让汽车从源头直接到达消费者手中，从而降低成本，为消费者省钱。目前，蚂蚁有车已完成全国110家线下实体店布局。

思考：
1. 孙朋磊创业选择的企业形态是哪一种？
2. 这种企业形态具有什么特征？
3. 如何组建这样的企业？
4. 这样的企业具有什么优势？

知识要点

一、企业法律形态

1. 企业法律形态

企业法律形态是指国家法律规定的企业组织形式，即企业在市场环境中存在的合法身份。大学生初创企业的法律形式有多种，包括公司形式（有限责任公司和股份有限公司）、合伙企业形式、个人独资企业形式及个体工商户形式。不同的企业法律形态，其业主数量、注册资本、成立条件、经营特征及利润分配和债务责任都有所不同。

从投资额、治理模式、风险、责任、税收、利润分配等角度来看，创业者可以有如下几种选择：一是独自一人注册个体工商户、独资企业或一人公司；二是与他人合作共同组建普通合伙企业或有限合伙企业；三是与他人共同设立有限责任公司或股份有限公司。独资企业、合伙企业和有限责任公司三种形式各有优势，需要大学生结合自身情况，经过认真比较后慎重选择。

2. 企业法律责任形式

商事主体的投资人对所投资商事主体的外在债务承担责任，包括无限责任和有限责任两种形式。

有限责任即有限清偿责任，指投资人仅以自己投入企业的资本对企业债务承担清偿责任，资不抵债的，其多余部分自然免除。也就是说，投资人对商事主体的外在债务的承担有一个最高限额，这个限额一般是投资人承诺对该商事主体的投资额，超过这个限额，投资人就没有责任了。无限责任即无限清偿责任，指投资人对企业的外在债务不以其投入的资本为限，当企业负债摊到他名下的份额超过其投入的资本时，除以原投入的资本承担债务外，还要以自己的其他财产继续承担债务。

《中华人民共和国公司法》（以下简称《公司法》）规定，股东以投资公司的资本为限对公司债务承担有限责任，这里包括两个有限责任层次：一是公司以其全部资产为限对其对外债务承担责任；二是股东以其认缴的出资额为限对公司承担责任。有限责任公司的股东对公司的债务承担以其出资额为限，股东的个人财产与公司债务无关，不能用来清偿公司的债务；另外，有限责任公司的股东只对公司负责，不对公司的债权人负责，公司的债权人只能要求公司清偿债务，不能要求股东个人清偿债务。

个体户对其债务，独资企业的投资人和合伙企业的普通合伙人对其投资企业的债务承担无限责任。

独资企业的投资人以投资人个人财产出资设立独资企业的，以投资人的个人财产承担无限责任；以投资人的家庭财产出资设立的，以投资人的家庭财产承担无限责任。在实践中，主要根据独资企业在市场监管部门的投资登记来确定投资人是以个人财产还是以家庭财产来对企业债务承担责任。

二、个体工商户

有经营能力的公民，依照《个体工商户条例》规定，经市场监管部门登记，从事工商业经营的，为个体工商户（以下简称"个体户"）。

自然人或以个人为单位、以家庭为单位从事工商业经营的，均为个体户。可以申请个体户经营的主要是城镇待业人员和农村村民。国家机关干部、企事业单位职工不能申请从事个体工商业经营。区分从事经营的个体是个人还是家庭，对于个体户的财产责任界定意义重大：以个人名义申请登记的，个人经营，收益也归个人的，对债务负个人责任；以家庭共同财产投资，或者收益的主要部分供家庭成员消费的，债务由家庭共有财产清偿；在夫妻关系存续期间，一方从事个体户经营，其收入作为夫妻共有财产的，债务由夫妻共有财产清偿；家庭全体成员共同出资、共同经营的，债务由家庭共有财产清偿。

个体户可以在银行开设账户，向银行申请贷款，有权申请商标专用权，有权签订劳动合同及请帮工、带学徒，还享有起字号、刻印章的权利。个体户从事生产经营活动必须遵守法律，照章纳税，服从市场监督管理。

国家对大学生创业设立个体工商户有特殊政策优惠，除国家限制的行业（包括建筑业、娱乐业、广告业、桑拿、按摩、网吧、氧吧等）外，自工商行政管理机关批准其经营之日起，一年内免交个体户登记注册（包括开业登记、变更登记、补换营业执照及营业执照副本）费、个体户管理费、集贸市场管理费、经济合同鉴证费、经济合同示范文本工本费等。

三、独资企业

个人独资企业（以下简称"独资企业"）是一种很古老的企业形式，至今仍广泛应用于商业经营中。它由一个自然人投资，财产为投资人个人所有，投资人以其个人财产对企业债务承担无限责任。《中华人民共和国个人独资企业法》规定，独资企业设立没有最低注册资本的要求，创立容易；不需要与他人协商并取得一致；维持独资企业的固定成本较低；政府监管较少，对其规模也没有什么限制，企业内部协调比较容易；设立条件及程序较其他形式简单。绝大多数刚毕业的大学生经济能力有限，对大学生创业者而言，独资企业是一个不错的选择。而且，独资企业只需以投资人为主体缴纳个人所得税，无须缴纳企业所得税，减轻了创业者的经济负担。

1. 设立独资企业的条件

设立独资企业往往需要具备以下五个条件。

（1）投资人为一个自然人。投资人只能是具有中华人民共和国国籍的自然人，不包括外国的自然人。关于投资人的条件，法律只规定了消极条件，即不得成为独资企业投资人的条件：法官、检察官、人民警察和国家公务员四类人员禁止从事营利性活动。

（2）有合法的企业名称。独资企业享有名称权和商号权。独资企业的名称应当与其责任形式及从事的营业活动相符合。由于独资企业需要承担无限责任，其名称中不得使用"有限""有限责任"等字样，以防引起不必要的误解。尽管独资企业有自己的名称或商号，并以企业名义从事经营行为和参加诉讼活动，但在主体资格方面，不具有独立的法人地位，没有自己的法律人格，其民事或商事活动都以独资企业主的个人人格或主体身份进行。虽然不具有法人资格，但独资企业属于独立的法律主体，是非法人组织，能够以自己的名义进行法律行为。

（3）有投资人申报的出资。一定的资本是任何企业得以存在的物质基础，但由于独资企业的出资人承担的是无限责任，故法律不要求独资企业有最低注册资本金，仅要求投资人有自己申报的出资即可。

（4）有固定的生产经营场所和必要的生产经营条件。

（5）有必要的从业人员。

独资企业由投资人根据设立准则直接或委托代理人到独资企业所在地的工商登记机关申请设立登记。独资企业可以在住所地以外设立从事业务活动的分支机构，其设立与登记程序和独资企业的设立程序大体相同，由投资人或者其委托的代理人向分支机构所在地的登记机关申请登记，领取营业执照。分支机构经核准登记后，应将登记情况报该分支机构隶属的独资企业的原登记机关备案。分支机构是企业的一部分，其产生的民事责任理应由独资企业承担。由于投资人以个人财产对独资企业的债务承担无限责任，所以，分支机构的民事责任实际上还是由投资人承担。

2. 独资企业的投资人及事务管理

独资企业具有投资主体的单一性、经营管理的直接性等特点，投资人对独资企业财产享有所有权。独资企业成立时的出资和经营过程中积累的财产都归投资人所有。投资人的有关权利可以依法转让或继承。由于投资人的人格与企业的人格密不可分，企业财产所有权均归投资人，所以，投资人对于企业财产享有充分和完整的支配权与处置权，他可以将企业财产的某一部分转让给他人，也可以将整个企业转让给他人。同时，当投资人死亡或被宣告死亡时，其继承人可以依法对独资企业行使继承权。

投资人有权自主选择企业事务的管理形式，其管理形式主要有三种，即自行管理（由投资人本人对企业的经营事务直接进行管理）、委托管理（由投资人委托其他具有民事行为能力的人负责企业的事务管理）和聘任管理（由投资人聘用其他具有民事行为能力的人负责企业的事务管理）。如果是委托或聘用他人管理企业事务，必须由投资人与受托人或被聘用人员签订书面合同，明确委托的具体内容和授予的权利范围。受托人或被聘用人员应当履行诚信、勤勉义务，按照与投资人签订的合同负责独资企业的事务管理。当然，投资人对受托人或被聘用人员职权的限制，不得对抗善意第三人。

可别小看独资企业，很多独资企业是非常有知名度的，而且得到了一些大的跨国公司的青睐。阿迪达斯、耐克等世界知名公司的运动袜大多在一家名为中山市板芙镇刚毅织造厂的企业代工，这家企业并不是位于城市中心的大公司，而是位于乡村的一家生产运动袜的独资企业。

四、合伙企业

合伙经营也是许多小型企业，尤其是具有相对复杂创业构想的企业的常见模式。如今的市场基本上已进入买方市场，各种经营类别都已有太多的企业参与其中，因此市场竞争格外激烈。在这种市场大背景下，合伙创业或者强强联合就有了更大的吸引力。实践证明，合伙是创业的较好形式，有利于初始创业，也是很多大学生创业者经常采取的方式。美国的波音公司就是由合伙经营发展来的。在现代，合伙不仅是个人集资创办企业的形式，而且是企业之间经营联合的形式。

1. 合伙企业的一般概念

《中华人民共和国合伙企业法》（以下简称《合伙企业法》）规定了普通合伙企业和有限合伙企业两类合伙企业。普通合伙企业由普通合伙人组成，有限合伙企业由普通合伙人和有限合伙人组成。普通合伙人对合伙企业债务承担无限连带责任，有限合伙人以其认缴的出资额为限对合伙企业债务承担责任。

连带责任是指依照法律规定或者当事人约定，两个或两个以上当事人对其共同债务全部承担或部分承担，并能因此引起其内部债务关系的一种民事责任。当责任人为多人时，每个人都负有清偿全部债务的责任，各责任人之间有连带关系。

连带责任是我国民事立法中的一项重要民事责任制度，其目的在于补偿救济，加重民事法律关系当事人的法律责任，有效保障债权人的合法权益。连带责任主要是基于合伙、担保、联营、承包等合同关系或代理行为、上下级间的关系产生的。《中华人民共和国民法典》（以下简称《民法典》）规定，连带债务人都有义务向债权人清偿债务。也就是说，债权人可同时或先后要求连带债务人全体或部分或一人履行全部或部分义务，被请求的债务人不得以超出自己应付份额为由，提出抗辩。连带责任对每个具体债务人来说，意味着责任的加重，它在债务人的内部关系中形成互相监督、互相制约的力量，并促使债务人共同防止和消除违法行为，保证债权人的债权得以顺利实现。

连带债务人在各债务人与债权人之间的关系（外部关系）中按连带责任处理，而在各债务人之间的关系（内部关系）中一般按按份责任处理，连带债务的债务人各自应承担的债务份额，依法律规定或当事人的约定，既无法律规定又无约定的，应平均承担。例如，甲、乙、丙三人成立的合伙企业破产时，当甲、乙已无个人资产抵偿企业所欠债务时，虽然丙已依约还清应分摊的债务，但仍有义务用其个人财产为甲、乙两人付清所欠应分摊的合伙债务。当然，此时丙对甲、乙享有财产追索权。

合伙企业比较容易设立和解散。合伙人签订了合伙协议，就宣告合伙企业的成立。新合伙人的加入、旧合伙人的退伙、死亡、自愿清算、破产清算等均可造成原合伙企业的解散及新合伙企业的成立。

合伙人可按各自对合伙企业的贡献，通过协议约定收益分配方式和分配比例。合伙企业在生产经营活动中所取得、积累的财产，归合伙人共有，如有亏损，则由合伙人共同承担。损益分配的比例，应在合伙协议中明确规定；未经规定的可按合伙人出资比例分摊，或平均分摊。合伙协议不得约定将全部利润分配给部分合伙人或者由部分合伙人承担全部亏损。仅以劳务出资的合伙人，一般不分摊损失。

合伙人投入的财产，由合伙人统一管理和使用，未经其他合伙人同意，任何一位合伙人不得将合伙财产移作他用。只提供劳务、不提供资本的合伙人仅有权分享一部分利润，而无权分享合伙财产。

合伙企业的设立程序一般分为申请和审批两步。合伙企业可以设立分支机构。当合伙企业登记事项发生变更时，需要及时办理变更登记。

2. 普通合伙企业

设立普通合伙企业，应当具备下列条件。

（1）有两个以上的合伙人。设立合伙企业的自然人应当具有完全民事行为能力。国有独资公司、国有企业、上市公司和公益性事业单位、社会团体不得成为普通合伙人，但可以成为有限合伙人。

（2）有书面合伙协议。合伙协议经全体合伙人签名、盖章后生效。合伙人按照合伙协议享有权利，履行义务。

（3）有合伙人认缴或者实际缴付的出资。合伙人应当按照合伙协议约定的出资方式、数额和缴付期限，履行出资义务。合伙人可以用货币、实物、知识产权、土地使用权或者其他财产权利出资，也可以用劳务出资，非货币财产、其他财产权利及劳务出资的价值，可以由全体合伙人协商确定，也可以由全体合伙人委托法定评估机构评估。以非货币财产出资需要办理财产权转移手续的，应当依法办理。

合伙人的出资、以合伙企业名义取得的收益和依法取得的其他财产，均为合伙企业的财产。合伙企业的财产为合伙人共有，对财产的占有、使用、收益和处分，均应当依照全体合伙人的共同意志进行。除非法律另有规定，合伙人在合伙企业清算前，不得请求分割合伙企业的财产。

除合伙协议另有约定外，合伙人向合伙人以外的人转让其在合伙企业中的全部或者部分财产份额或出质时，须经其他合伙人一致同意。未经其他合伙人一致同意，其行为无效，由此给善意第三人造成损失的，由行为人依法承担赔偿责任。合伙人之间转让在合伙企业中的全部或者部分财产份额时，应当通知其他合伙人。

合伙人向合伙人以外的人转让其在合伙企业中的财产份额的，在同等条件下，其他合伙人有优先购买权。合伙人以外的人依法受让合伙人在合伙企业中的财产份额的，经修改合伙协议即成为合伙企业的合伙人，依照法律和修改后的合伙协议享有权利，履行义务。

（4）有合伙企业的名称和生产经营场所。普通合伙企业名称中应当标明"普通合伙"字样。

（5）法律、行政法规规定的其他条件。

3. 有限合伙企业

有限合伙企业由普通合伙人执行合伙事务，有限合伙人只以其出资额为限对债务承担有限责任，一般不直接参与企业经营管理活动。

有限合伙人可以用货币、实物、知识产权、土地使用权或者其他财产权利作价出资，但不得以劳务出资。有限合伙人应当按照合伙协议的约定按期足额缴纳出资；未按期足额缴纳的，应当承担补缴义务，并对其他合伙人承担违约责任。有限合伙企业登记事项中应当载明有限合伙人的姓名或名称及认缴的出资数额，并在有限合伙企业名称中标明"有限合伙"字样。

4. 合伙企业的优点和缺点

合伙之所以能成为一种经久不衰和广受欢迎的企业模式，是因为其具有以下优点。

（1）合伙组织形式简单，集资迅速灵活，手续简单，且费用很低。和独资企业一样，合伙企业无最低注册资本的限制。

（2）合伙组织内部关系紧密，成员较稳定，内部凝聚力较强。

（3）合伙人负无限责任，虽增加了个人风险，但也有利于刺激合伙成员的责任心和巩固合伙组织的信用。

（4）合伙组织不是纳税主体，也较少受政府干预和法规限制。"合伙企业的生产经营所得和其他所得，按照国家有关税收规定，由合伙人分别缴纳所得税。"这一规定避免了重复纳税，有利于合伙人更好地开办企业。在投资方式上，大学生没有雄厚的物质基础，资金有限，而利用专利、专业技术或高新技术成果等无形资产进行投资具有非常广阔的舞台。合伙人的出资方式比较灵活，除货币、实物、知识产权等一些常见的出资方式外，经全体合伙人协商一致，普通合伙人可以用自己的劳务作为出资方式。

与独资企业相比，合伙企业有很多优势：可以从众多的合伙人处筹集资本；合伙人共同偿还债务，减少银行贷款的风险，使企业的筹资能力有所提高；合伙人对企业盈亏负有完全责任，有助于提高企业的信誉。

对于初始创业的大学生来说，合伙还有特殊的优势：一是资金的压力较小；二是创业期间千头万绪，两个人甚至更多的人共同创业，可以分工合作，促进创业的进程，并顺利开展经济活动；三是合伙人各有特长和自有资源，可以取长补短，并各自负责特定的工作，可以实施较为复杂的创业构想与计划，规模比"单枪匹马"的企业大很多，而在发展速度上，也远远优于单打独斗的企业；四是合伙企业在具有较大实力后，也可以进入起点相对较高的行业，承担较大的市场压力与风险。

由于合伙企业是典型的合作企业，很多大学生创业者在创业时会寻找创业合作伙伴，尤其是与自己志同道合的同学一起创业就显得顺理成章，但大学生人生经验不足，常感情用事，对于企业中出现的经营方向、用人问题、财务问题大多以忍让、和解的方式处理，而忽视了必备的契约签订和严格的约束制度，从而使合伙人之间产生问题，关系也较难处理。因此，合伙经营也有其不可避免的缺点。

（1）几个人共同创业，如果在产权上没有明确的划分，会有很大的隐患。在企业发展到一定程度时，大家会对原始分配比例提出疑问，而又很难达成一致。

（2）付出与收益之间并不精确对应。几个人共同创业，每个人的能力、对企业的作用也存在一定的差异，分工合作往往会加大差异。同时，利润分配往往是按照投资比例进行的，合伙人之间往往会有一定的想法，影响工作的积极性。

（3）合伙人在企业管理、企业发展、利润分配等方面往往会产生一定的矛盾。在合伙企业经营中，承担无限责任的合伙人要负责企业经营，对外代表企业。合伙企业的经营活动，由合伙人共同决定，合伙人有执行和监督的权利。合伙人可以推举负责人。合伙负责人和其他人员的经营活动，由全体合伙人承担民事责任。换言之，每个合伙人代表合伙企业所发生的经济行为对所有合伙人均有约束力。因此，合伙人之间较易发生纠纷。

（4）合伙对于人身的依赖非常高，如果特定合伙人中途退出，会对企业造成很大的风险。

（5）根据《合伙企业法》的规定，普通合伙人承担无限连带责任，这也大大加大了普通合伙人的个人责任和需承担的风险。因此，大学生创业者要具备坚韧的心理素质。

五、有限责任公司

在《公司法》中，无论是有限责任公司还是股份有限公司，股东承担的都是有限责任。这样，投资者的责任就大大减轻了，投资风险也大大降低了。

相对于独资企业和合伙企业而言，有限责任公司的设立条件和程序要严格得多。虽然新修订的《公司法》已经降低了对注册资本的要求，但仍然让许多缺乏资金的大学生创业者望而却步。而且，除公司要缴纳企业所得税外，公司股东还要缴纳个人所得税，相比独资企业和合伙企业，税收负担要重很多。有相当一部分大学生之所以选择自主创业而不选择去企业就业，是不想受别人指挥，希望自己做主。在有限责任公司中，股东对自己的出资和公司的财产并不享有绝对控制权，这些财产由公司统一进行管理和使用，即公司拥有独立于股东的法人财产权。

公司财产与投资者个人财产是严格区分的，这在学术上称为"法人财产权"，即企业法人有接受投资、进行经营、经营结果由投资人承受的权利。

创业者还可以组建一人有限责任公司，即公司的全部股份为一个股东享有的公司。一人股东可以是一个自然人，也可以是公司法人。是否选择一人公司，是众多投资者将要面临的一项选择。其实，一人公司的设立和管理成本比一般有限责任公司要高，如注册资本的强制、财务审计的成本，同时面临着法人人格否认的风险。有人可能不愿意设立一人公司，可能设立一个假公司，找一个挂名股东，但这里面隐藏着法律风险：当股东之间发生矛盾时，很可能挂名股东不承认事实，而主张自己是真正的股东，这就会导致一些不必要的纠纷。

无论是一人公司还是两人以上公司或合伙企业，法律都对董事、经理或合伙人的同业竞争禁止义务做出了规定。《公司法》第一百四十七条规定：董事、监事、高级管理人员应当遵守法律、行政法规和公司章程，对公司负有忠实义务和勤勉义务。《公司法》第一百四十八条规定：董事、高级管理人员未经股东会或者股东大会同意，不得利用职务便利为自己或者他人谋取属于公司的商业机会，自营或者为他人经营与所任职公司同类的业务。这在法律上称为"同业竞争禁止"。《公司法》第一百四十八条还规定：董事、高级管理人员违反前款规定所得的收入应当归公司所有。《中华人民共和国刑法》（以下简称《刑法》）第一百六十五条规定：国有公司、企业的董事、经理利用职务便利，自己经营或者为他人经营与其所任职公司、企业同类的营业，获取非法利益，数额巨大的，处三年以下有期徒刑或者拘役，并处或者单处罚金；数额特别巨大的，处三年以上七年以下有期徒刑，并处罚金。

六、股份有限公司

股份有限公司（以下简称"股份公司"），是指将全部资本分为等额的股份，股东以其所持股份为限对公司承担责任，公司以其全部资产为限对公司债务承担责任的公司。根据发行的股票是否上市交易，股份公司可分为上市公司和非上市公司。上市公司是指其发行的股票经国务院或国务院授权的证券管理部门批准，在证券交易所上市交易的股份公司。相对于有限责任公司而言，股份公司组建程序复杂，设立门槛高，管理严格。对于创业大学生而言，在事业做大做强之后，为进一步拓展事业，可以考虑组建股份公司。创业者可以借鉴股份公司的内部管理机制进行企业管理。

1. 股份公司的设立方式和设立程序

根据《公司法》的规定，股份公司的设立方式分为发起设立和募集设立两种。发起设立是指由发起人认购公司应发行的全部股份设立公司。募集设立是指由发起人认购公司应发行股份的一部分，其余部分向社会公开募集设立公司。设立股份公司的方式，由发起人自行选择。

设立股份有限公司，应当具备下列条件。

（1）发起人符合法定人数。

（2）有符合公司章程规定的全体发起人认购的股本总额或者募集的实收股本总额。

（3）股份发行、筹办事项符合法律规定。

（4）发起人制定公司章程，采用募集方式设立的公司，其公司章程经创立大会通过。

（5）有公司名称，建立符合股份有限公司要求的组织机构。

（6）有公司地址。

2. 股份的发行

股份公司为筹集资金，经批准可以分配或者出售公司股票。根据股份公司筹集资金的阶段，可以将股份的发行分为设立发行和增资发行。

（1）设立发行，即股份公司在设立过程中发行股份。

设立发行是指股份公司在设立过程中发行股份。设立发行应向中国证监会递交募股申请，经批准后方可发行。设立发行必须具备一定的条件。

股份发行实行公开、公平、公正的原则。这要求股份公司在向社会公开募集股份时，应就有关的股份发行信息，如招股说明书、财务会计报告等依法公开披露；同次发行的股票，每股的发行条件和发行价格应当相同；发行同种股份，股东享有的权利也应当相同。

股份公司发行股票，发行价格可以按照票面金额发行，也可以超过票面金额，即溢价发行，但不得低于票面金额发行。溢价发行要经过国务院证券管理部门同意，且溢价发行所得的溢价款应列入公司资本公积金。

（2）增资发行，即为增加股份公司的资本而再次发行股份。

发行新股，必须具备以下条件。

① 前一次发行的股份已经募足，并且间隔一年以上。

② 公司在最近三年内连续盈利，并可向股东支付股利。

③ 公司在最近三年内财务会计报表无虚假记载。

④ 公司预期利润可达同期银行存款利率。

此外，根据《公司法》规定，上市公司发行股票所募集的资金必须按照招股说明书所列的用途使用；改变招股说明书所列资金用途，必须经股东大会批准；擅自改变用途未做纠正的，或者未经股东大会认可的，不得发行新股。

除发行新股外，上市公司送股和配股也是增资发行的形式。送股是指把公司的股息和红利转为公司的资本。配股是指上市公司在获得有关部门的批准后，向其现有的股东提出配股建议，使现有股东可按其所持股份的比例认购配售股份的行为。

3. 上市公司

股份公司发行的股票经国务院或者国务院授权的证券管理部门批准,在证券交易所上市交易,这样的股份公司称为"上市公司"。

股份公司必须符合以下条件,方可申请股票上市。

(1) 股票经国务院证券管理部门批准,已向社会公开发行。

(2) 公司股本总额不少于人民币 3000 万元。

(3) 开业时间在三年以上,最近三年连续盈利;原国有企业依法改建而设立的,或者《公司法》实施后新组建成立,其主要发起人为国有大中型企业的,可连续计算。

(4) 持有股票面值达人民币 1000 元以上的股东人数不少于 1000 人,向社会公开发行的股份达公司股份总数的 25%以上;公司股本总额超过人民币 4 亿元的,其向社会公开发行股份的比例为 15%以上。

(5) 公司最近三年内无重大违法行为,财务会计报告无虚假记载。

(6) 国务院规定的其他条件。

股份公司申请其股票上市交易,应当报经国务院或者国务院授权的证券管理部门批准。上市交易申请获批后,被批准的上市公司必须公示其股票上市报告,并将申请文件存放在指定的地点供公众查阅。上市公司的股份,依相关法律进行上市交易。上市公司必须按照《公司法》的规定,定期公开财务状况和经营状况,在每个会计年度内每半年公布一次财务会计报告。

七、企业法律形态选择

企业选择法律形态时要考虑的主要因素:

(1) 企业的规模。如果准备开办的企业规模较小,投资人和资金较少,所有风险由自己一人承担,就可以选择较简单的企业形式,如个体工商户或个人独资企业。

(2) 行业类型和发展前景。

(3) 业主或投资者的数量。如果准备开办的企业规模较大,投资人比较多,需要资金比较多,为避免较大的债务风险,可以选择有限责任公司这种企业形式。

(4) 创业资金的多少。如果资金和技术不足,但有志同道合的朋友愿意一起干,则可以选择合伙企业、有限责任公司等企业形式。

(5) 创业者的理念(倾向个人决策还是协商合作)。如果有较强的独立意识,不愿与他人合作,则可以选择个体工商户或个人独资企业。

总之,企业法律形态不同,企业的法律地位和投资人的风险责任范围也不同。

拓展阅读

PLM 国际有限公司从合伙制转变为公司的决策

1972 年,几位企业家创办了一家名为 PLM(Professional Lease Management, Inc.)的企业,这是一家以购买和租赁交通设备为目的私人有限合伙制企业,其创立了一家子公司,名为"金融服务有限公司",作为各个合伙制企业的一般合伙人。PLM 在早些年取得了一定的成功,在 1981—1986 年期间至少成立了 27 家合伙制企业。每个合伙制企业购买交通设备,如飞机、卡车、挂车、集装箱、火车等，将其租赁给交通公司。在 1986 年美国税制改革前，PLM 通过其合伙制企业取得了巨大的成功，成为美国最大的设备租赁公司之一。

合伙制企业不同于公司，不用交纳公司所得税，所以合伙制对于高税收阶层很有吸引力。合伙制企业"自我变现"，即所有的剩余现金都分配给合伙人，不进行再投资。每个合伙制企业在交通设备的一个狭小的领域进行投资。PLM 的成功在于创造了因加速折旧而产生的避税的现金流量和投资税收抵免。

但是，1986 年的美国税制改革对有限合伙制企业的避税行为产生了破坏性的影响。美国税制改革从根本上降低了个人所得税率，取消了投资税收抵免，缩短折旧年限，同时建立了一个选择性最小的税率。新的税法导致 PLM 不得不考虑设立不同组织形式的设备租赁企业。实际上，企业所需的是有利其潜在增长和多元化的机会，而不是完全为了避税的组织形式。

1987 年，PLM 在投资银行的建议和帮助下，结束了合伙制，并同意将合伙制企业转变为一个新的伞型公司，称为"PLM 国际有限公司"。PLM 国际有限公司发布公告，称多数合伙制企业同意合作组建公司。1988 年，PLM 国际有限公司的普通股开始在美国证券交易所交易，每股价格约 8 美元。虽然 PLM 国际有限公司转变为股份公司，但业绩并不好。1997 年 10 月 16 日，它的股票交易价格仅为每股 5 美元。企业转制的决策是复杂的，存在许多有利和不利之处。

PLM 国际有限公司认为，其联合组建交通设备租赁公司的优点有以下几点。

（1）为未来增长提高融资能力，包括权益资本和债务资本。

（2）有利于未来再投资于有利可图的领域。

（3）通过发行股票，提高投资者的资产流动性。

以上是联合组建公司最好的理由，它给 PLM 国际有限公司的新股东带来的潜在利益超过了组建公司产生的双重征税这一不利之处。但是，并非所有的原 PLM 的合伙制企业都愿意转变为股份公司。有时，决定一个企业的最佳组织形式是合伙制或公司制并非易事。

由于面临双重征税，企业从股份公司要获得最大的好处需要具备以下特征。

（1）低的应税收入。

（2）低的边际公司所得税率。

（3）在潜在的股东中，低的边际个人所得税率。

思考和讨论：

PLM 改变企业法律形态的考虑因素有哪些？改变企业法律形态对 PLM 的发展带来哪些好处？

实践练习

每 4~6 人为一组，对下列案例展开讨论，并回答案例中提出的问题。

1. 个体户张某与刘某共同发起成立了 A 服装贸易公司，并由该公司买下了张某的全部产业。不过，公司并没有付给张某现款，只是给了他股份和债权。张某拥有公司 90% 的股份。由于经营不善，公司最终解散。张某声称自己是公司的债权人，有权要求公司偿还其借给公司的钱。但是，公司其他债权人主张，既然公司成立后的业务与公司成立前完全一样，而且张某拥有公司几乎全部的股份，所以，实质上 A 公司几乎是张某的私人企业。因此，张某与公司之间并不存在什么债权、债务关系，张某无权要求用公司财产偿还所欠债务，而只能由其他债权人共同分配公司财产，以清偿债务。为此，各方发生纠纷，诉至法院。

分析：

（1）张某在公司中的身份究竟是什么？

（2）张某要求清偿债务有无法律依据？

（3）法院将如何处理该债务清偿案件？

2. 甲公司是经营批发业务的有限责任公司，甲公司的主要债务人是乙公司、丙公司、丁企业和戊企业。乙公司是以零售业为主的有限责任公司，由张某和刘某出资设立；丙公司由王某一人设立；丁企业是由金某、肖某和姜某共同出资设立的合伙企业；戊企业是陈某的独资企业。甲公司向乙公司、丙公司、丁企业和戊企业催缴债务未成，金某退出合伙企业。此后，甲公司再次要求乙公司、丙公司、丁企业和戊企业还款。乙公司、丙公司、丁企业和戊企业账面上确实没有资金。于是，甲公司向张某、刘某、王某、金某、肖某、姜某和陈某追偿。但是，张某、刘某、王某认为自己只是股东，没有义务承担出资以外的债务；金某认为自己已经退出了合伙企业，不应对企业债务承担责任；肖某、姜某和陈某认为，自己应当仅就出资额为限承担责任。

分析：

张某、刘某、王某、金某、肖某、姜某和陈某的说法正确吗？为什么？甲公司的债权应如何实现？

5.2　法律环境认知

知识概要

创业者需要处理好对内和对外的法律关系。核定的企业经营范围是区分企业合法经营与非法经营的法律界线。企业制作和发布广告需要遵循一定的规则。企业内部需要形成有效的治理机制；规范用人机制，为员工办理社会保险，缴纳社会保险金；需要照章纳税，承担社会责任。同时，企业在市场竞争的环境中搏击，需要理性地面对消费者的诉求、处理好与竞争者的关系。

情景案例

"小超之家"的经验和教训

"小超之家"是一家专门提供水果配送的网站，从 2011 年 6 月上线，到 11 月中旬谢幕，仅存在了 5 个月。当时，网站负责人杨智超正在中国科学院攻读硕士学位。他表示："由于五个合伙人各奔前程，水果店只能停业了，7 月和 8 月暑假期间业务很少，真正运作的时间就三个月。"

有同学调侃杨智超"亲身经历了一个公司从建立到迅速消亡的过程"，他认为这种经历很有意义，是"尝试创业的最好机会，以后可能没有这么好的机会了"。

坚持做下去，还能赚钱

在"谢幕公告"中，杨智超详细解说了自己的收支状况："近一个月的销售记录，我们每天的营业额在 2100 元左右。水果与零食平均下来，利润率应该在 30% 左右。每天毛利大约有 600 元。一个月下来，减去损耗及上货的人工成本，毛利应该在 1.2 万元左右。每个月房租的支出是 3500 元，加上水、电、煤气费用，员工吃饭等应该在 4500 元左右。员工的工资为 8000 元。各种费用加在一起，每个月大体盈亏平衡，稍微亏一点。"

虽然后两个月基本做到收支平衡，但总计还是亏了 5 万元。杨智超坦言，主要是前期的投入比较多，开始时没意识到要花很多钱。他说："没有开过公司，不知道做成本预算的重要性，零碎的钱就随便花出去了，花了多少也不知道。"

项目启动时，杨智超就曾跟合伙人说过，"钱放进去就别想拿出来了"。这是句玩笑话，但也多亏合伙人之间关系好，虽然亏了钱，但在账目上没有产生矛盾，大家相处仍然和睦。杨智超已经明白，创业者一定要记好每一笔账。

五个老板，四名员工

杨智超有四个合伙人，除一个是他的中学同学外，其他三个人都是中科院的在读研究生。

10 月之前，五个合伙人都是员工，虽然各有分工，但遇到早上来货、需要分单的情况，还是大家一起上。随着配送订单的增多，大家都觉得有必要雇几个工人，于是负责招聘的合伙人就去张贴招聘广告，很快招来了四名员工，包吃包住，每人月工资2000元。

四名员工的加入，大大缩短了配送时间。员工多了，问题也产生了，五个老板，员工不知道该听谁的。杨智超觉得，一家店五个老板的直接后果就是效率低下。有一次，合伙人讨论要不要在校园里发放优惠券，有人说需要发，发优惠券相当于做广告，有人说不能发，发了就好像卖的是廉价水果，最后没有讨论出结果。"其实，这不是什么大事，关键是要有一个人说了算。"杨智超说，创业初期就需要有人"独断专行"，错了再改也容易。

反思两次弯路

杨智超反思短暂的创业经历，坦言走了两次弯路。

租房子之后，杨智超发现同一座楼里还有一家化妆品连锁店。经过沟通，"小超之家"把化妆品店的商品摆上了自己的网站，并且帮助送货，每件化妆品可以拿一定的提成。

问题就出在化妆品上。当他们送第三件化妆品时，就有顾客反映，化妆品是假货，这让他们很震惊。杨智超与合伙人到正规商场买了同类商品比较，果然发现疑点，于是将化妆品立即下架。"一时联系不到化妆品店的经理，我们只好在网站上注明，由于无法保证化妆品的质量，所以暂停该项服务。"杨智超说。没过几天，化妆品店的经理回来了。原来，他到上海总部汇报工作，在展示与"小超之家"的合作情况时，却发现商品已经下架了，于是非常生气。"小超之家"后来在网站上挂了一个星期的"道歉信"，此事才不了了之。

资料来源：陶涛、陈璐《水果配送网站倒闭"遗言"对创业者很有用》，原载《中国青年报》（2011年12月19日）

思考：

1. "小超之家"仅存在5个月，对我们创业有什么启示？
2. 大学生创业需要处理好哪些法律关系？

知识要点

一、经营范围和广告

核定的企业经营范围是区分企业合法经营与非法经营的法律界线。

为推销自己的商品或服务，宣传这些商品或服务而让人们去喜爱和购买、消费，经营者往往需要通过一定的媒介和形式直接或间接地介绍所推销的商品或提供的服务，这就需要借助广告。制作和发布广告需要遵循一定的规则。

1. 在营业执照许可范围内经营

大学生创业，必须在工商营业执照的许可范围内经营，不能超出许可经营范围。从事网络经营活动，同样要在网站上显示营业执照。企业在扩大经营时，一定要核对是否超出核准登记的经营范围，如超出核准登记的经营范围，一定要及时办理变更登记手续。从事网站建设服务，需要办理电信相关增值服务许可。

2. 遵守广告法，避免虚假宣传

广告法明确，任何单位或者个人未经当事人同意或者请求，不得向其住宅、交通工具等发送广告，也不得以电子信息方式向其发送广告。在互联网页面以弹窗等形式发布的广告，应显著标明关闭标志，确保一键关闭。广告不得含有虚假或者引人误解的内容，不得欺骗、误导消费者。禁止在大众传播媒介或公共场所等发布烟草广告；禁止利用其他商品或服务的广告、公益广告，宣传烟草制品名称、商标等内容。

广告应当真实、准确、合法，不得含有虚假的内容，不得欺骗和误导消费者。

二、合伙企业管理

如果仅靠一个人，干来干去还是个体户，寻找到志同道合的伙伴，就可以干大事业。人员多了，创业者有成就感，但也多了烦恼。在企业内部，创业者不能够什么事情都自己说了算，股东之间需要一定的组织结构，并按照一定的议事规则商讨公司事宜，而股份有限公司更加复杂。

1. 账目清楚

对创业者来说，盈利是企业活下去的关键。合伙人之间彼此信任是合伙团队得以存续的极其重要的原因，记好账不仅是共同创业者和睦相处、减少矛盾的内在要求，也是国家对经营者的法定要求，更是企业做大做强、对外融资等的要求。

2. 入伙和退伙

合伙企业比较灵活，现有合伙人的退出与新合伙人的加入会导致合伙人的变更。合伙人可以共同参与企业管理和经营。

在合伙企业存续期间，第三人加入合伙企业并取得合伙人资格，称为入伙。入伙必须经全体合伙人同意并与原合伙人订立书面合伙协议。新入伙人取得合伙人的资格后，与原合伙人享有同等权利，承担同等责任，对入伙前合伙企业的债务承担无限连带责任。

在合伙企业存续期间，合伙人资格的消灭，称为退伙，包括声明退伙和法定退伙两种情形。

退伙实际发生之日为退伙生效日。退伙人对其退伙前发生的合伙企业债务，承担无限连带责任。

3. 合伙事务管理模式

合伙事务可以由全体合伙人共同管理，可以由各合伙人分别单独管理，也可以由一名合伙人管理，或由数名合伙人共同管理。但是，如果每个合伙人都能够对外代表合伙企业，就容易出现一些意想不到的问题，如效率低下、对事务的处理久议不决等。全体合伙人也可以共同委托一个人管理合伙事务，形成大家能够自觉遵守的议事规则。这样的话，就可以形成一个内部管理制度，有助于合伙事务的处理。

关于合伙事务，经全体合伙人同意，还可以聘请合伙人以外的人参与经营管理，但被聘人员不是合伙人，不具有合伙人资格，无须承担连带责任，合伙企业对其权利的限制不能对抗第三人。当然，被聘人员超越授权范围给合伙人带来损失的，应承担赔偿责任。

4. 处理对外合作关系

在前述"小超之家"的案例中,"小超之家"与化妆品店的合作,对内是一种协作关系,双方的权利、责任是清晰的,但对外有一种表见代理的效力。如果出现纠纷,"小超之家"需要承担连带责任。由于对内是一种合同关系,"小超之家"单方面解除合同或中止合同履行,又是一种违约行为,需要承担违约责任。所以,合伙企业在与其他商家合作时,需要明确各自的权利、义务关系,如规定出现侵权事故,一方有权中止合同履行甚至解除合同,并可以追究对方责任。如果这样,合伙企业就可以避免走上弯路。

三、公司治理结构

良好的公司治理结构可解决公司各方利益分配问题,对公司能否高效运转、是否具有竞争力起到决定性作用。我国公司治理结构采用决策权、经营管理权、监督权分别属于股东会、董事会、监事会的权力制衡结构,三大机关各司其职,又相互制约,保证公司顺利运行。

1. 股东会

股东会由全体股东组成,是公司的权力机构,决定公司的重大事项。《公司法》第三十七条规定,股东会行使以下职权。

(1) 决定公司的经营方针和投资计划。
(2) 选举和更换非由职工代表担任的董事、监事,决定有关董事、监事的报酬事项。
(3) 审议批准董事会的报告。
(4) 审议批准监事会或者监事的报告。
(5) 审议批准公司的年度财务预算方案、决算方案。
(6) 审议批准公司的利润分配方案和弥补亏损方案。
(7) 对公司增加或者减少注册资本做出决议。
(8) 对发行公司债券做出决议。
(9) 对公司合并、分立、解散、清算或者变更公司形式做出决议。
(10) 修改公司章程。
(11) 公司章程规定的其他职权。

2. 董事会

董事会是公司的执行机构,是对内管理公司事务,对外以公司的名义进行活动的常设机构。董事会对股东会负责,行使下列职权。

(1) 召集股东会会议,并向股东会报告工作。
(2) 执行股东会的决议。
(3) 决定公司的经营计划和投资方案。
(4) 制定公司的年度财务预算方案、决算方案。
(5) 制定公司的利润分配方案和弥补亏损方案。
(6) 制定公司增加或者减少注册资本及发行公司债券的方案。
(7) 制定公司合并、分立、解散或者变更公司形式的方案。
(8) 决定公司内部管理机构的设置。
(9) 决定聘任或者解聘公司经理及其报酬事项,并根据经理的提名决定聘任或者解聘公司副经理、财务负责人及其报酬事项。

（10）制定公司的基本管理制度。

（11）公司章程规定的其他职权。

3. 监事会

作为公司的监察机构，监事会主要的职责是对公司的管理进行监督。监事对外无权代表公司，不直接参与公司的经营管理活动，但可以与董事会成员一起处理公司的有关事务。监事会、不设监事会的公司的监事行使下列职权。

（1）检查公司财务。

（2）对董事、高级管理人员执行公司职务的行为进行监督，对违反法律、行政法规、公司章程或者股东会决议的董事、高级管理人员提出罢免的建议。

（3）当董事、高级管理人员的行为损害公司的利益时，要求董事、高级管理人员予以纠正。

（4）提议召开临时股东会会议，在董事会不履行法律规定的召集和主持股东会会议职责时召集和主持股东会会议。

（5）向股东会会议提出提案。

（6）董事、高级管理人员违反法律、行政法规或者公司章程的规定，损害股东利益的，对董事、高级管理人员提起诉讼。

（7）公司章程规定的其他职权。

4. 经理

公司可以设经理，辅助董事会执行公司的决策。经理对内处理公司的事务，对外在董事会的授权范围内代理或代表公司进行业务活动。经理由董事会决定聘任或者解聘。经理对董事会负责，行使下列职权。

（1）主持公司的生产经营管理工作，组织实施董事会决议。

（2）组织实施公司年度经营计划和投资方案。

（3）拟订公司内部管理机构设置方案。

（4）拟订公司的基本管理制度。

（5）制定公司的具体规章。

（6）提请聘任或者解聘公司副经理、财务负责人。

（7）决定聘任或者解聘除应由董事会决定聘任或者解聘以外的负责管理人员。

（8）董事会授予的其他职权。公司章程对经理职权另有规定的，从其规定。

经理列席董事会会议。

5. 董事、监事、高级管理人员的任职资格限制及其义务和责任

公司的董事、监事和经理统称为公司的主要负责人。《公司法》第一百四十六条规定，有下列情形之一的，不得担任公司的董事、监事、高级管理人员。

（1）无民事行为能力或者限制民事行为能力。

（2）因贪污、贿赂、侵占财产、挪用财产或者破坏社会主义市场经济秩序，被判处刑罚，执行期满未逾五年，或者因犯罪被剥夺政治权利，执行期满未逾五年。

（3）担任破产清算的公司、企业的董事或者厂长、经理，对该公司、企业的破产负有个人责任的，自该公司、企业破产清算完结之日起未逾三年。

（4）担任因违法被吊销营业执照、责令关闭的公司、企业的法定代表人，并负有个人责任的，自该公司、企业被吊销营业执照之日起未逾三年。

（5）个人所负数额较大的债务到期未清偿。

董事、监事、高级管理人员应当遵守法律、行政法规和公司章程，对公司负有忠实义务和勤勉义务。董事、监事、高级管理人员不得利用职权收受贿赂或者其他非法收入，不得侵占公司的财产。

四、劳动合同法律实务

作为企业负责人或股东的创业者，特别要树立起"雇主责任"意识。公司员工的职务行为，公司都要承担责任。员工在工作过程中发生意外，雇主也要负责任。企业主不能要求职员像自己一样没日没夜地干活，员工有劳动权利。

1. 订立劳动合同，建立劳动关系

劳动者和用人单位通过签订劳动合同建立劳动关系。劳动合同是指劳动者与用人单位确立劳动关系、明确双方权利和义务的协议。

劳动合同应当以书面形式订立。对于已经建立劳动关系，但没有同时订立书面劳动合同的情况，用人单位要与劳动者自用工之日起一个月内订立书面劳动合同。《中华人民共和国劳动合同法》（以下简称《劳动合同法》）规定，用人单位自用工之日起满1年不与劳动者订立书面劳动合同的，视为用人单位与劳动者已订立无固定期限劳动合同。用人单位未在用工的同时订立书面劳动合同，与劳动者约定的劳动报酬不明确的，新招用的劳动者的劳动报酬应当按照企业的或者行业的集体合同规定的标准执行；没有集体合同或者集体合同未做规定的，用人单位应当对劳动者实行同工同酬。用人单位自用工之日起超过1个月但不满1年未与劳动者订立书面劳动合同的，应当向劳动者支付2倍的月工资。

2. 社会保险

社会保险既是国家要求企业承担的法定义务，也是企业防范风险的有力举措。国家建立基本养老保险、基本医疗保险、工伤保险、失业保险、生育保险等社会保险制度，保障公民在年老、疾病、工伤、失业、生育等情况下依法从国家和社会获得物质帮助的权利。

3. 劳动合同的解除

劳动合同的解除，是指劳动合同在期限届满之前，双方或单方提前终止劳动合同效力的法律行为，分为法定解除和协商解除。法定解除是指法律、法规或劳动合同规定可以提前终止劳动合同的情况。协商解除是指双方经协商一致提前终止劳动合同的法律效力。

（1）用人单位单方解除。

一是过失性解除。劳动者有下列情形之一的，用人单位可以解除劳动合同。

① 在试用期间被证明不符合录用条件的。

② 严重违反用人单位的规章制度的。

③ 严重失职，营私舞弊，给用人单位造成重大损害的。

④ 同时与其他用人单位建立劳动关系，对完成本单位的工作任务造成严重影响，或者经用人单位提出，拒不改正的。

⑤ 劳动合同是在欺诈、胁迫或者乘人之危，违背当事人真实意思的情况下订立而无效的。

⑥ 被依法追究刑事责任的。

上述 6 种情况是由于劳动者本身的原因造成的，劳动者主观上有严重过失，因而用人单位有权随时解除合同。过失性解除，不受提前通知的限制，不受用人单位不得解除劳动合同的法律限制，且不给予经济补偿。

二是非过失性解除。劳动者有下列情形之一的，用人单位应当提前 30 日以书面形式通知劳动者本人或者额外支付劳动者 1 个月工资后可以解除劳动合同。

① 劳动者患病或者非因工负伤，在规定的医疗期满后不能从事原工作，也不能从事由用人单位另行安排的工作的。

② 劳动者不能胜任工作，经过培训或者调整工作岗位，仍不能胜任工作的。

③ 劳动合同订立时依据的客观情况发生重大变化，致使劳动合同无法履行，经用人单位与劳动者协商，未能就变更劳动合同内容达成协议的。

三是经济性裁员。为了保护劳动者的合法权益，防止不公正解雇，劳动者有下列情形之一的，用人单位不得解除劳动合同。

① 从事接触职业病危害作业的劳动者未进行离岗前职业健康检查，或者疑似职业病病人在诊断或者医学观察期间的。

② 在本单位患职业病或者因工负伤并被确认丧失或者部分丧失劳动能力的；③患病或者非因工负伤，在规定的医疗期内的。

④ 女职工在孕期、产期、哺乳期的。

⑤ 在本单位连续工作满 15 年，且距法定退休年龄不足 5 年的。

⑥ 法律、行政法规规定的其他情形。

（2）劳动者单方解除。

劳动者单方解除合同的情况有以下两种。

一是劳动者即时解除劳动合同。用人单位有下列情形之一的，劳动者可以解除劳动合同。

① 未按照劳动合同约定提供劳动保护或者劳动条件的。

② 未及时足额支付劳动报酬的。

③ 未依法为劳动者缴纳社会保险费的。

④ 用人单位的规章制度违反法律、法规的规定，损害劳动者权益的。

⑤ 劳动合同是在欺诈、胁迫或者乘人之危，违背当事人真实意思的情况下订立而无效的。

⑥ 法律、行政法规规定劳动者可以解除劳动合同的其他情形。

二是劳动者应当提前通知对方解除劳动合同。无以上情形的，劳动者要解除劳动合同应当提前 30 日以书面形式通知用人单位。劳动者在试用期内提前 3 日通知用人单位，可以解除劳动合同。

（3）用人单位解除劳动合同给予劳动者经济补偿。

用人单位依法解除劳动合同的，应给予劳动者经济补偿金；用人单位违法解除劳动合同或者终止劳动合同，劳动者要求继续履行劳动合同的，用人单位应当继续履行，劳动者不要求继续履行劳动合同或者劳动合同已经不能继续履行的，应给予劳动者经济补偿。

五、产品质量法律实务

1. 保证产品质量是生产者的首要义务

法律规定，生产者必须对其生产的产品质量负责。生产者应当将保证产品质量作为首要义务，通过强化质量管理，增加技术投入，增加产品的花色、品种、性能，改进产品售后服务等措施，不断提高产品质量水平。

（1）保证产品的内在质量。

产品不得存在危及人身、财产安全的不合理危险，这是法律对产品质量最基本的要求。

产品具有应当具有的使用性能。

产品质量应当符合在产品或者其包装上注明采用的产品标准，符合以产品说明、实物样品等方式表明的质量状况。

（2）保证产品的外在质量。

产品包装是指为在产品运输、储存、销售等流通过程中保护产品，促进销售，按照一定技术方法采用的容器、材料和附着物并在包装物上附加有关标识而进行的操作活动。

根据不同产品的特点和使用要求，产品标识可以标注在产品上，也可以标注在产品包装上。产品或者其包装上的标识应当有产品质量检验合格证明，有中文标明的产品名称、生产厂名和厂址，根据产品的特点和使用要求标注产品标识，限时使用产品的标识要求及特殊产品包装的标识要求。裸装的食品和其他根据产品的特点难以附加标识的裸装产品，如商店销售的面条、馒头，散装的饼干等没有包装的食品及日用杂品，很难标注产品标识的，可以不附加产品标识。

2. 经营者须建立健全验货制度并保持产品质量

经营者采取验货制度及经营过程中的一系列保持产品质量的措施来保证产品质量。

（1）建立并执行进货检查验收制度，验明产品合格证明和其他标识。

进货检查验收制度，是指销售者根据国家有关规定和同生产者或其他供货者之间订立合同的约定，对购进的产品质量进行检查，符合合同约定的予以验收的制度。其目的是对销售者销售的产品把关，保证销售者销售的产品的质量，也是区分销售者与生产者责任的重要手段。

（2）采取保管措施，保持销售产品的质量。

销售者采取一系列保管措施，使销售产品的质量基本保持进货时的质量状况。销售者应当根据产品的不同特点，采取不同的保管措施，如采取必要的防雨、通风、防晒、防霉变、分类等方式；对某些特殊产品的保管，应采取控制温度等措施，尤其是药品和食品等。采取保管措施，还应包括配置必要的设备和设施，确保所售产品不失效、不变质。

六、遭遇不正当竞争及维权

经营者在市场经济活动中，应当遵循自愿、平等、诚实、守信的原则，遵守公认的商业道德。为了保护公平竞争，维护经营者的合法权益，维持正常的社会经济秩序，必须坚决制止不正当竞争行为。《中华人民共和国反不正当竞争法》（以下简称《反不正当竞争法》）明确规定了明令禁止的 11 种不正当竞争行为。

（1）假冒、仿冒行为。

① 假冒他人的注册商标。

② 仿冒知名商品标识。

③ 擅自使用他人的企业名称或者姓名，引人误认为是他人的商品。

④ 在商品上伪造或者冒用认证标志、名优标志等质量标志，伪造产地，对商品质量做引人误解的虚假表示。

（2）商业贿赂行为。

（3）虚假宣传行为。经营者不得利用广告或者其他方法，对商品的质量、制作成分、性能、用途、生产者、有效期限、产地等做引人误解的虚假宣传。商品质量虚假表示，包括制作成分、制作方法及有效期的虚假表示行为。

（4）侵犯商业秘密行为。经营者不得采用下列手段侵犯商业秘密，获取非法利益。

① 以盗窃、利诱、胁迫或者其他不正当手段获取权利人的商业秘密。

② 披露、使用或者允许他人使用以前项手段获取的权利人的商业秘密。

③ 违反约定或者违反权利人有关保守商业秘密的要求，披露、使用或者允许他人使用其所掌握的商业秘密。

（5）低价倾销行为。

（6）搭售或附加不合理条件的行为。

经营者销售商品，不得违背购买者的意愿搭售商品或者附加其他不合理的条件。

（7）不正当有奖销售行为。不正当有奖销售行为包括：采取谎称有奖或故意让内定人员中奖的欺骗方式进行有奖销售；利用有奖销售的手段推销质次价高的商品；抽奖式的有奖销售，最高奖的金额超过 5000 元。

（8）诋毁商誉行为。经营者的商业信誉不得被诋毁。其他经营者不得捏造、散布虚假事实，损害竞争对手的商业信誉、商品声誉。

（9）独占排挤行为。公用企业或者依法具有独占地位的经营者，限定他人购买其指定的经营者的商品，以排挤其他经营者公平竞争的，应明令禁止。

（10）滥用行政权力行为。政府及其所属部门滥用行政权力，限定他人购买其指定的经营者的商品，限制其他经营者正当的经营活动，限制外地商品进入本地市场，或者本地商品流向外地市场的，属于不正当竞争行为。

（11）串通投标行为。投标者和招标者不得相互勾结，以排挤竞争对手的公平竞争。

经营者违反《反不正当竞争法》的规定，对被侵害的经营者造成损害的，应当承担损害赔偿责任，被侵害的经营者的损失难以计算，赔偿额为侵权人在侵权期间因侵权所获得的利润，并应当承担被侵害的经营者因调查该不正当竞争行为所支付的合理费用。被侵害的经营者的合法权益受到不正当行为损害的，可以向人民法院提起诉讼。

七、消费者权益保护

1. 消费者的权利

消费者的权利，是指在消费活动中，消费者依法享有的各项权利的总和。《中华人民共和国消费者权益保护法》（以下简称《消费者权益保护法》）为消费者设立了相互独立又相互关联的 9 项权利。

（1）安全保障权。消费者在购买、使用商品和接受服务时享有人身、财产安全不受损害的权利。

消费者有权要求经营者提供的商品和服务，符合保障人身、财产安全的要求。

（2）知悉真情权。消费者享有知悉其购买、使用的商品或者接受的服务的真实情况的权利。

消费者有权根据商品或者服务的不同情况，要求经营者提供商品的价格、产地、生产者、用途、性能、规格、等级、主要成分、生产日期、有效期限、检验合格证明、使用方法说明书、售后服务，或者服务的内容、规格、费用等有关情况。

（3）自主选择权。消费者享有自主选择商品和服务的权利，包括有权自主选择提供商品或者服务的经营者，有权自主选择商品品种或者服务方式，有权自主决定是否购买任何一种商品或接受任何一项服务，有权对商品或者服务进行比较鉴别和选择。经营者不得以任何方式干涉消费者行使自主选择权。

（4）公平交易权。公平交易是指经营者与消费者之间的交易应在平等的基础上达到公正的结果。公平交易权体现在两个方面：一是交易条件公平，即消费者在购买商品或接受服务时，有权获得质量保证、价格合理、计量正确等公平交易条件。二是不得强制交易，即消费者有权按照真实意愿从事交易活动，对经营者的强制交易行为有权拒绝。

（5）获取赔偿权。获取赔偿权也称消费者的求偿权，依照《消费者权益保护法》的规定，消费者因购买、使用商品或者接受服务受到人身、财产损害的，享有依法获得赔偿的权利。

（6）结社权。消费者享有依法成立维护自身合法权益的社会团体的权利。目前，中国消费者协会及地方各级消费者协会已经成立。

（7）获得相关知识权。消费者享有获得有关消费和消费者权益保护方面的知识的权利。消费者应当努力掌握所需商品或者服务的知识和使用技能，正确使用商品，提高自我保护意识。

（8）受尊重权和个人信息受保护权。消费者在购买、使用商品或者接受服务时，享有人格尊严、民族风俗习惯得到尊重的权利，享有个人信息依法得到保护的权利。

（9）监督批评权。消费者享有对商品、服务及保护消费者权益工作进行监督的权利，包括有权对经营者的商品和服务进行监督，在权利受到侵害时有权提出检举或控告；有权对国家机关及工作人员进行监督，对其在保护消费者权益工作中的违法失职行为进行检举、控告，以及对消费者权益工作的批评、建议权。监督权是上述各项权利的必然延伸，对消费者权利的切实实现至关重要。

2. 经营者的义务

在消费法律关系中，消费者的权利就是经营者的义务。为了有效地保护消费者的权益，约束经营者的经营行为，《消费者权益保护法》专章规定了经营者的义务。

（1）履行法定义务及约定义务。经营者向消费者提供商品或服务，应依照法律、法规的规定履行义务。双方有约定的，应按照约定履行义务，但双方的约定不得违法。

（2）接受监督的义务。经营者应当听取消费者对其提供的商品或服务的意见，接受消费者的监督。

经营者向消费者提供商品或者服务，应当恪守社会公德，诚信经营，保障消费者的合法权益；不得设定不公平、不合理的交易条件，不得强制交易。

（3）保证商品和服务安全的义务。经营者应当保证其提供的商品或服务符合保障人身、财产安全的要求。

（4）提供真实信息的义务。经营者应当向消费者提供有关商品和服务的真实信息，不得做引人误解的虚假宣传。

采用网络、电视、电话、邮购等方式提供商品或者服务的经营者，以及提供证券、保险、银行等金融服务的经营者，应当向消费者提供经营地址、联系方式、商品或者服务的数量和质量、价款或者费用、履行期限和方式、安全注意事项和风险警示、售后服务、民事责任等信息。

（5）标明真实名称和标记的义务。经营者应当标明其真实名称和标记。经营者的名称和标记，主要功能是区别商品、服务的来源。对租赁柜台或场地的行为，强调承租方有义务标明自己的真实名称和标记，目的在于区分承租方和出租方，一旦发生责任问题，便于确定责任承担者。

（6）出具凭证或单据的义务。经营者提供商品或服务时，应按照国家规定或商业惯例向消费者出具购货凭证或者服务单据；消费者索要购货凭证或者单据的，经营者必须出具。

（7）保证质量的义务。经营者有义务保证商品和服务的质量：第一，经营者应当保证在正常使用商品或者接受服务的情况下其提供的商品或者服务应当具有的质量、性能、用途和有效期限，但消费者在购买商品或者接受服务前已经知道其存在瑕疵的除外；第二，经营者以广告、产品说明、实物样品或者其他方式表明商品或者服务的质量状况的，应当保证提供的商品或者服务的实际质量与表明的质量状况相符。

对于质量问题，消费者在特定情形下不用承担举证责任。

（8）履行"三包"或其他责任的义务。经营者提供的商品或者服务不符合质量要求的，消费者可以依照国家规定、当事人约定退货，或者要求经营者履行更换、修理等义务。没有国家规定和当事人约定的，消费者可以自收到商品之日起七日内退货；七日后符合法定解除合同条件的，消费者可以及时退货，不符合法定解除合同条件的，可以要求经营者履行更换、修理等义务。

依照上述规定进行退货、更换、修理的，经营者应当承担运输等必要费用。

（9）不得单方做出对消费者不利规定的义务。经营者在经营活动中使用格式条款的，应当以显著方式提请消费者注意商品或者服务的数量和质量、价款或者费用、履行期限和方式、安全注意事项和风险警示、售后服务、民事责任等与消费者有重大利害关系的内容，并按照消费者的要求予以说明。

经营者不得以格式合同、通知、声明、店堂告示等方式做出对消费者不公平、不合理的规定，或者减轻、免除其损害消费者合法权益应当承担的民事责任。

（10）不得侵犯消费者人格权的义务。消费者的人格尊严和人身自由理应依法获得保护。经营者不得对消费者进行侮辱、诽谤，不得搜查消费者的身体及其携带的物品，不得侵犯消费者的人身自由。

（11）保护消费者个人信息的义务。经营者收集、使用消费者个人信息，应当遵循合法、正当、必要的原则，明示收集、使用信息的目的、方式和范围，并经消费者同意。经营者收集、使用消费者个人信息，应当公开其收集、使用规则，不得违反法律、法规的规定和双方的约定收集、使用信息。

拓展阅读

大学生创业法治思维培育

近年来，随着大学生就业理念的变化，很多大学生会主动选择自主创业。各高校都很重视大学生的创业教育，通过开设创业课程，来推进大学生创业就业教育。

大学生创业面临的法律问题

大学生思维活跃，有较高的创业积极性。创业成功不仅需要强烈的创业意识和较高的创业能力，更需要极强的抗风险能力。大学生创业，可能面临很多风险，其中法律红线、法律纠纷等风险可能直接关系到创业组织之生死。

大学生创业者需要同市场监管、税务、环保、知识产权等行政机构打交道，如果大学生及其创业组织有违背行政强制法的行为，则面临承担行政责任或刑事责任，这属于公法层面的法律风险。大学生创业者及其组织在企业经营中，如果在合同订立、合同履行、知识产权管理、企业融资等方面违反《民法典》等法律规定，则会承担违约或侵权的民事责任，这属于私法层面的法律风险。在实践中，私法层面的法律风险往往是导致大学生创业者创业终止的主要原因之一。

大学生创业者需有法律风险防范意识，在企业经营中要确立法律风险防范机制，为企业防震。在新时代全面推进依法治国的今天，法律风险防范能力应该成为大学生法治素质培养的核心。

大学生创业教育与法治思维培育的交融

高校的创业教育是为社会主义市场经济培育优秀的市场主体。市场经济的核心就是自由竞争、公平竞争，而公平竞争就必然离不开法治的保障。市场经济就是法治经济，法治是市场经济的内在要求。大学生创业者的一系列企业设立、经营、管理、企业解散等行为，都是法律行为，都必须依照法律规范，遵循法律程序，受到法律调整。

创业离不开法治，创业教育与法治有着密切联系。目前，在法治中国背景下，法治思维的培育与创业教育的融合显得格外迫切。在高校创业教育阶段，为防范创业法律风险，让大学生创业者植入法治观念，养成法治思维习惯，以法治价值为指引，以法律规则和方法去创业创新，开拓市场，理应成为高校创业教育的目标——将法治精神作为重要的方法论指导成为高校创业教育创新发展的重要思考向度。

所谓法治思维，是以遵循法治价值，运用法律规则，思考问题、解决问题的一种思维模式。它有如下内涵：

（1）法治思维强调合法性。合法性要求大学生创业者要树立法律至上的理念，在企业经营中本着公平、平等原则与他人进行经济往来；合法性思维还要求创业大学生树立规范意识，分析问题以是否合法为出发点，处理事务以法律为准绳来解决问题。

（2）法治思维重视权利义务。法治思维，强调从权利、义务角度着手，来分析与处理问题。创业大学生要充分运用法治思维来维护自己的合法权益，诚信履行义务以保障他人的合法权益，成为合格的社会主义市场经济主体。

（3）法治思维强调程序正当。程序是理性而中立的。程序最大的功能是阻止人情、权势等法外因素，把争论双方带到中立、公正的程序中来，从而为实现实体正义提供制度性保障。

大学生在创业实践中，要遵守程序，尊重程序，为推进法治市场经济建设增添力量。

（4）法治思维遵循逻辑推理。法治思维按照"法治理念驱动—法律规范指引—对问题分析整理—做出合法合规的判断"的逻辑进行思维。大学生创业者需要学会用法治思维逻辑进行经营、管理决策，才能有效防范、化解各种纠纷，保证企业健康营运。

通过对法治思维内涵的解读，让我们知道了法治思维的基础是法治价值和法治精神，它以合法与否作为标准来判断对错、处理问题，讲究逻辑推理。重要的是法治思维完全可以通过培育训练来形成，它一旦在主体大脑中形成，就具有相对独立性，会反过来指导、影响主体自身的行为。高校创业教育，须重视对大学生创业者的法治思维教育，使大学生在创业中遵循法治原则，适用法律规范，按照法律逻辑，分析和解决创业中遇到的问题，才能防范法律风险，化解其他风险，保障创业的竞争力和生命力。

大学生创业法治思维培育的路径

高校要改变传统的创业教育方式，既要重视创新创业专业知识的授课，也不能忽视创业法治思维的培养。

1. 健全创业法治教育体系

首先，完善大学生创业教育课程的内容结构。大学生在创业中面临的法律问题很多，涉及的法律知识庞大繁杂。高校创业教育要形成以培养大学生创业法律意识为核心、以创业意识和创业精神为目标的创业法律教育机制。

要完善大学生创业法治教育课程的内容结构，需要充分利用普遍开设的思想道德修养与法律基础课程、职业规划指导课程、劳育课程、创业课程，进行创业法治思维教育，搭建一个由专业课教师、思政课教师、通识课教师合力的创业法治教育体系，确保创业法治思维培育的普遍性和长期性。

同时，在不同年级段，设置法律选修课，满足有创业需求的大学生需要。鼓励高校教师自编包含创业法律意识、法律知识、法律应用等内容的教材，通过普遍性和分层性教育，实现创业法治教育的针对性和实用性。

其次，探索多样化法治思维培育教学手段。大学生创业者只有通过法律实践，才能使所学的创业法律知识在创业实践活动中得以验证，并经过亲历体验，成为自身认同体系中的一部分。

2. 营造创业法治环境

一种思维模式的养成，单纯依靠课堂学习是不够的。创业法治思维的养成同样如此。它需要学校多个部门合作，通过各种措施合力打造法治校园，更需要社会营造良好的诚实信用、公平竞争的经营环境才能使其深受熏陶，起到润物细无声的作用。

大学校园的法治环境直接熏陶大学生，因为校园不仅是大学生生活的重要空间，也是他们了解社会的主要渠道。

学校领导应遵循法治思维进行校务管理，养成权利思维，尊重和保障学生的各种权利；遵循公平原则，建立公正的奖惩制度、评价制度；注重程序正义，将校园纠纷统一到理性的程序上来，用法律来解决双方诉求。

高校教师要遵循平等原则，践行"以学生为本"的理念，法律理论与社会热点案例相结合，发散学生思维，从不同角度探讨与评析，让大学生在学习中体验法治魅力，确立法律至上、法治优先的思维，进而将其自觉运用到创业实践中去。

3. 完善法律保障体系

法治思维是权利义务思维。大学生创业者作为一个特殊群体，其权益应当得到法律的保护。完善的创业法律制度，犹如定海神针，成为良好创业环境的重要组成部分，对促进大学生创业成功起到重要的防护作用。

大学生走上社会后也属于普通劳动者，法律权益当然也受《劳动法》《劳动合同法》《就业促进法》的保护和约束。但就大学生创业者这个特殊群体来说，这些法律都不具备特定性和针对性，不能对还未走出校门的大学生起到法律的激励和保护作用。

资料来源：邓巧蓉《高校大学生创业法治思维培育探析》，原载《法制与社会》2021年第一期（下）

实践练习

每 4~6 人一组，对下列案例展开讨论，并回答案例中提出的问题。

1. 朱某是某公司的项目经理，在与公司签订的劳动合同中约定，如严重违反劳动纪律或公司规章制度，公司可以立即解除劳动合同。2007 年 6 月 12 日，朱某接到公司的辞退通知书，理由是朱某违反了公司的规章制度，至少 3 次对客户不礼貌，严重影响公司声誉；因醉酒擅离职守，致使在客户发生事故时不能及时到位，给公司造成重大的名誉损失；至少 1 次散布谣言，损害同事名誉，以至于该同事要求辞职，给公司项目运营造成极大的负面影响。朱某向当地劳动争议仲裁委员会提出申请，要求公司支付他解除合同经济补偿金、因没有提前 30 日通知解除劳动合同而造成的损失等。

分析：

（1）劳动者严重违反用人单位的规章制度，用人单位是否可以解除劳动合同？为什么？

（2）在本案中，用人单位解除劳动合同是否需要向劳动者支付经济补偿金？为什么？

（3）用人单位是否可以与朱某解除劳动合同？

2. 某家具店在向消费者分发的传单上写道："本店经销意大利木制家具，豪华典雅，贵族风范。"一些比较富有的消费者认为外国造的家具更好，遂纷纷购买。这些家具被使用不到一年便开始变形、开裂。市场监督管理部门经过调查发现，原来家具所用木材只有一小部分是从意大利进口的，制造则完全是在国内，由国内厂家制造。

分析：

家具店的行为是一种什么性质的行为？为什么？

3. 甲、乙、丙拟共同出资设立一家有限责任公司（以下简称"公司"），并共同制定了公司章程草案。该公司章程草案有关要点如下：

（1）公司注册资本总额为 600 万元。各方出资数额、出资方式及缴付出资的时间分别为：甲出资 180 万元，货币出资 70 万元、计算机软件作价出资 110 万元，首次货币出资 20 万元，其余货币出资和计算机软件出资自公司成立之日起 1 年内缴足；乙出资 150 万元，机器设备作价出资 100 万元、特许经营权出资 50 万元，自公司成立之日起 6 个月内一次缴足；丙以货币 270 万元出资，首次货币出资 90 万元，其余出资自公司成立之日起 2 年内缴付 100 万元，第 3 年缴付剩余的 80 万元。

（2）公司的董事长由甲委派，副董事长由乙委派，经理由丙提名并经董事会聘任，经理作为公司的法定代表人。在公司召开股东会议时，出资各方行使表决权的比例为：甲按照注册资本 30%的比例行使表决权；乙、丙分别按照注册资本 35%的比例行使表决权。在公司召开股东会议时，应提前 25 日通知全体股东。

（3）公司分配红利时，出资各方依照以下比例进行分配：甲享有红利 25%的分配权；乙享有红利 40%的分配权；丙享有红利 35%的分配权。

（4）公司不设监事会，由乙担任监事。

分析：

（1）公司的法定代表人由经理担任是否符合《公司法》的有关规定？公司出资人的货币出资总额是否符合《公司法》的有关规定？甲以计算机软件和乙以特许经营权出资的方式是否符合有关规定？甲、乙、丙分期缴纳出资的时间是否符合《公司法》的有关规定？

（2）公司董事长、副董事长的产生方式是否符合《公司法》的有关规定？公司的法定代表人由经理担任是否符合《公司法》的有关规定？公司的首次股东会由谁召集和主持？公司章程规定的出资各方在公司股东会议上行使表决权的比例是否符合《公司法》的有关规定？公司召开股东会议的通知时间是否符合《公司法》的有关规定？

（3）公司章程规定的出资各方分红比例是否符合《公司法》的有关规定？

（4）公司章程规定不设监事会是否符合《公司法》的有关规定？

5.3 法律责任认知

知识概要

创业应该在法律允许的范围内进行，以保护创业成果。创业环境越来越宽松，网络的便利性也让很多商业模式充满活力。但是，各种诱惑会伤害我们创业的机体。创业过程中存在许多陷阱，稍不谨慎，轻则遭受财物损失，重则伤及整个职业生涯，不能不引起高度重视。我们需要提高警惕，增强识别和防范能力，在享受创业成果的同时，降低风险，防患于未然。大学生创业，大多白手起家，经历艰难的创业历程，需要思考如何建立和规范风险管理体系，加强对法律风险的控制。

情景案例

聂某、孙某等开设赌场刑事案件

2016 年 10 月，聂某、孙某、郑某三人合伙投资成立新桃源公司，租用某商务中心房间，购置多台计算机等办公设备，聘请符某等六人为技术人员、客服人员和行政人员，从 2017 年 3 月开始先后研发了"幸运大转盘"等三个网络赌博游戏并生成二维码链接，在网上注册、购买域名、租用阿里云服务器后构建起网络赌博平台，并通过建立代理宣传赚取佣金的方式向外宣传扩散。聂某等人分工明确、成员固定。

2017 年 5 月，在校大学生林某登录微信群时发现"幸运大转盘"游戏，得知该游戏可以通过推广获得比例分别为 5%、3%、1%的三级佣金，随即参与。林某收到聂某提供的四个 ID 号，并将其中三个转给其三位同学，林某等四人成为游戏推广代理人员。四人分别非法牟利 21.56 万元、5.09 万元、3.09 万元、0.94 万元。

至 2017 年 6 月 15 日被查获时，三款网络赌博游戏的用户充值总金额约 1.3 亿元，用户提现总金额约 1 亿元，总用户数 311 万多人。在运转涉赌资金过程中共支付第三方公司手续费 85 万多元，利润合计 2503 万多元。在运营赌博游戏平台期间，为便于涉赌资金的流转，聂某等人利用其注册或购买的两家空壳公司与两家第三方支付公司签订移动收单业务合作代理商服务协议，接入银行的移动收单通道；同时，聂某等人通过绑定多张不同户名银行账号至第三方支付公司，从而实现资金流转的目的。

聂某等十三人都表示愿意认罪，但同时为自己做了辩解。

聂某称：涉案新桃源公司成立后，很长时间内是合法经营与电信运营商合作的"SP 短信增值业务"。涉案游戏完全是为了吸引玩家数量，稳定客户流量，为本身定位为互联网公司引进风险投资，完全没有开设网络赌场盈利的主观目的。涉案游戏上线前后，网络上同期出现大量同类题材的游戏。其游戏产品是基于微信平台建立的，游戏的所有进程完全建立在微信平台之上，所有的运营信息都接受微信的跟踪；公司租用的服务器是阿里云服务器，所有的数据均在阿里云服务器中储存并受到严密监管；公司合作的第三方支付渠道是大型的商业银行，所有的钱款流向均经过银行渠道并受到严密监管。其对有未成年人参与并不知情。被告人等属于刚刚毕业的大学生,在创业过程中,年纪尚轻、社会经验不足、因法律知识的欠缺和法律意识的淡薄及对公司的运营行为未能做出准确的刑事法律上的判断而涉案,希望从轻发落。

孙某称:自己虽然是新桃源公司股东,但系公司成立之初从事合法业务的股东,并不是为了从事赌博,也没有直接参与赌博业务,因此,并不能根据股东身份认定为主犯或从犯。自己并无参与任何赃款分配,未获得任何利益。由于互联网有着传播速度快、传播范围广等特点,才导致参赌人员范围广。

郑某称:公司并不以赌博为主,更多的是跟腾讯、百度合作推广对方的游戏。自己虽任公司股东、法定代表人,但公司设立的目的是合法经营,其未从游戏项目中分红。三款游戏在微信平台审核及报备下上线,受微信监管,故影响了对游戏性质的认识。

符某称:自己仅是新桃源公司聘请的员工,对公司的运营未起到决定性作用。其在公司从事的工作,均是听从公司负责人的安排。由于法律意识的缺失,其入职时并不知情公司存在违法的行为。

林某称:自己是在校大学生,与聂某并没有达成协议,只是聂某奖励自己的推广行为。自己在推广"幸运大转盘"时并不清楚这个链接存在网络赌博页面。

思考:

1. 聂某辩解,其网络赌博游戏上线前后,网络上同期出现大量同类题材的游戏,其游戏产品是基于微信平台建立的,租用的服务器是阿里云服务器,公司合作的第三方支付渠道是大型的商业银行,都在这些平台和机构的监管下开展业务,那为什么还会堕入犯罪泥潭?

2. 如何把握创业过程中罪与非罪的界限?

知识要点

一、大学生创业的法律风险

风险是未来的不确定性对实现其经营目标、事业成就的影响。法律风险是创业者必须面对的问题。

1. 创业项目的合法性风险

很多创业者选择的项目本身不合法。比如,信用卡套现、办假证、淘宝刷单、网络传销等,虽然"市场"需求巨大、利润丰厚,但这些项目本身涉嫌违法乃至犯罪,很多人为此付出沉重代价。

大学生在创业过程中,一定要对项目的法律性质有清醒的认识,在商业经营中防范涉刑、涉诉风险。

2. 设立创业主体过程中的风险

大学生创业最简单、最单纯的就是开设淘宝等电商店铺,或者登记个体工商户、设立个人独资企业。这样，创业主体可以一个人搞定。但如果是两人以上共同创业，成立两人以上共同拥有的创业主体的话，则需要成立合伙企业、组建公司（有限责任公司或股份有限公司）等，需要了解创业主体与创业者个人之间的财产关系，已经设立创业主体的其他相关要求。

（1）创业主体与创业者个人之间的财产关系风险。

很多创业者不知道自己公司的性质跟自己的个人财产是什么关系。例如：实际上是合伙企业，投资人却误以为设立和经营的是公司。导致合伙人之间对权利认知错位，合伙人不知道自己要对企业对外承担无限责任，也就是会被追索到自己的个人财产。有的自以为设立和经营的是有限公司，实际上是个人独资企业。"夫妻公司""父子公司"及"一人公司"是实践中常见的中小企业组织形式。投资人误以为"公司是我的，公司的财产也就是我的"，经营中将公司财产与家庭或个人财产混为一体，结果对外发生纠纷的时候可能招致公司人格的丧失，失去"有限责任"的保护。比如，一人有限责任公司的股东如果不能证明公司财产独立于股东自己的财产，应当对公司债务承担连带责任，仍旧会被追索到个人财产。

创业合伙协议非常重要，"没有永远的朋友，只有永远的利益"。在创始人关系好的时候就应当详细约定。约定的内容有项目背景、项目概述、出资、股权比例、各合伙人分工、盈亏承担、薪资、财务管理、决策和表决、股权成熟期、股权稀释、创业项目保护、股权转让、退伙和吸收入伙、清算等多方面的问题。项目背景和项目概述是创业合伙人之间对于项目背景的描述及对未来的构想，是创业合伙人的提纲；出资及股权比例是各合伙人的出资，应当约定出资方式、出资时间、出资方式及未按时出资的违约责任，非货币出资的，应当约定出资的转移期限；股权比例是各合伙人之间股权比例的约定，建议要有控股合伙人；各合伙人分工是将每个合伙人之间的职务承担，通过书面的方式确定下来，不仅是对职务的确认，也为之后的决策和表决打下基础；盈亏承担即对于各合伙人之间的盈亏方式进行约定，包括盈利分配的时间、方式、形式，以及亏损弥补的规则及程序；薪资即合伙人担任职务是否取得报酬；决策和表决同样重要，可以约定公司总的负责人拥有一票否决权等；股权成熟期是目前初创企业很流行的一种约定，是关于初创合伙人离开时的股权回购的条款的约定；股权稀释即引入风险投资和私募股权投资后的股权稀释的约定；创业项目保护是对于初创企业的项目进行保护的机制约定，比如创始合伙人的同业竞争、商业秘密保护等问题；股权转让、退伙和吸收入伙，在创业过程中，肯定存在部分合伙人退出的问题，对于退出的准许、退伙流程、吸收入伙条件、表决和表决程序，必须做出约定；清算涉及公司因为各种原因注销，面临的财产的清算流程和清算规则的问题。

（2）相关行业审批。

从事食品、药品经营等，需要取得食品、药品监督管理部门批准。从事网站经营应当取得国家工业和信息化部颁发的互联网信息服务业务经营许可证，而从事经营性的互联网行业，还应当取得文化和旅游部《网络文化经营许可证》。

（3）初始股东安排与公司结构。

初创企业团队最好有一个核心成员，避免因股权分散而不利于决策。同时，各股东均应有相应的安排，避免在项目谈判及融资时一个股东都不管。初创企业结构应当尽量简单，同时，委派任免权尽量集中在少数股东手里。大股东与管理团队尽量避免重合，同时避免裙带关系严重。初始股权应当考虑到融资及股权激励的份额，在指定创始合伙协议中做出关于代持或者其他的约定。

二、创业经营管理活动中的风险防范

在创业经营管理活动中,需要面对融资、知识产权、商业秘密保护、人力资源管理等事务,需要防范风险。

1. 创业融资

在经营中出现资金不足,是多数企业都会遇到的情形。融资方式包括外部融资与内部融资两大类。其中,外部融资分为直接融资与间接融资,直接融资又分为股权融资(风险投资、私募股权投资、首次公开募股、配股、增发)和债券融资(企业债/公司债、可转债、短期融资券),间接融资又分为银行贷款和吸收合并。而内部融资则又可分为折旧、留存收益及表外融资三种。

不同的融资方式存在不同的法律风险,一次融资在不同环节有不同的法律风险。比如,向银行借贷,可能陷入"高利转贷""违法发放贷款""贷款诈骗"及其他金融诈骗的法律风险黑洞;向民间借贷,可能遭遇"非法吸收公众存款""集资诈骗""票据诈骗"或其他金融凭证诈骗等法律风险。企业要做大做强,免不了各种形式的融资或资本运作,在融资项目管理中注入法律风险管理的理念,对于法律风险的防范起着至关重要的作用。

(1)股权优先条款。一般来说,投资人享有优先分红权,投资人按一定比例取得股息前,公司不得向创始合伙人及其他股东支付分红。同时,投资人还享有新股认购权,当公司发行新股份的时候,投资人有权选择按照约定的价格和条款认购公司的新股份,以保证其股份比例不被稀释。

(2)对赌条款。指投资方与创始合伙人签订融资协议时,对于未来不确定的情况进行的约定。如果约定的条件出现,投资方可以行使一种权利;如果约定的条件不出现,融资方则行使一种权利。实际上,这就是期权的一种形式。一般的对赌条款是基于公司业绩而在投资人和创始股东之间进行股权调整的约定。如果达到预先设定的财务目标,如净利润指标、净资产收益率指标等,则投资人向创始合伙人转让一定股份,如达不到,则创始合伙人向投资人转让股份或者回购股份。

(3)回购条款。投资人要求创业者公司同意其有权在投资完成一段时间之后要求公司按照其投资价款(加上一定比例的回报)回购其股份。一般为交割日后第4年到第6年,届时如公司无法上市,投资人有退出保障。有些情况下,投资人会要求创始人在公司无法完成回购时,以个人财产按照其投资价款(加上一定比例的回报)对投资进行回购。

(4)反稀释条款。指创业者公司将来发行新股的时候,如果新发行的价格低于投资人投资时的购股价格,投资人有权将所持有的股票数量按照约定的方式进行调整。这通常是风险投资方在企业后续进行低价融资时,保护自身利益的一种方式。防稀释条款主要可以分成两类:一类是在股权结构上防止股份价值被稀释,另一类是在后续融资过程中防止股份价值被稀释。防稀释条款的转换价格条款主要分成完全棘轮条款和加权平均条款两种。

(5)创始人的股份授予与股权回购。投资人为制约创始人,让其致力于公司经营,某些情况下会要求创始人先持有其应得全部股权的一小部分,其后,在创始人继续担任公司职务的情况下,按照公司经营情况逐年或逐月实现创始合伙人应得的股份。与之对应,股权回购是指投资人会要求创始人在其雇佣合同期满之前提前离开公司,则公司有权回购其全部或者部分(视创始人离职时间而定)创始人未实现的股权。

(6)创始股东股份转让限制。未经投资方事先同意,创始人不得直接或者间接转让其在公司中持有的股份，同时，投资人还有"股权转让优先受让权"，即，在一定条件下，当创始人或普通股股东向第三方转让其全部或者部分股份时，公司最先，投资人其次，有权选择按照相同的价格与条件优先受让。

（7）核心团队非竞争条款。为了达到制约创始人和关键员工并保证公司良性发展的目的，投资人一般会要求创始人、关键员工和公司签署保密、不竞争及知识产权归属的协议。

（8）员工股权激励计划。创始人要在风险投资进来之前以股权激励作为激励员工努力工作的一种手段，从而使员工的目标与企业的长期发展目标相一致，实现企业价值最大化。

2. 人力资源问题

首先，公司应当与员工签订劳动合同，并为员工交纳五险一金；其次，新招聘的员工应当与原企业解除劳动合同；再次，应当注意竞业限制（包括创始合伙人自身的竞业限制及招聘员工的竞业限制）。为了节约成本、缩短培养过程、迅速上新项目等，企业常常采用"挖墙脚"的方法引进高级人才，并直接利用这些人从原东家带来的技术资料、客户信息等，这就可能遭遇被挖企业的索赔，或遭到被挖企业提起商业秘密、专利等侵权指控。反过来，辛辛苦苦或花大代价培养的人才无端流失，被挖墙脚，企业却不能得到应有的补偿，也是中小企业常遇到的风险。最后，在签订劳动合同前，如果拟招聘员工与原单位有竞业限制协议及保密协议，应当详细分析协议内容，以避免因侵犯其他公司的商业秘密与员工共同承担责任。

3. 知识产权保护

现在，知识产权的重要性越来越明显。创业型企业大多还没有认识到知识产权管理的重要性，更谈不上从战略上进行规划，企业关注的仍是有形资产的管理。由于缺乏战略高度的规划，许多企业成果只申请了中国专利而造成技术流失，专利申请后利用率很低，产业化、商品化程度低。此外，还容易陷入专利"陷阱"与"雷区"，遭高额赔偿，甚至导致企业经营持续受到影响。首先，对于商标、域名及微信公众号等，都需要有注册保护的意识。其次，对于著作权，我国实行著作权登记备案机制，可以直接通过版权登记机关备案获得。最后，在专利方面，可以接受专利代理机构的指导，申请注册专利。

4. 商业秘密保护

商业秘密主要包括设计、程序、产品配方、制作工艺、制作方法、管理诀窍、客户名单、货源情报、产销策略、招投标中的标底及标书内容、计算机软件的源代码及目标代码、准备申请专利的技术方案、已申请但还未公开的专利技术方案等。初创企业招聘员工时要细致考察员工的价值观，对知识产权漠视的人更容易泄露商业秘密。所有员工入职后需要签订保密协议，重要员工需要签订竞业禁止协议。另外，需要筛选重要的信息，进行分级管理，建立完备的文件管理系统。

同时，企业需要为员工提供足够的物质激励和精神激励，使员工有强烈归属感和自豪感。员工离职时，尽可能向其提供公平的补偿。在实践中，不少商业秘密的泄露源于离职员工对企业的报复。

5. 企业规章制度的制定和完善

企业规章制度的制定，对于规范企业员工的行为具有相当重要的作用。员工手册、保密手册的制定非常重要，还有公司的印章管理、合同管理等。

章程是公司的"宪法"，如果可能的话，在公司设立时就在章程中明确设计好创业主体的内部治理结构，在未来企业经营管理过程中，如果遇到争议，能够援引公司章程化解。

三、创业过程中的合同审查

在经营活动中，创业者几乎每天都在不断地谈合同、签合同、履行合同、处理合同事务和管理合同。创业者需要掌握合同签订与审查的相关要点，以巩固和扩大创业成果。

合同审查是指对合同内容合法性的审查。合同内容即合同条款，是对合同当事人权利和义务的具体规定，是合同当事人经协商达成的相互之间应承担的权利（债权）和义务（债务）。在创业活动中，看似布满鲜花，实则异常艰辛，到处都是布满鲜花和嫩草的陷阱，稍不留神，就会"受伤"。交易由一系列合同构成，把好合同的审查关，对于规避创业风险至关重要。合法，具体可行，并符合交易习惯，且不违背公序良俗，是对合同内容的要求。

1. 合同的内容是否合法

审查合同的内容是否合法，主要是看合同内容有无违反国家法律、法规的强制性规定，是否存在损害社会公共利益或以欺诈、胁迫手段订立合同的情形，是否存在重大误解或显失公平，等等。

2. 权利义务的内容是否明确且具有可操作性

例如，某单位联系一家单位为另一家企业提供设备，应当签署三方协议，但该单位为了体现自身在该项交易中所起的作用，在签署合同时把自己和需方共同作为合同一方，供方作为另一方，而合同中没有具体区分该单位与需方之间对于付款义务的承担责任。后来，由于需方经营状况不佳，无力支付设备货款，设备供方就直接将该单位告上法庭。其原因就在于，合同中没有将权利、义务区分清楚，造成该单位的被动。审查合同时，要审查合同双方的权利、义务是否完备、明确，特别是要审查合同标的、数量、质量、价款、履行方式、期限等主要条款。如果这些内容未做约定或约定不明，将对合同履行造成重大风险隐患。

3. 合同内容是否有利于合同履行

合同内容一般包括当事人的名称或姓名、住所、标的、数量、质量、价款或报酬、履行期限、履行地点和方式、违约责任及解决争议的方法等条款。这些条款需要明确、具体，并有利于合同履行。

（1）当事人的名称或姓名、住所。当事人是合同的主体。合同中如果不写明当事人，谁与谁做交易都搞不清楚，就无法确定权利的享受和义务的承担，发生纠纷也难以解决，特别是在合同涉及多方当事人的时候更是如此。不仅要把应当规定的当事人都规定到合同中去，而且要把各方当事人的名称或姓名、住所都规定准确、清楚。

（2）标的。合同对标的的规定应当清楚明白、准确无误，对于名称、型号、规格、品种、等级、花色等都要约定得细致、准确、清楚，防止出错。特别是对于不易确定的无形资产、劳务、工作成果等，更要尽可能地描述准确、清楚；不动产应注明名称和坐落地点。合同中还应当注意各种语言、方言及习惯称谓的差异，避免不必要的纠纷。

（3）数量。在大多数合同中，没有规定数量，合同是不能成立的。许多合同，只要有了标的和数量，即使对其他内容没有规定，也不妨碍合同的成立与生效。一般而言，合同的数量要准确，选择使用双方共同接受的计量单位、计量方法和计量工具，计量单位、计量方法和计量工具要符合国家或者行业规定，根据不同情况，要求不同的精确度，允许的尾差、磅差、超欠幅度、自然耗损率等也不同。对于有形资产，数量是对单位个数、体积、面积、长度、容积、重量等的计量；对于无形资产，数量是个数、件数、字数及使用范围等多种量度方法；对于劳务，数量为劳动量；对于工作成果，数量是工作量及成果数量。

（4）质量。国家有强制性标准规定的，必须按照规定的标准执行，且要明确标准代号全称。可能有多种适用标准的，要在合同中明确适用哪一种，并明确质量检验的方法、责任期限和条件、质量异议期限和条件等。对于有形资产而言，质量亦有外观形态问题。质量条款的重要性是无须赘言的，许多合同纠纷由此引起。合同中应当对质量问题尽可能规定得细致、准确和清楚。

（5）价款或报酬。应当在合同中规定清楚或者明确规定计算价款或报酬的数额、计算标准、结算方式和程序。有些合同比较复杂，涉及货款、运费、保险费、保管费、装卸费、报关费及一切其他可能支出的费用，这些费用由谁支付都要规定清楚。

（6）履行期限。履行期限直接关系到合同义务完成的时间，涉及当事人的期限利益，也是确定合同是否按时履行或者迟延履行的客观依据。不同的合同，其履行期限的具体含义不同。在买卖合同中，卖方的履行期限是指交货日期，买方的履行期限是指交款日期；在运输合同中，承运人的履行期限是指从起运到目的地卸载的时间；在工程建设合同中，承包方的履行期限是指从开工到竣工的时间。正因为如此，期限条款应当尽量明确、具体，或者明确规定计算期限的方法。

（7）履行地点和方式。履行地点应冠以省、市、县名称，交付标的物方式、劳务提供方式和结算方式应具体、清楚。不同的合同，履行地点有不同的特点。在买卖合同中，买方提货的，在提货地履行；卖方送货的，在买方收货地履行。在工程建设合同中，在建设项目所在地履行。在运输合同中，从起运地运输到目的地为履行地点。履行地点有时是确定运费由谁负担、风险由谁承担，以及所有权是否转移、何时转移的依据。履行地点也是在发生纠纷后确定由什么地方的法院管辖的依据。因此，履行地点在合同中应当规定得明确、具体。

不同的合同，决定了履行方式的差异。买卖合同是交付标的物，而承揽合同是交付工作成果。履行可以是一次性的，也可以是在一定时期内的，也可以是分期、分批的。运输合同按照运输方式的不同可以分为公路、铁路、海上、航空等履行方式。履行方式还包括价款或报酬的支付方式、结算方式等，如现金结算、转账结算、同城转账结算、异地转账结算、托收承付、支票结算、委托付款、限额支票、信用证、汇兑结算、委托收款等。履行方式与当事人的利益密切相关，应当从方便、快捷和防止欺诈等方面考虑采取最适当的履行方式，并且在合同中明确规定。

（8）违约责任。违约责任在合同中非常重要，如果没有违约责任，那么一旦一方违约，另一方的权益就得不到有效保护，所以应明确规定违约责任，并且应当明确针对违约责任的具体处理办法，如赔偿金数额或具体计算方法及支付方式等。法律的规定是原则性的，即使细致也不可能面面俱到，考虑到各种合同的特殊情况。因此，为了特殊的需要，为了保证合同义务被严格按照约定履行，为了更加及时地解决合同纠纷，当事人可以在合同中约定违约责任，如约定定金、违约金、赔偿金额及赔偿金的计算方法等。

（9）解决争议的方法。选择诉讼或仲裁之一作为解决争议的方法，不要出现"既由法院管辖又由仲裁机构裁决"的条款，也不要出现"由法院管辖或者仲裁机构仲裁"的条款。约定通过诉讼解决的，还可以约定管辖法院；约定由仲裁机构裁决的，应写明具体仲裁机构的名称。

4. 合同生效条款

合同成立的条件比较容易明确，合同的生效则由于可能涉及法定的审批，所以当事人在理解上可能存在偏差，认为合同一经签署就生效了。一般应当写明："合同自合同双方（或者各方）法定代表人或授权代表签字并加盖单位公章（合同专用章）之日起生效。"如合同有固定期限的，还应当写明"本合同有效期自×年×月×日至×年×月×日止"。对于法律、法规规定应当经批准或者登记后生效的，或者约定须经公证的，应当在合同中写明并及时办理相关手续。

5. 终止、解除合同的条件

当事人意思自治是最普遍的原则，这说明，虽然法律规定了合同的解除条件，但由于并不明确、具体，因此需要当事人在合同中明确这些条件，包括解除合同后的条款，如违约情形、违约责任、违约所产生的损失范围及补偿、对于可预期利益范围的界定等，避免将来产生争议。

6. 保护性条款

合同中除设定违约责任外，还应当设置其他的保护性条款，特别是合同标的额比较大、履行周期比较长的，可以考虑设置定金条款、履约保证金条款、抵押和质押条款等，从而减少风险。

7. 合同解释条款

对于涉外合同或者存在多个补充协议的合同，应当设置合同解释条款，或设定当合同条款相冲突时以何种语言的文本为准，或设定不同文本的效力顺序。如建筑工程施工合同往往还包括招投标文件及履行过程中的补充协议，因此，设定解释顺序尤其重要。

8. 清洁文本条款

在签署合同过程中应注意：当合同中有清洁文本条款时，合同中的所有条款文字与数字（签署人签字、时间签署与盖章除外）均应当事先打印完成，不得在合同签字过程中出现合同正文内有手写文字或者空白未填写的情况存在。合同中应当写明："本合同正文为清洁打印文本，如双方对此合同有任何修改及补充均应另行签订补充协议。合同正文中任何非打印的内容无效。"

拓展阅读

大学生创业团队涉嫌犯罪

付某、陈某、何某均为软件专业毕业的大学生，毕业后自主创业，成立了一家网络科技公司，主要经营软硬件批发、软件开发、网站设计维护等业务。2018年3月，他们接了一单"生意"，应客户要求设计了几家银行"伪网站"。结果，客户利用伪造的银行官网套取用户个人信息，盗刷信用卡。三人以为不会"引火烧身"，却因涉嫌帮助信息网络犯罪活动罪被公安机关立案侦查。

2018年3月，付某经人介绍加入了一个QQ群。"你们能帮我设计网站吗？"群里一个客户向付某发来消息，并把域名源码发给他。付某惊讶地发现，客户希望他仿制包括中信银行在内的几家银行的官网页面。具体要求为：界面与官网一致，普通用户无法从外观上辨别网站真伪；用户在该网站上可以进行各项常规的操作，但网络后台不连入银行系统；该客户掌握网站的管理权限。

"这不就是伪网站吗？他们不会是想利用网站从事不法活动吧？"付某心生怀疑，但想到大伙处于创业初期，起步艰难，急需资金，何况并未实际从事不法活动，只是单纯设计网站，应该不属于违法行为。抱着侥幸心理，他为客户设计网站并多次变换域名。

一个月后，中信银行向公安机关报案，称有不法分子利用伪造的银行官网非法获取客户信息，导致客户信用卡被盗刷。随即，公安机关通过技术手段锁定了伪网站的 IP 地址，付某等三人被抓获归案。

"你帮助制作伪网站的行为已经构成犯罪，并且构成的是《刑法修正案（九）》新增罪名——帮助信息网络犯罪活动罪。"听完检察官对罪名的解释，付某后悔不已，他说："我真的没有想到自己的侥幸心理会给他人和社会带来如此大的危害。"

为最大限度地保护大学生的创业热情，维护这个初创企业的正常稳定运营，5月4日，武汉市江岸区检察院结合证据，在区别界定三人主观故意和客观行为的基础上，对付某做出构成犯罪不批捕的决定，对陈某做出事实不清、证据不足不批捕的决定，对何某做出无罪不批捕的决定。

"在创业过程中，要严守法律底线，在守法的前提下稳扎稳打，才能创造出属于自己的锦绣前程。"在做出不批捕决定的同时，检察官语重心长地提醒三名青年创业者。

思考和讨论：
大学生创业为什么要守住法律的底线？

实践练习

调查发现近五成创业大学生不清楚合同诈骗及形式

2013 年 12 月，当时还在桂林航天工业学院就读的刘晨和同学一起创业，筹划开展手机销售业务。经朋友介绍，刘晨结识了一位在学校开有实体数码店、"挺有实力的"供货商赵刚（化名）。

赵刚自称是某品牌手机桂林市的代理商，并出示了自己的营业执照和向其他人订购手机的合同。赵刚还告诉刘晨，刘晨认识的两个朋友都跟他有过交易。种种信息让刘晨逐渐相信了赵刚。2013 年 12 月 16 日，刘晨和他的创业团队决定向赵刚订购 220 部手机，对方保证在 5 天内交付完手机，但约定的时间过去，这批货却迟迟没送到。

之后，赵刚又以只要下新单，就可以让厂家恢复正常供货为由，不断催促刘晨的创业团队继续投钱下单，刘晨前后共计投入 39.6 万元订购了 720 部手机，最后却只拿到 50 部。

在与桂林地区其他院校的大学生创业团队沟通后，刘晨才得知自己并不是唯一"被坑"的人。桂林电子科技大学、桂林理工大学和广西师范大学漓江学院等院校的多个大学生创业团队都有类似遭遇，赵刚未履行的货款金额达 270 余万元。

2014 年年初，"被坑"的大学生创业者向桂林警方报案。但是，由于交易合同签订不完善，甚至有的学生团队在交易时根本没有签订书面合同，交货时的凭证也保存得不够完整，使调查取证非常困难。赵刚被警方拘留一段时间后，桂林市七星区检察院以证据不足为由做出不予批捕的决定。

广西艺术学院大三学生杨朔也曾创业"被坑"。作为广西钰天大学生创业联盟的负责人，杨朔"休学 3 年创业，也走了 3 年弯路"。

2014 年暑假，自称某劳务派遣公司员工的张达（化名）找到杨朔，表示可以在暑假介绍大学生去广东兼职打工，希望杨朔帮忙招人，给他一笔佣金。

当时正处于创业起步期的杨朔和创业伙伴相信了张达。为保险起见，双方第一次合作时只招了 24 人去广东工作，钰天大学生创业联盟的一位负责人也一起陪同过去。

被招募的学生去广东后，杨朔发现用人单位"已招满人，不需要了"。此时，杨朔才明白自己和创业伙伴"被坑"了，想找张达"要个说法"。但是，由于钰天大学生创业联盟并未注册为企业或组织结构，他们与张达所属公司签订的合约并不具有法律效力。无奈之下，杨朔和创业伙伴只好自己掏钱把当初招募的学生接了回来。

被合作伙伴欺骗后，刘晨和杨朔曾向公安、市场监督管理等部门反映过情况，但由于签订的合同不具有法律效力，或因为未保存完整证据等原因，他们的维权道路非常艰难。

【实践活动】

认真阅读上述案例，组成小组，开展案例讨论。小组成员以 5~8 人为宜，男生、女生结合。每位组员轮流提出讨论的问题，引导其他组员讨论。

下列议题供参考：

1. 案例中的创业大学生为什么会遭遇创业陷阱？
2. 如何防范案例中的创业风险？
3. 我们身边还存在哪些创业陷阱？
4. 应对创业风险和陷阱，需要采取哪些措施？

第6章 初创企业财务管理

学习目标

知识目标：
1. 了解大学生创业启动资金取得的渠道。
2. 熟悉创业启动资金的筹集方式和利弊。
3. 掌握创业资金筹集的途径，分析并选择适合自己企业的资金筹集渠道。
4. 熟悉创业成果的分配方式，以及不同分配方式对创业者及投资者的激励作用。
5. 掌握创业成果的具体分配方法。

能力目标：
1. 能够准确认知自身所在初创企业创业资金的获取途径。
2. 能够科学地选择较低资金筹集成本的方法。
3. 能够运用资金筹集的相关知识，运用于创业实践。
4. 能够运用科学的方法分析适应自身企业的成果分配方式。

素养目标：
1. 培养学生对创业资金的获取能力。
2. 树立资金筹集的成本意识，做好企业现金流预算，避免因资金链断裂影响企业正常运营。
3. 树立分享意识，不独占、不独享。
4. 提高对人性的认知，用互联网思维把成果分享运用于自己的企业。

6.1 创业资金筹集

知识概要

创业资金筹集是创业者必须面对的现实问题，初创企业往往在资金管理方面存在一定的问题。初创企业的运营过程，就是围绕企业向外部提供产品和服务的过程。资金是企业赖以生存的"血液"，企业管理的每个环节都会涉及资金管理，资金管理在企业管理中具有重要的作用。本节内容介绍了创业资金筹集的类型和创业资金获取的渠道，有助于提高大学生加强创业资金预算的能力，得以更加有力地促进初创企业业务的正常开展，进而把握创业机会，实现创业目标。

情景案例

筚路蓝缕，妙笔生画——宜春学院李京俊创业案例

李京俊，1998年3月出生，内蒙古巴彦淖尔人，宜春学院美术与设计学院视觉传达设计专业2020届毕业生，现为江西省宜春市袁州区妙笔生画艺术培训中心有限公司总经理。

李京俊是一个地地道道的农家子弟，1998年出生在内蒙古巴彦淖尔五原县，家中历来务农为生。18岁时，他只身一人远赴江西读书。在宜春学院读书的第一年，他在空闲时间进行校外兼职，找了一份工作养活自己。他一边打工一边想：江西的企业如雨后春笋，而且有的人也是白手起家，然后逐步发展壮大的，他为什么就不能像那些企业家一样办一个企业呢？通过多种途径进行市场调查，他最终将创业项目锁定在自己熟悉的专业领域——少儿美术培训。

俗话说，万事开头难。企业刚创办时，只有他一个"光杆司令"，他既是采购员、推销员，又是教师和搬运工。为了添置设备筹资金，他曾经跑遍了银行找寻贷款，却因为外地人的身份吃了闭门羹。运营成本把他逼得团团转，四处找人帮忙。学校得知他的情况后，向他伸出了援助之手，对他提供大力的支持，不仅场地租金减免，还为他申请了5万元创业无息贷款，为他解了燃眉之急。2018年，在创新创业学院的大力支持下，公司终于开始走上了正轨。2019年，在学校的帮助下，他又进一步扩大了企业规模，凭借自己的努力，企业发展步入了一个新的天地。公司拥有员工89人，其中大学本科毕业生32人，带动在校大学生兼职就业57人，实现营业收入800多万元，为地方经济发展做出了贡献。

为了确保产品符合客户需要，他常常自己亲自操作，掌握课程要领后，再传授给聘请的教师。他在生产中不断摸索，进行技术创新，从客户需求的角度研发各类教学模式及新颖课程，逐步获得了客户的信任。技术创新带来了丰厚的回报，作为带头人，他把

创新作为一种新的动力推动公司发展壮大。他创办的宜春市袁州区妙笔生画美术培训中心有限公司成为"江西省美术家协会美术考级宜春指定考点"、希望颂——第四届全国青少年书画艺术大展暨"文房印象"杯全国青少年书画网络选拔展分展区、全国青少年绘画大赛宜春指定考区、全国绘画优秀作品分展区。

有的人对他说："你现在是一个老板了，该享受享受了。"听到这样的话，他总是一笑了之。平时除喝茶、学习之外，他几乎没有其他的爱好。赚到了一点钱，他首先想到的不是讲享受，而是富而思源，把有限的钱用到扩大再生产上，用到需要帮助的人身上。听说宜春中心城区为成立市级关爱基金到处筹集资金，他主动捐出了3000元，用实际行动让大家看到了他的爱心和责任感。

思考：
1. 李京俊创业初期遇到了哪些困难？他是怎么得到解决的？
2. 该案例对你产生了哪些启示？

知识要点

大学生创业、创新，初创企业求生存、图发展，资金筹集至关重要。现金流是确保企业各个运营环节顺利实现的关键。在创业初期，由于企业自身产生现金流入的能力缺乏，必然需要融资来满足企业的发展。在当前经济环境下，企业有多种融资渠道、融资方式，也不可避免地产生了各种融资风险。因此，正确认识自身企业面临的实际情况，选择适合企业生存发展的融资渠道，完善财务状况，是创业者需要面对的一个重要课题。

一、大学生创业初期融资的挑战

虽然相关政府机关出台了许多有利于大学生创业者融资的政策，但"融资难"仍然是大学生创业者面对的一道坎。通过融资来解决创业资金短缺是他们的必修课，也是他们面对的首要问题。但是，融资并非一个轻而易举的过程，其中面临诸多挑战。

1. 创业本身的不确定性

创业本身有一定风险，面临比较大的不确定性。专家经过调研和观察发现，初创企业的不确定性比其他企业要高得多，而且，初创企业在面临复杂的市场环境时，缺乏应对的经验和能力，组织竞争能力比较薄弱，难以抵抗较大的风险。在创业的道路上，创业者面临各种不确定因素，包括市场的不确定性、资金的不确定性、竞争对手的不确定性、团队的不确定性等，这些都给创业者带来了一定的阻碍。因此，对于创业者来说，在创业前需要准备一定的资金、人才与设备等，保证自身的财务基础与竞争力，来应对瞬息万变的市场。

2. 大学生融资能力不强

大学生创业群体自身管理基础薄弱，融资信度不高，造成融资渠道单一的情况。一般的创业启动资金都是以创业者自身的储蓄和银行部分小额贷款为主的，而初创企业借款的特点是"少、急、频"。银行等金融机构常常因初创企业贷款监控成本高、风险大而不愿放贷。

在政府的大力支持下,很多金融机构相继出台了一系列针对创业贷款的优惠政策,但普遍反映支持创业的贷款风险较高。而且,由于大学生创业成功率较低,缺乏抵押品,因此风险投资者、民间资本也不愿意对缺乏社会经验的大学生创业者提供资金支持。

3. 对融资渠道了解不够

很多大学生创业者没有系统学习过融资方面的知识,在融资方式和渠道方面存在一定的知识盲点,在开始创业的时候,特别是出现资金短缺的时候,往往只能简单地求助亲朋好友及向银行贷款。他们对于通过其他金融机构进行融资,比较担心。创业者较少想到利用其他的工具和渠道进行融资,甚至根本未涉及其他新型融资渠道。创业者的初期融资渠道大多是自有储蓄、他人资助和银行贷款,这是融资的主流。实际上,创业融资的渠道有多种,如民间资本、风险投资、融资租赁等,这些渠道有些甚至是新兴的事物。部分大学生创业者依然保持传统观念,对融资渠道缺乏广泛的、深刻的认识,他们将银行资助视为解决创业资金短缺难题的较为保险的手段,而这将使他们面对贷款额度较低、审批手续烦琐等一系列困难。

二、大学生创业融资渠道

1. 自有储蓄

一般人首次创业的创业资金多数来源于自己的储蓄。根据对广州创业大学生的数据分析,自有储蓄占创业资金的58%,是大学生创业融资的首选。自有储蓄,顾名思义,就是在日常生活中慢慢积累起来的资金。创业者将自己部分或者全部资金投入创业活动中的过程就是一个自我融资的过程。初创企业规模较小,效益不稳定,难以形成对信贷资金的吸引力,所以很难利用银行借款、发行债券等比较传统的融资方式来取得创业启动资金。因此,自有储蓄是大学生创业融资的一个非常重要的途径。以自有储蓄作为创业启动资金的案例不少,华为老总任正非就是其中一个。任正非,刚创业时在经营中被骗了200万元,还背负200万元的债务。1987年,任正非与几个志同道合的中年人,以凑来的2万元人民币注册资本创办深圳华为技术有限公司,在一间破旧厂房里,主营电信设备。30多年来,在任正非的带领下,华为一路高歌猛进,将通信行业众多国外跨国巨头甩在背后,营业额从2007年的仅为920亿元增长到2021年的6368亿元,翻了好几倍。2012年营业额首次超过瑞典的爱立信,华为从此成为全球通信设备排名第一的企业。虽然华为很成功,但使用自有储蓄资金作为创业初期的启动资金仍然被许多人认为是非常不明智的。对于刚刚踏入社会不久的大学生来说,其本身自有的储蓄并不多。

将自有储蓄作为创业的启动资金,具有成本低、融资速度快和使用时间长等优势。如果创业初期的启动资金来源于自有储蓄,不仅能保证资金使用的安全,也能减轻成本方面的负担;但前提是创业者必须确保自身有足够的资金用于创业,否则可能资金链断裂,造成创业失败;而且,自有储蓄金额本身有限,未必能达到创业所需,也未必能为创业初期融资提供长期性的保障。与此同时,创业初期具有很多的不确定性,当需要资金补充缺口时,自有储蓄不能作为坚实的后盾。对于刚步入社会不久的大学生而言,这种创业融资渠道并不是最优的选择,该融资方式比较适合出来工作一段时间,积累了一定社会财富和有足够闲置资金的创业人群。

2. 合伙人出资

合伙创业是指两个以上的创业者通过订立合伙协议,以"共同出资""合伙经营""共享收益""共担风险"为目的的一种无限连带责任的创业模式。创业者选择创业合伙人,一方面能够扩大自己的资金筹备与经营规模;另一方面能够发挥团体的优势,在创业的过程中相互帮助和监督。合伙是以经营共同事业为目的,出资是合伙创业能够开始的物质基础。在合伙创业的具体过程中,如果在出资的环节产生问题而没有彻底解决,那么接下来的环节必然受到影响。

在创业融资的起步阶段,那些规模并不大的企业,在银行贷款和民间投资方面都不易筹集到资金。因此,如果企业创办和发展中需要的资金可以依靠合伙人出资、企业积累和民间借贷,对于缺乏创业经验和人际关系网络的大学生而言,合伙出资不失为一个高效的融资渠道。随着现代经济的飞速发展,创业者选择创业合伙人共同创业的趋势也逐渐明显。相比个人单独创业,找到合伙人共同出资创业、共同承担风险,可以说具有显而易见的优势。所谓"人多力量大",更多的人聚集在一起合伙创业,这种合伙人共同出资的形式不仅可以迅速、有效地聚拢资金,缓冲创业起步阶段的资金压力,也能够充分发挥各个合伙人的力量,使各个方面的资源得以高效整合、利用,在最短时间内产生生产能力。另外,合伙创业的形式还能够很好地分散创业风险。合伙企业是由各个合伙人一起出资建立的,如果企业盈利就依照各自出资的比例来分配利润,如果企业亏损或者负债,也照此分担损失和债务。由此看来,合伙人个人的损失降低了;对于创业者个人而言,创业的整体风险也有所降低。在发挥人才优势方面,合伙创业的形式可以说是能够做到淋漓尽致。创业团队的各个合伙人,可能拥有不同的专业背景、不同的知识储备,拥有不同的实践经验和社会阅历,掌握着不同的社会资源。在这种情况下,当合伙人为同一个企业尽心效力时,产生的力量和效率必然大于创业者单枪匹马地干。然而,合伙创业的缺陷也是无法避免的。合伙人多意味着容易产生分歧,也可能因为权利与义务不对等而产生矛盾。一般情况下,合伙创业的各个创业者都直接干涉企业的管理事务。当工作能力并不匹配甚至无法胜任某个重要管理岗位的合伙人,执意要发表"重要个人意见",而其他合伙人并不能与之统一意见时,这种合伙人之间的意见分歧会拖延解决问题的时间,进而影响决策及执行。当企业出现危机时,在追责的过程中,创业者可能推诿责任,甚至指责其他人的过失。这种情况很容易使合伙人之间产生信任危机,不利于继续合作,阻碍企业顺利发展。在利益分配方面,合伙人也经常出现矛盾。随着企业的发展,创业成功后带来的盈利资金如何分配成为困扰每个合伙人的问题。当企业产生利润,按照投入占比进行分配时,可能会有合伙人产生心理不平衡的现象。例如,有些合伙人在创业初期,尽管出资比较少,然而在企业的发展过程中利用其自身的知识储备或者社会资源投入了比其他合伙人更多的、更有效的"无形资源",而这些"无形资源"的投入在最后分配产出的时候并没有被量化成出资额。这种情况会让这些合伙人产生劳动成果不被认可的心理,更何况最后利益分配不均本身就非常容易导致合伙人之间产生矛盾。

3. 亲情融资

在创业之初,大学生采用亲情融资方式,即向家人和朋友借钱用作启动资金是最常见、最简单,也是最有效的方式。大学生创业群体涉世不深,甚至有些是刚走出校园大门的大学毕业生,他们缺乏社会实践经验,尚无成型的人际关系网络。相对来说,创业在启动时期并不需要大额的资金支持,有感情基础的亲朋好友一般会慷慨解囊,为创业大学生提供启动资金。

虽然从家人、朋友那里借钱获取创业启动资金是相对简单、有效的,但也存在一定程度的缺陷。在一般情况下,创业者应该尽量周全地考虑到投资在积极、消极两方面的影响,在资金投入方向、投入风险、产出效益周期等各个流程上做好评估和规划，并最后形成一份正规的协议，将此类信息事无巨细地展示给提供资金的亲朋好友，避免双方信息不对称。中国人重视亲情和友谊，亲情、友谊的存在，让以向亲友借款的方式筹集资金的创业者更容易获得资金的支持。家庭是市场经济三大主体之一，在创业中起到重要的支持作用。在我国，以家庭为中心，形成了亲缘、地缘、文缘、商缘为经纬的社会关系网络，这种网络对包括创业融资在内的许多创业活动产生重要的影响。毋庸置疑，亲人和身边的好友之所以愿意慷慨解囊，为大学生创业者提供原始资金，绝大多数是基于与创业者的私人感情，而这种私人感情建立在互相认识与了解上，有助于克服个人投资者面临的一种不确定性——缺乏对创业者的了解。

亲情融资的最大好处之一就是一般不需要承担利息，这样降低了创业的成本，而且融资成功率极高，能更快拿到钱。亲情融资突出的优点在于一般不用支付利息或者利息比较低，而且不需要质押物。另外，亲情融资是以双方感情作为合作的基础，在一般情况下，投资者不会中途撤资，而且一般都是一次性提供创业者所需的资金。在创业初期，创业者在缺乏正规融资的抵押资产、缺乏社会筹资的信誉和业绩的情况下，从家人、亲戚、朋友处获得创业所需的资金是非常有效、十分常见的融资方法。

对创业者而言，亲情融资的方式固然有着明显的好处，但也有着无法避免的弊端。创业过程中出现困难，甚至创业失败是缺乏经验的大学生创业者必须提前想到的，也可能是他们会面临的现实结果。如果创业过程中出现问题或者创业失败，无法产出经济效益，按时还款给亲朋好友，有可能动摇大学生创业者与他们之间的合作基石——感情，甚至导致双方亲情、友情破裂的结果。另外，向亲友借钱创业，亲友可能插手公司的管理和相关的事务，这方面也需要大学生创业者做好计划与平衡。所以，在权衡利弊之下，这种创业融资方式比较适合亲友间关系良好、感情基础较为扎实的创业人群。

4. 创业大赛——奖励资金

大学生参与团队创业比赛，能够在较短时间内有效提升创业意识、创业综合能力。而且创业大赛一般会根据成绩排名，为获奖团队颁发奖状和相应的奖励资金。另外，创业大赛对获奖的参赛项目，一般会采取"奖励+扶持"的方式。除给予相应的奖金外，很多地方规定，获奖创业项目若落地转化，可免于评审，可直接申请大学生创业资助资金。这对于打算创业的大学生而言，是一种帮助，也是一种契机。但是，创业大赛获奖的项目有限，不是每个项目和团队都能在创业大赛中获奖并得到奖励资金，若想通过这种渠道去获得资金，需要一段时间的努力和较强的创新创业意识。并且，创业大赛一般是以团队的形式参与，资金奖励给团队且非常有限，不能提供持续的、稳定的支持。所以，对于刚起步的大学生创业者来说，这有一定帮助，但对资金需求较大的企业和起步较慢的企业而言，具有一定的局限性。

5. 民间资本——天使投资

"天使投资"一词起源于美国纽约的百老汇。起初，"天使投资"是特指一些有钱的人掏钱帮助那些具有社会意义的公益演出行为。为什么叫作"天使投资"？这是因为，在那些对社会充满希望、满怀理想而又缺乏资金的演员看来，投资者及时为他们提供资金帮助，仿佛天使降临一般。

天使投资在美国还有个别名叫"3F"（Family、Friend、Fools，家人、好友、傻瓜）。不难理解，这个词的意思是，对于初次创业的人来说，需要家人、好友和傻瓜的帮助。之后，天使投资被延伸到对初创企业进行投资的范围，投资初创企业必然具有高风险，但投资人愿意对其进行投资，看中其高收益的一面。天使投资其实就是权益资本投资的一种形式，是指富有的人群通过将自有资金投资于具有专门技术或独特概念的原创项目或小型初创企业，从而获得盈利的一种投资形式。该投资行为通常是一次性的前期投资，且投资金额不大。天使投资者对风险企业的了解程度不深，基本上依照主观的好恶来决定投资方向，存在很大的风险。天使投资一般是以个人的名义进行的。不过，天使投资者自发组织成天使团体或天使网络的形式也在蓬勃发展，这样有利于分享研究成果，以及聚集资金，提高投资的针对性。

当创业者在创业过程中耗尽自有储蓄、银行贷款或者从家人朋友处借来的资金时，天使投资是一个很好的后期资金补充渠道。根据美国新罕布什尔大学风险研究中心的研究，大约三分之二初创企业的资金来源于天使投资者的投资资金。由于天使投资者使用的是自有资金，所以商业合同是可以协商更改的。这样一来，相较于传统的风险投资或者银行贷款合同，天使投资合同更加具有灵活性，所以天使投资者成为很多创业者的理想资金来源。许多天使投资者自己曾经就是创业者，他们不仅可以提供资金支持，还能够提供专业知识和人脉来促进初创企业的发展。而且，一般的天使投资无须缴纳高额的月度费用，如银行贷款和信用卡的借贷利息，这样有利于创业者将时间和精力集中在公司的管理和发展上。虽然天使投资对初创企业是个很好的融资方式，但如果天使投资者投资的公司没有带来预期的收益，他们不会继续追加投资，因此可能导致初创企业后期资金不足，造成创业失败。许多天使投资者在投资一家初创企业时，会以获得股权作为提供启动资金的条件，一般要求获得的股权份额为10%或者更多，并希望在退出的时候获得高额的资金回报。所以，在创业过程中，他们可能插手公司的管理，过分控制公司的运营，导致双方不欢而散。

作为天使投资的投资方，该种投资模式比较适合没有财务负担的人群（比如，还没成家的投资人士，在投资创业项目的时候，无须考虑家庭层面的问题，可以以稳定的心态去面对创业项目），以及没有创业经历的人群。缺乏创业经历的人群在投资创业项目的时候必然会去深度观察他们的投资对象，该观察过程对于无创业经历的投资者而言是一个很好的了解创业市场的方式，可以为以后投资其他创业项目打下坚实的基础，提高自身对于投资创业项目的精准度，同时为以后提高投资的回报率积累经验。

6. 银行贷款——小额贷款

银行贷款指的是银行以一定的利率标准将资金贷给资金需求者，贷款者在规定的期限内归还本息。站在大学生创业者的角度，对资金的需求不同，对融资渠道的选择就不同。如果需要风险低、成本低的创业启动资金，银行的小额贷款是最合适的。银行为中低收入阶层提供小额度的持续的信贷服务，以贫困或中低收入群体为特定目标客户。小额贷款利率较低，在一定程度上满足了有少量资金需求的创业者，可以在一定程度上降低创业者的压力。创业者无须提供等值的抵押物或担保。银行根据不同创业者的信用程度，给予一定比例的贷款，以满足不同层次创业者的需求。对于急需钱但无任何抵押和担保的创业者来说，如果其信用额度较高的话，可以获得贷款。小额贷款的还款方式比较灵活。银行会根据创业项目、信用度对创业者的还贷能力进行评估，给创业者提供灵活多样的还款方式。从小额贷款的这些特点来看，是最受大学生创业者欢迎的。但是，创业贷款市场需求大，因此此类贷款的申请门槛比较高。申请人多，但审批通过，成功获得小额贷款的人比较少，原因在于，银行毕竟是商业机构，首先考虑的是资金的安全。出于对贷款资金安全的考虑，银行往往把门槛抬高，使其具有一定的申请难度。

从对广州创业大学生的融资渠道分析可以看出,大学生创业者从银行贷款的占比不高,仅9%,主要是因为大学生创业群体一般很难符合申请条件。因此,对于刚刚创业起步的大学生而言,该种融资方式并不是最优的选择,其比较适合创业经验丰富的人士,因为他们更能赢得银行的信任。

拓展阅读

滴滴打车的创业之路

"滴滴打车"的出现改变了传统的路边拦车的打车方式,利用移动互联网的特点,将线上与线下相融合,从打车初始阶段到下车使用线上支付车费,建立培养出大移动互联网时代下引领的用户现代化出行方式。滴滴打车创立24个月,上线仅18个月,成长为估值10亿美元的公司。滴滴打车创始人程维分享了滴滴打车如何利用移动互联网撬动一个封闭保守的行业?如何在短短两年内成长为10亿美元的公司?

处处碰壁的初创期

在北京,打车非常痛苦,北京的冬天太冷,创业团队觉得做基于地理位置的打车产品是能解决用户痛点的。我们一共投了80万元进去,刚创业时却处处碰壁。刚立项时我们就去见了VC(风投公司),一共见了中国大约23家以上的VC吧,由于项目太过于超前,而且产品没有上线,这个概念又很新,几乎找不到市场上对标的模式,没有一家VC要投资我们。

那时候真的很惨,我们产品只能用于演示,但我们坚持这么往前走。当时我们对技术的认识还很粗浅,后来花了很大力气补足了技术短板,很快公司投入的80万元人民币就花完了,最后借了30万元,大概花了110万元。当时所有的员工月薪都只有5000元,只要来我这里的每月工资就5000元,不满意就走。

火箭速度般地冲刺

移动互联网比互联网速度还要快5倍。如果把互联网比作"飞机",那么移动互联网就是火箭,要么一飞冲天,要么狠狠地摔下来,死得比谁都快。关于商业模式,我们一开始就非常清晰,要做可以规模化、上量的平台。如果产品的量没直线上升,那就说明需求点找得不准,因为用户变迁是井喷的东西。做滴滴打车时,我们有几个不做。第一,滴滴打车不做硬件,如每台出租车上放一台Pad或者智能终端。第二,不做支付,大家都喜欢说交易的闭环,要把支付绑定起来,但是在2012年的社会大环境中,移动支付还不普及,用户支付有障碍的话,也会影响规模化起量。第三,不做加价……滴滴打车做着做着,市场上就有了越来越多的竞争对手,要把一个最简单的产品做到全国范围,这在创业早期,对于我们来说是最艰难和最重要的事情。

公司的很多业务都是平台业务,平台业务只有一个壁垒,那就是规模。在这个市场上,要把规模做到极致,每天都要往前冲。我们当初争抢司机时,所有的方法都用了,包括去出租公司宣讲、去各大火车站守着、去各大宾馆及司机吃饭的地方和加油站宣传,凡是能去的地方我们都去了。

我们有几个移动互联网产品的核心设计原则，一是紧紧抓住应急需求，消灭二级菜单，实现用户零等待；二是让所有的小白用户都要用起来方便；三是要把距离因素用到极致。刚开始做滴滴打车时，第一版的产品体验很不好，页面下面有导航、车流提醒等，后来产品进行改版，坚持把语音做到极致。做预约订单，你会看到下面有两个按钮，一个用于做即时订单的，另一个用于预约，就这两个按钮，简简单单，一目了然。关于叫车，我们用用户真实的声音来实现，这样订单的真实性立刻就上去了，司机们也能听到各种各样的声音，甚至对于地方用户，有的还用方言叫车，司机们会觉得有趣和真实。

拼刺刀中成长

滴滴打车在飞速成长，市场上也有其他的打车应用在跟进，大家自然会碰到一起。各种竞争自然是免不了的，我们经历了区域战、价格战、融资战……每一场战斗都会"拼刺刀，刀刀见血"，但每一场战斗后，我们的团队都有成长，而且用户整体都被教育了。可怕的是，市场也因为价格战，两个月就渗透完了，因此新的创业者很难从这个市场再进入了。这个事情为我们市场奠定了非常好的基础。

思考和讨论：
1. 请分析滴滴打车创业不同阶段面临的风险是什么。
2. 滴滴打车取得创业成功的原因有哪些？

实践练习

实践活动 1：思考和讨论
1. 结合自己的创业构想，思考创业者如何筹集创业启动资金。
2. 讨论创业者在企业运营过程中如何实现正常的现金流。

实践活动 2：启动资金需求分析
活动内容：预测创办企业的资金需求，确定资金筹集渠道。
活动形式：4～6人一组，角色扮演。
活动步骤：
1. 每个小组用1分钟确定经理，由经理分配成员角色。
2. 经理带领团队开展5分钟头脑风暴：开办一个花生油生产企业需要在哪些方面投入资金？
3. 列出所有需要投资的项目。
4. 把项目所需具体物品分类列表，测算每类物品的价格、数量，并汇总计算各项目所需资金总额，填写在资金使用计划表中。
5. 经理带领团队讨论自己团队可以筹集到资金的可能性和数量、所在地区的贷款政策，确定资金筹措的渠道。
6. 填写资金筹措渠道表。
7. 各组提交资金使用计划表和资金筹措渠道表，派一名代表阐述本组观点。

活动要求：
1. 各组经理负责本组活动的组织和管理，要求每位成员必须分担不同的角色和职责。

2. 各组必须在规定时间内提交资金使用计划表（如表 6-1 所示）和资金筹措渠道表（如表 6-2 所示），逾时不予考评。

表 6-1　资金使用计划表

项　目	具体项目	金额（元）	比例（%）
房租	厂房、办公室等的租金		
固定资产购置	企业用地、建筑物、设备等		
原材料采购	原材料成本、运输费用、半成品成本等		
人力资源	工资、保险费等		
营销费	广告费、加盟费、市场推广费		
……	包括市场调查费、培训费、工商注册费等		
合　计			

表 6-2　资金筹措渠道表

筹措渠道	注意事项	金额（元）	比例（%）
自有资金	易获得、成本低		
私人拆借	利率较高		
银行贷款	利率合理、限制条件多		
……			
合　计			

6.2 利润分享计划

知识概要

初创企业利润分享是企业对经营成果的合理分配的一种分享模式。企业是一个发展平台，形形色色、各种各样的自然人和组织机构都会依附于企业而生存和发展，并从企业发展的历程中，分得自己应该享有的那部分成果。通过对本节内容的学习，可以充分了解当前创业成果的分享模式和机制，每一位创业者可以依据自身企业所处的发展阶段，为企业量身打造合适的利润分享计划，从而实现企业发展与个人发展相统一。

情景案例

华为的员工持股计划

在 2021 年的华为市场大会上，华为确定了 2020 年的股票分红，预计每股 1.86 元。对比上一年，华为 2019 年股价为每股 7.85 元，其中每股分红 2.11 元。此外，根据华为内部财务系统统计，2020 年华为总营收 1367 亿美元，增长 11.2%，利润 99 亿美元，增长 10.4%。

华为财务数据每年都披露两次，一次是 1 月初未经核准的内部实时统计，便于统计各部门的业绩，另一次是经过核准后，按上市公司的要求（虽然是非上市公司），予以公开。

华为此次一共分红多少钱？2018 年华为的总股数高达 222 亿股，这两年总股数只增不减，华为此次起码分红了 400 多亿元。

华为 2019 年年报显示，公司通过工会实行员工持股计划，员工持股计划参与人数为 104572 人（截至 2019 年 12 月 31 日），参与人均为公司员工。员工持股计划将公司的长远发展和员工的个人贡献及发展有机地结合在一起，形成了长远的共同奋斗、分享机制。

为什么华为的员工持股计划如此引人注目？

首席执行官和一般员工收入的差距，在全球都大得惊人。像这样财富分配不均的现象，长期以来一直是经济圈和政治圈讨论的主题，但现在就连企业界也开始讨论起来。2014 年国际货币基金组织研究指出，过度的不平等会使经济成长趋缓，行为经济学家也表示这种情况有损员工的士气和生产力；此外，如果发放大笔的高层红利，对公司的公关形象而言简直就是噩梦一场。

在这个讨论中，利润分享计划就成为可能的解决方案，既能处理财富分配问题，又能处理员工投入的问题。然而，这些计划对于大型全球企业是否适用？

华为于 1987 年由任正非创立，目前员工总数已达到 17 万人，其中有超过 4 万人并非中国国籍（在海外市场，有 75% 的员工从当地雇用），并且全球客户人数已突破 30 亿人。这也是唯一一家海外营收超过中国本土营收的中国企业。

从华为创业初期，任正非就设计了员工持股制度。当时，他对于西方的各种奖励制度并不熟悉，还不知道股票选择权这种制度。任正非觉得，对于老板来说，最安全的做法就是不要拥有这家公司。

2014年，任正非本人仅持有华为总股权的1.4%，其他股权则由82471名员工共有（根据华为2014年年度报告所示）。此外，由于华为并未公开上市，而是由员工持股，也就代表公司的营收有一大部分会直接由员工享有。在华为的例子里，过去20年间，员工的薪水、红利和股息加起来，是公司年度净利润的2.8倍，而且这个比例还计划提升到3.1倍。

任正非希望员工之间的收入落差不要太大。任正非相信，如果员工拥有公司，他们就能受到激励，以创业者的心态行动，开启更多项目，让所有人都能赚得更多，并大幅减少财富创造累积时的差异。像这样让所有员工都有机会增加财富，正是员工持股公司的特点之一，而不像一般上市公司，主要由顶层少数人享有利益，并且服务外部的持股人，结果公司员工的薪水差距不断加大。然而，虽然华为希望人人能够公平取得机会，但并不代表将财富公平分配。

在华为，工作越努力，赚得越多，但如果超时加班，则工作必须能满足顾客的需求，否则不会得到更多的奖励。如果工作超时，但无法为顾客带来正面的结果，就不会得到奖励。这种办法能控制收入差距，让员工赚得更多，也让那些能力强的员工有更多的影响力。

在任正非看来，员工希望有归属感，希望因为身处某个团体而自豪，但也希望能和别人有所不同。华为的员工持股计划，一方面强调华为属于所有员工，另一方面强调任正非期望所有员工都能像公司负责人一样全心全力投入。

但是，因为法规关系，虽然华为的许多非中国籍员工表达了参加员工持股计划的意愿，却无法实现。为了满足这些需求，华为于2014年开办了一项名为"时间单位计划"的长期奖励计划。这是一项关于利润分享及红利的计划，依据则是员工在所有合格员工（以下称"接受者"）之中的绩效表现。在时间单位计划中，每位接受者能够取得不同的"时间单位"，在年终及每期期末计算利润时，华为依据时间单位给予现金奖励。

华为是一家私有企业，目前并没有上市的打算。华为相信，上市可能影响员工持股计划，影响士气，并且阻碍创新及成长，而创新和成长正是电信业的重点价值。

华为的例子可以让我们了解大规模利润分享计划的两个方面。第一，"员工拥有的公司"必须有长期的目标及众人整体的方向，这也暗示其不会成为上市公司。第二，利润分享计划之所以能够同时符合个人及整体的利益，是因为让员工将创业的个别动机与公司的愿景连接起来。就是在这点上，公司有潜力将员工的个人抱负转成内在动机及自豪的心理，让他们长期为公司的目标服务。

不同国家的企业可能面临不同的法规限制，华为处理这个挑战的方式，则是提出了像时间单位这样的新激励方案，而且让非中国籍员工享有比中国籍同等级员工更高的薪水（通常高于当地国家或地区的同等工作）。全球性公司要让员工享有利润，找出有利节税的激励方案也是一个挑战。各国的税制不尽相同，有的政治人物认为采用利润分享计划的公司，应该在头两年得到减税优惠。这是鼓励公司分享利润，让员工觉得自己拥有公司；从长期来说，这是有利也有效的一种做法。

这样一来，主要的挑战其实就是将我们的焦点从外部股东转向内部的利益关系人——这些人不只是公司的高层，包括每个阶层的员工。

> **思考：**
> 1. 利润分享计划的含义和作用是什么？
> 2. 华为的员工持股计划对企业发展有哪些正向作用？
> 3. 该案例对你产生了哪些启示？

知识要点

一、利润分享的概念

利润分享不是新概念，许多企业在做，比如从企业的净利润中拿出 10%或 20%给员工分享。利润分享有一定的激励作用，但真正调动起广大员工的积极性，使其更多地投入企业的价值创造过程中，发挥创造性和主动性，企业还有很多要做的事情，还有很多细节问题需要解决，包括解决分配公平的问题。

利润是公司经营的目的和最终结果，在很大程度上取决于管理层的努力。因此，在理论上，利润分享应侧重管理层和骨干层。但在实际操作中，利润分享是全员覆盖的。根据美国 2006 年的统计，接近一半的企业实行了各种分享计划，其中实行利润分享计划的企业占比为 38%。

二、利润分享的分配方式

1. 按工资级别分配

利润分享对应工资级别，通常是按照工资的级别来进行分配的。如果工资制度不合理，就会直接影响利润分享的合理性。

2. 按责任和贡献大小分配

这就是在利润分享中，加入绩效考核。美国林肯电气公司的做法值得参考。它将员工收入直接和业绩挂钩，彻底实行计件工资，然后在利润分享机制中又加入绩效考核。一是考核员工的可信赖性，二是考核质量，三是考核产出，四是考核建议和合作。实际上，它的利润分享计划，尽管引入了绩效考核，但不是照搬奖金计划，或者照搬其他的工资增长计划中的业绩考核。

3. 按税后利润分红

这种方式就是公司先交税，再分红。当然，交税以后再分红，按照一些国家的税收机制，它能够算作年终奖，也就是说它的税率是固定的。但是，这个收入要算在每个月的工资里，工资低的税率可能较低，工资高的，则税率更高。我们其实可以笼统地将其用税前利润的一定比例来分配，甚至可以按毛利率的比例分配，这样能够计入成本，减少公司的纳税额，但在每个人那里是按累进税来纳税的。

三、利润分享的关键

利润分享方式如果设计好了以后，它的激励作用还是很明显的。但是，这里有两个关键因素：一是操作透明，这对许多企业来说是一个很大的障碍。二是规则公平。假如是基于薪酬的话，需要对工资体系进行梳理；假如要加入业绩考核，对业绩考核体系也要梳理。在给企业做利润分享方案的时候，我们可以不用存量利润来分享，亏损都可以，用增量利润来分享。如果企业大面积亏损，就用减亏来分享。利润分享不动存量利润，做增量利润分享，分享比例可以大一些，30%、40%、50%都可以。增量利润在第二年就会变成存量利润，它垫高了基础，在原有体系不变的基础上，用增量来拉动原有体系。在利润分享计划下，员工会觉得在给自己干，增加工作积极性。当增量利润增加的难度越来越大时，利润分享再加上存量利润的一定比例，不让它掉下来。

四、利润分享的核心

利润分享依赖什么机制呢？依赖参与机制。实际上，这是一个参与的机制，在参与的过程中把员工的智慧、创造力充分释放出来，把员工得到认可的需求的动机与动力充分调动起来。例如，林肯电气公司有一个咨询委员会，讨论员工关心的问题，大到利益分配、考核的问题，小到运营中的具体问题。员工参与以后，把企业真正当成自己的企业，能看到自己的意见和建议得到认同，最后在全公司实行，取得效益。员工通过他的建议得到好处，又能感觉到这对大家都有好处，所以员工愿意配合企业去做。利润分享做好了，偷懒、搭便车的现象就会大大减少。人的潜力非常大，只要制度设计好了，就会给企业带来很大的效益。

利润分享计划是一种非常行之有效的激励方式，还有一种比利润分享计划更规范的激励方式，就是股票增值权。股票增值权采取与股票挂钩的方式，可以和实际股票的分红一起实施。

五、利润分享计划的实施步骤

利润分享计划需要将各个步骤进行关联，能够持续优化。

1. 确定绩效评估体系

企业可选择生产性指标（如单位标准工时）、财务性指标（如净资产收益率）等来确定绩效评估体系。企业应该尽可能采用合理、有效的方法来确保被激励对象获得公平的考核和评估，否则可能适得其反。

2. 确定利润分享对象

企业应根据自己的实际情况确定利润分享对象，可以选择全体职工作为利润分享对象，也可以选择骨干和优秀人才作为分享对象。

3. 确定利润分享总额

企业可以根据自己的情况，选用合理的方法来确定利润分享总额，目前常用的方法有固定比例提取法、分段比例提取法和获利界限提取法。

（1）固定比例提取法是指按照利润总额的固定比例（如 5%）来确定利润分享总额的一种方式。相对来说，固定比例提取法操作简单，但难以确定合理的比例。

（2）分段比例提取法是指将企业利润总额分段采用不同比例来确定利润分享总额的一种方式，并且利润越高，提取的比例越大。分段比例提取法能有效激励员工积极工作来提高利润，但企业需要付出较高的激励成本。

（3）获利界限提取法是指预先规定企业利润目标完成的最低标准，只有在公司利润超过最低标准的时候才进行一定比例的利润分享。获利界限提取法能够有效保证公司对股东的回报，合理控制企业激励成本，但企业目标利润最低标准的确定比较困难，操作程序较为复杂。

4. 确定个人利润分享额度

个人利润分享额度的确定可以采用岗位贡献法、个人贡献法和综合法等。

（1）岗位贡献法是一种系统地测定参与利润分享计划的岗位在企业整体组织结构中价值的方法。通过岗位价值测评，可以比较清晰地了解利润分享岗位在企业的价值，进而判断出岗位对企业的贡献并决定其利润分享额度。

（2）个人贡献法是一种系统地测定参与利润分享的个人对企业的历史贡献、未来潜在贡献等的方法。通过个人贡献测评，可以清晰地了解参与利润分享的个人对企业的价值所在，进而确定其利润分享额度。

（3）综合法是将岗位贡献法和个人贡献法相结合，并根据企业实际情况赋予不同权重，以此综合决定员工利润分享额度的一种方法。

5. 确定利润分享方式

企业可以根据实际情况选取现金计划和延期利润分享计划等方式。

6. 制定利润分享方案

通过前面五个步骤，明确制定利润分享方案，具体包括确定利润分享计划的激励对象、确定利润分享的总额、确定利润分享的分配依据、确定个人利润分享额度及兑现条件等。企业在初创期、成长期、成熟期和衰退期等生命周期中适用不同的利润分享方案。企业应根据自身所处的阶段设计适合企业发展的利润分享方案。

7. 利润分享方案的实施

在实施过程中，应让员工适当参与，提高利润分享方案实施的透明度，这样才能有效提高员工的工作积极性。

8. 利润分享方案的总体评估及优化

通过对利润分享方案进行评估并进行合理的改进，以使其具有生命力，有更好的激励效果。企业在制定利润分享方案及实施的过程中，应鼓励员工积极参与，尊重员工了解企业信息的权利，做到透明、公正，最大限度地调动员工的积极性。

初创企业资金短缺，人才匮乏，开拓业务投入较大的精力，制度建设比较落后。针对这一阶段的特点和具体问题，企业对骨干员工可以采取获利界限提取法与固定比例提取法相结合的办法，按照个人贡献度，制订"现金分享+延期利润分享"计划，这样可以较大程度地起到激励的作用，员工对企业的满意度和忠诚度会相应提升。

拓展阅读

企业应该拿出多少钱来分配

在互联网创业、创新背景下，企业分配机制发生了较大的革新，所有依附企业的人和组织，都期望获得更合理的报酬。企业做强做大必须做好以下两个方面的统一。

利润最大化与可持续增长的辩证统一

企业追求利润，但如果把全部着眼点放到追求利润最大化上，极易造成行为短视，损害企业的长远发展。要实现可持续发展，企业需要承担诸多不能立即产生回报的成本费用，如研发支出、企业文化建设支出、人力资源建设支出等。这些支出构成了成本费用，会减少企业当下的利润，但对企业长远发展不无裨益，甚至可能对企业未来参与市场竞争起决定性作用。资源终归是有限的，企业不可能为了长远发展而在当下做无节制的投入。企业追求的利润目标应该是合理的，而不是最大的。

以研发为例，研发支出高了，企业利润就会降下来；反过来，只有研发出高附加值的产品，企业才会创造出更丰厚的利润。我们知道，创新是高新技术企业之魂，大学生创业的核心优势在于创新，为使企业持续发展，必须保持创新优势。正确的利润目标是公司发展的方向。

人工成本与企业利润的辩证统一

"狼性文化"被不少老板理解为对员工"狠"一点，让员工更多地加班。事实上，员工的高薪酬和股权激励才是保持"狼性文化"的关键。只顾做大蛋糕，而不愿意分蛋糕，这是对人力资源文化的误解。实际上，很多企业的成功基于人性文化与狼性文化并重。人力资源增值与人工成本增长高度相关。企业自然希望最大限度地激发员工的潜力，创造更多的利润，而从员工的理性角度来说，在报酬没有显著改善的前提下更愿意追求工作舒适度。人工成本与利润是一对矛盾：一方面，涨薪会吃掉利润；另一方面，涨薪能调动员工积极创造利润。两者怎么平衡呢？那就是把员工和企业的利益捆绑在一起，最佳的解决策略就是利润分享计划。通过实施利润分享计划，采取薪酬、年终奖、补助、虚拟受限股分红等形式，企业可以把员工个人利益与企业利益捆绑在一起。在确保企业可持续发展的前提下，使员工能够获得较高薪酬，同时让员工分享企业增量的经营成果，这反过来会激发出员工更旺盛的创造力，让企业取得更优秀的经营业绩。这样就把人工成本与企业利润这对矛盾由对立转化为统一了。

实践练习

实践活动1：思考和讨论

结合自己的初创企业的实际情况，为企业选择合适的利润分享模式。

请思考以下问题并开展实践练习。

1. 针对当前企业利润分享的几种模式进行讨论，分析其优缺点。
2. 对照自身实际情况，分析最适合自己所在企业的利润分享模式。

实践活动 2：一起做个饼

活动目的：

通过活动，引导同学们意识到与创业伙伴一起经营企业是分享的过程，而非独占或者独享。创业艰难，成果诱人，在纷繁复杂的创业过程中，要守住合伙创业时的初心，合理分享大家共同努力得到的成果。

活动内容：

寻找一个厨房，或者借用学校实践训练室的设备，让同学们分别购买做饼需要的原材料，然后分工，完成从和面、醒面、捏饼、烘烤到分配、进食、打扫厨房的过程。每位同学都要参与到某项工作中，每个人都将分享活动的成果。

活动总结：

活动结束后，同学们表达参加活动的感受，谈谈对创业成果分享的感想和受到的启发。

第 7 章　创业计划书

学习目标

知识目标：
1. 了解创业计划书的价值和目的。
2. 熟悉创业计划书的结构和内容。
3. 掌握创业计划书的撰写方法。

能力目标：
1. 能够根据自身创业项目实际，撰写创业计划书。
2. 能够根据创业计划书来指导创业项目的开展实施。

素养目标：
1. 提升文字表达与文字转化能力。
2. 增强发现问题、辩证地看待问题的意识和能力，全方位地审视和提升自己的创业计划，从而进一步提高创业成功率。

7.1 创业计划书概述

知识概要

创业计划书是一份全方位的商业计划,其主要用途是递交给投资商,以便于对方能对企业或项目做出评判,从而使企业获得融资。它是用以描述与拟创办企业相关的内部、外部环境条件和要素特点,为业务的发展提供指示图和衡量业务进展情况的标准。创业计划通常是市场营销、财务、生产、人力资源等职能计划的综合。

知识要点

一、创业计划书的价值

创业计划书是创业者撰写的,用于向潜在投资者、企业员工和管理层介绍识别到的能够创造盈利的创业机会,并详细说明如何将创业机会通过一系列的战略计划来实现。因此,一份创业计划书是否有价值、其价值高低,都是对其可能使用者而言的。

吸引潜在投资者是创业者撰写创业计划书的最大动力之一。创业计划书通过将创业者的创意和企业发展愿景转变成一个可行性高、具有说服力的详细路线图,为创业者和潜在投资者建立起共识的桥梁。

创业者通过向企业员工展示创业计划书,能够使员工快速了解创业者的计划和愿景,让员工明白他们努力工作取得的成果是怎样的,为员工提供了一种安全感和归属感。而对于战略合作者来说,创业计划书既提供了完整的经营模式介绍,又使其能够合理估计未来的风险和收益。

对于创业者自身而言,在撰写创业计划书的过程中,能够更加全面和详细地思考创业思路,不断修正以前想法中不可行的部分。同时,一份完备的创业计划书能够不断督促创业者按照原有的愿景进行创业活动,避免资源使用的偏离。创业计划书可以说是在创业过程中衡量创业者的实际成果与预期计划之间差异的基础。

二、撰写创业计划书的前期准备

大部分创业计划书是为了咨询或者自我推介。每年产生数量惊人的创业计划书,但并非每份创业计划书都能够融资成功或者足够吸引人。那么,创业者应该如何在撰写创业计划书前对其质量和吸引力进行判断和改进呢?

1. 创业计划书失败的原因

大多数创业计划书失败、融资不成功的原因为以下几种情况。

(1)对市场竞争环境不熟悉,前期的市场调研不充分,具有区域限制或者人群限制,认知片面，低估市场进入壁垒。同时，创业者还未尝试进行产品推广，就急于得出其一定受市场欢迎的结论，与现实脱钩。

（2）创业计划书条理不清，不简洁明了，创业者无法将企业盈利模式清楚地表述出来。阅读者无法很快抓住创业者的创新点，创业计划书针对性不足，吸引力自然就下降了。

（3）创业计划书对于产品的销售和盈利能力过于乐观，凭空想象销售收入和现金流会像滚雪球一般迅速增长。创业计划书对于初创企业可能涉及的风险一概不提或者完全没有意识到。

（4）创业计划书虽然是融资的战略桥梁，却不曾提及初创企业资金的预计用途，以及可行性和盈利能力评估，也没有提及企业步入正轨后，以何种方式和渠道让投资者逐步收回投资和获得可观收益。

（5）初创企业都存在两个问题：第一，创业者对企业的控制权过于集中，没有设置合理的企业组织结构，以保护投资者的知情权和经营投票权；第二，由于人力资源的稀缺，再加上创业团队成员需要一定的领导权和执行权，因此容易出现创业成员与所属职位要求的能力和专业素养不匹配的问题。

（6）部分创业者利用创业计划书进行融资，但投资者经过简单的测试和检验，发现创业者不诚实，就不可能对项目进行投资。

2. 创业七领域测试模型

创业七领域测试模型的提出，就是为了让创业者对其创业计划进行综合评估，让创业者对市场的宏观和微观环境有较为全面的了解，同时对创业团队的能力、创业意愿和执行力进行评估。

此模型具有的结构要素包括：宏观层面的市场测评，微观层面的市场测评，宏观层面的行业吸引力分析，微观层面的行业吸引力分析，团队使命、个人志向和冒险倾向，团队利用关键成功因素，以及团队与价值链内外建立的关系网络。

（1）宏观层面的市场测评主要有以几个步骤。

① 评估市场的大小。市场规模的测量有很多方法，如较为全面的市场调研、可比公司的评估报告。具体需要测试的内容众多，包括市场上消费者的数量、每年消费能力和总支出。

② 收集近几年的市场数据，通过数据分析，判断市场的增长速度和发展趋势。

③ 评价宏观经济发展趋势，如人口趋势、经济趋势、技术趋势等，以确定未来市场的变化趋势。

（2）微观层面的市场测评主要为了回答以下几个问题。

① 市场中是否存在细分市场？初创企业能够进入细分市场吗？新的产品或服务对消费者是否具有吸引力？

② 初创企业提供的产品或服务与市场上现有产品或服务是否有差异？如果没有差异，产品或服务的价格是否比已有产品或服务的价格更低，而且具有可持续性？

③ 如果细分市场存在，那么这个市场规模有多大、发展速度如何、现有的竞争是否已经饱和？进入该市场，是否有助于创业者进入其他感兴趣的市场？

（3）宏观层面的行业吸引力分析借助的是波特的五种力量模型。创业者在进入新的行业前进行波特五种力量分析，能够较好地判断这一行业的吸引力与其潜在的获利能力。这五种力量分别是行业现有的竞争状况、新进入者的威胁、购买者的议价能力、供应商的议价能力、替代商品的威胁。

（4）微观层面的行业吸引力分析主要是分析初创企业竞争优势的可持续性。测评初创企业竞争优势的可持续性是极其重要的，具有可持续性意味着企业能够在竞争激烈的市场中存活下来，并逐渐成熟。我们通过以下几方面因素来进行测评。

① 专有因素，包括专利权、商业诀窍等。
② 其他企业难以模仿的优秀组织流程、能力或资源。
③ 商业模式的经济可行性。

除上述三方面因素影响创业的成功与否外，风险资本家也很看重创业团队的能力：创业团队发现的创业机会是否能够与团队的使命、创业者个人的志向相互匹配？创业团队对创业机会的把握是否及时、有效，具有较高的执行力？创业团队是否有较好的关系网络，能够提供诸多的外界支持？

（5）团队使命、个人志向和冒险倾向。由于诸多的原因，创业机会与创业团队的使命、创业者个人的志向并不匹配，创业机会存在的市场并不是创业者愿意服务和竞争的市场，同时创业者不愿意承担创业失败带来的风险。即使创业机会与创业者的个人志向非常匹配，也不一定能够融资成功，这取决于风险资本家是否对该行业有兴趣。在评估创业机会时，我们不得不承认，投资者是具有一定的行业和市场偏好的。如果机会与投资者偏好并不匹配，则创业机会对其缺乏吸引力。当然，如果机会足够吸引人，融资渠道比较宽，还是能够遇上有兴趣的投资者的。

（6）团队利用关键成功因素。创业机会开发的前期，大多数困难重重。一方面是由于创业者对市场不熟悉，销售渠道还没有建立；另一方面是由于初创企业提供的产品或服务与市场其他产品或服务具有差异化，没有可以借鉴的经验。这些都影响着创业机会能否被很好地抓住。大多数风险资本家在评估机会时，会注意整个创业团队是否能够了解某一特定机会和与之相关的关键成功因素，以及能否很好地抓住这个特定机会。因此，创业者应该先准确地评估自己的团队是否在利用关键成功因素上具有执行力。

（7）团队与价值链内外建立的关系网络。风险资本家在评估创业团队具有的资源时，会考虑到团队是否有较好的关系网络，能够取得诸多方面的外界支持。因此，创业者在评估自身的市场地位时，应该考虑在自己的价值链内（供应商和消费者）和价值链外建立的关系网络是否足够强大，如果目前还没有建立好关系网络，将如何去做。

7.2 创业计划书的撰写技巧

知识概要

一份好的创业计划书相当于创业成功的一半,这并不是夸张的说法,因为创业计划书并不只是为了融资而存在,更是为了让创业者厘清自身的思路。一般来讲,创业计划书篇幅不长,简洁清晰,其中包括以下几部分:公司的发展目标、实现目标的具体过程、谁是风险承受者、产品(服务)的市场吸引力、资金的募集与运用方式等。写创业计划书的过程就是对创业项目深刻剖析的过程。

知识要点

一份具有足够吸引力的创业计划书制作时间需要多长呢?从一般的经验来看,好的创业计划书至少要撰写两次。制作创业计划书的一个基准参照时间是至少 200 小时。撰写创业计划书需要巨大的工作量,因为创业计划书的撰写不是连贯的行动,在撰写的过程中需要不断地思考,与团队成员讨论可供选择的方案,获得缺失的信息。在撰写过程中,一个有效的方式是首先将最初的想法及创业者已经掌握的大量背景信息先写出来,然后再查找资料、收集信息进行补充和修改。创业计划书撰写完成后,实际上工作只进行了大部分,创业者需要对已完成的创业计划书深思熟虑,反复研究,不断修改含有不确定性的内容。这也需要创业者花费一定的时间。

一、撰写创业计划书的四个步骤

创业计划书的使用者众多,包括潜在投资者、管理层、普通员工、政府部门、创业者本身等,不同的使用者的关注点是不同的。在撰写创业计划书之前,创业者要明确创业计划书针对的是哪一类使用者群体。虽然目标人群不同,但创业计划书本身具有一定的共性。创业者撰写一份完备且有吸引力的创业计划书,涉及以下四个步骤。

1. 创业设想详细化

在撰写创业计划书之前,创业者应该思考如何将创业机会转化为实际盈利,对创业活动进行总体规划。

2. 市场调研

市场调研是创业者创业之前了解市场环境的一个重要过程。市场调研收集到的数据是对创业者市场预期的印证,也是向投资者展示的最有说服力的证据。

市场调研分为间接调研和直接调研。

(1)间接调研。如果创业者需要的信息别人已经收集并公布出来,那么创业者可以直接利用这些间接数据了解行业和市场情况,与自己的预测情况进行对比。获取行业和市场情况的间接数据的方法有阅读材料和访谈。

阅读材料包括自行收集的经济类报刊、行业分析报告、行业协会提供的协会研究报告、互联网信息等。一般来说，要安排专人定期查阅材料，将有价值的信息收集起来供传阅。

访谈的对象也可以分类，由此收集不同的情报。可以与同一价值链中的上下游企业和相关人员进行交谈，获取有效信息；也可以与企业内部员工进行交谈，加强对企业实际情况的了解。

间接数据一般能呈现出较为准确的市场竞争格局。如果间接数据与创业者的想法相差甚远，那么就需要重新调整自己对市场的认知。如果间接数据与创业者的想法较为接近，创业者还应该直接调研，亲自了解市场情况。

（2）直接调研相对于间接调研工作量更大，难度更高。科学准确的市场调研数据对创业者制订未来的商业计划具有至关重要的影响。在生活中，我们经常遇到的市场调研活动包括以下几种。

① 消费者购买行为研究；
② 广告及促销研究；
③ 市场潜力及消费者消费特性研究；
④ 销售研究；
⑤ 产品（服务）的市场接受度研究；
⑥ 销售环境研究；
⑦ 销售预测。

对于初创企业来说，首先要明确市场调研的重点是产品（服务）的市场接受度和销售预测，为后期的产量控制、价格制定和宣传推广提供参考依据。市场调研的一般步骤如下。

① 确定市场调研的必要性；
② 定义问题；
③ 确立调研目标；
④ 确定调研设计方案；
⑤ 确定信息的类型和来源；
⑥ 确定收集资料的方法；
⑦ 设计问卷；
⑧ 确定抽样方案及样本容量；
⑨ 收集资料；
⑩ 分析资料；
⑪ 撰写最终调研报告并演示。

3. 起草创业计划书

创业计划书是在充分的市场调研后开始起草的，通过对市场调研得到的数据进行整理和分析，可以得到较为客观的数据。创业者拥有这些数据，并不代表能够很好地完成创业计划书。一份完备的、具有吸引力的创业计划书应该避开上文介绍的创业计划书失败的原因。另外，还需注意以下两点。

（1）形式美观，内容简洁明了。创业计划书给投资者的第一印象是它的外观、版式。具有吸引力的外观、适当的篇幅、重点突出的版式，以及专业排版和印刷是创业计划书的第一加分项。如果创业计划书的内容过于凌乱或者冗长，即使非常好的创业想法，也会使投资者缺乏耐心去阅读。

（2）简明而生动的执行摘要。创业计划书的执行摘要一般是创业者完成创业计划书的其他部分之后对全文进行的总结概要。执行摘要是创业者最后撰写的，却是投资者最先阅读的部分。一般来说，只有执行摘要具有吸引投资者的地方，投资者才会花费时间看其他内容。因此，执行摘要在创业计划书中具有画龙点睛的作用。

4. 创业计划书的检查与更新

逻辑清晰、结构严谨的创业计划书在初步完成后，至少需要经过 8～12 周的反复斟酌、修改，才能最后定稿。创业计划书是具有时效性的，为了应对快速变化的市场，初创企业在转变目标方向后，也应该及时更新创业计划书。一般来说，创业计划书至少 6 个月就需要更新一次。

二、创业计划书的主要内容

创业计划书一般有以下主要内容。

1. 执行摘要

执行摘要是创业计划书的第一部分，但由于它是对创业计划进行的总结概括，所以应该在其他部分完成后，再开始撰写。投资者最先阅读的是执行摘要，因此，执行摘要在突出创业活动的亮点的同时，也要确保将所有内容包含在内。执行摘要篇幅不应该过长，2～3 页最为合适。

执行摘要由以下四个部分组成。

（1）企业概述。这部分对企业进行介绍，描述企业提供的产品或服务，以及企业所处的市场环境。这一部分主要是对企业进行市场定位，要清楚地回答企业销售的产品或服务是什么，消费群体是谁，以及企业的竞争优势源于何处。

（2）成功因素。产品或服务能够在市场上成功且具有可持续性是出于诸多成功因素的，包括已取得的专利、企业的研发计划、选址与产品制造等。这部分详细介绍企业的成功因素。

（3）目前状况。创业者对于投资者应该具有诚实的态度，对于有关企业的信息，如组织结构、公司所处的发展阶段、管理团队等都应该介绍。

（4）财务规划。这部分突出介绍企业的财务计划，包括当前的财务情况、募集资金渠道、资产管理方法等。

创业计划书的最主要的阅读者是投资者，因此进行适当的商务格式排版是必要的。创业计划书应该有扉页和目录。扉页上的内容包括企业的名称、地址、联系人、联系方式。目录与计划书的编排顺序一致，让阅读者能够方便、快捷地找到他们要阅读的章节。目录之后是摘要、正文，最后是附录。

2. 企业概述

企业概述主要是让投资者对企业有一定的了解，包括企业选址、所有制形式、业务现状、企业的组织结构、产品或服务的特性及企业目前的发展阶段。企业概述部分只需要简单地介绍企业，篇幅不宜过长。

（1）企业的一般概述。这部分包括准备设立或已设立的企业选址、所有制形式、业务现状、联系方式等。对于业务现状这一部分，主要介绍企业的历史、产品或服务的市场地位等。

（2）企业的组织结构。通过组织结构图，清晰地向阅读者展示企业的组织结构。现代初创企业的组织结构一般较为简单，以扁平化为主，结构层次少，上传下达速度快，信息失真概率小，提高工作人员灵活性和积极性的同时，降低初创企业的管理成本。传统的直线职能制的组织结构，专业化程度较高，领导机构对于所管辖的范围有决定权和指挥权，但权力的集中也导致企业对快速变化的市场优势反应迟缓，办事效率低下，各职能部门之间分工过于细化，缺乏协作配合。

（3）产品或服务的特性。在这一部分，创业者应该简单地介绍企业提供的产品或服务相对于市场上其他产品或服务的竞争优势，这些产品或服务能够为消费者的生活或工作带来怎样的品质提升，或者产品或服务是否具有别具一格的营销方式。这是计划书中介绍产品或服务的主要章节，产品介绍应该包括产品或服务的概念、主要产品或服务介绍、性能及特性、产品或服务的市场竞争力、产品或服务的持续研发计划、产品或服务的销售预测、产品或服务已取得的专利等。

（4）企业目前的发展阶段。企业发展一般分为四个阶段：初创期（生存为第一目标，企业组织尚未规范）、成长期（业务扩张快速，公司管理逐步规范，人力资源紧张，资金需求大）、稳定期（管理规范化，业务持续稳定，财务管理稳健）、衰退期或持续发展期（组织运作僵化，业绩下滑，效率低下，需要全面革新）。

3. 市场分析

投资者可以从创业计划书中的市场分析来判断创业者对市场的认知是否成熟、全面。因此，市场分析与创业者融资成功与否息息相关。创业者在进行市场分析的过程中，能够对产业链和竞争状况有较为准确的了解，为后期制定企业战略奠定基础。我们可以从以下几个方面进行市场分析。

（1）营销环境分析。营销环境分析的主要内容为宏观制约因素、微观制约因素、市场概况及总结。

① 宏观制约因素。企业的经营状况与总体的宏观经济形势、总体消费态势、产业发展政策及市场整治、法律背景息息相关。了解宏观制约因素，企业家可以得到一些重要的信息，避免企业触及政策"雷区"，使企业能够顺应市场形势。

② 微观制约因素。在产品或服务的销售过程中，竞争性的定价起到巨大的作用。而初创企业既要做到具有竞争性定价，也要保持盈利水平，这取决于与原料供应商的合作关系。原料成本决定了企业产品或服务的定价灵活性。因此，这部分需要介绍供应商的议价能力。

③ 市场概况。这部分主要描述企业所在产业市场的整体情况，包括当前市场销售额、市场可能的最大销售额、未来市场的趋势、市场同类竞争对手及市场的周期变化。在这里应该注意一点，将整体市场与细分市场进行区分，有时候企业在整体市场中无法找到竞争优势，却可以借助竞争对手在细分市场的不足之处获得市场份额。

④ 总结。这部分主要对企业所处的营销环境进行整体分析，可以采用SWOT分析法，分析企业在当前营销环境中的机会与威胁，以及优势与劣势。

（2）消费者分析。

消费者分析分为消费者总体消费态势、现有消费者特征分析、现有消费者的消费行为分析及现有消费者的消费态度分析。

① 消费者总体消费态势。对于产品或服务的现有消费者的特征、消费行为、消费态度进行概述，并描述消费者的这些消费特征对于企业的销售额和利润水平的影响。

② 现有消费者特征分析。创业者在描述现有消费者特征时，应该回答几个问题：现有消费市场有多大？现有消费者主要是哪一个年龄段的？他们对新产品的接受程度如何？现有消费者主要从事哪些职业？这些职业的工资收入是否与企业产品或服务的定价相匹配？

③ 现有消费者的消费行为分析。进行现有消费者的消费行为分析可以作为后面制订营销计划的依据。了解消费者的购买动机、消费时间、消费频率和消费数量能够帮助企业在未来决策时更加灵活，也能够在细节上打动消费者。

④ 现有消费者的消费态度分析。在前期的市场调研中，很重要的一部分就是调查企业即将推出的产品或服务的市场接受程度。在前期的调查结果基础上，这部分应该描述现有消费者对企业的产品或服务的喜爱程度、对本品牌的认知程度及对企业前期塑造的品牌形象的喜爱程度。

4. 市场营销计划

市场营销计划也是创业计划书的一个重要组成部分，产品或服务营销不仅是企业运转的一个关键环节，也可能发展成为企业的核心竞争力，如小米公司通过营销模式创新在短短两周内扬名于互联网。因此，当前企业越来越重视市场营销计划。企业的市场营销计划主要包括企业产品（服务）的市场政策、企业产品（服务）的销售目标、销售管理计划及财务损益预估。

（1）企业产品（服务）的市场政策。

企业未来的经营方针和战略规划影响着市场营销策略的制定。创业者在撰写创业计划书时要明确以下问题。

① 确定目标市场与产品定位。

② 销售目标是扩大市场占有率还是追求利润。

③ 制定价格政策。价格将影响产品或服务的竞争实力，创业者必须考虑竞争对手采取的是怎样的定价策略，自己准备如何定价。这个定价政策必须与企业的销售目标一致。

④ 确定销售方式。现在互联网渗透到生活的方方面面，大多数企业开始拓展线上业务，以线下业务为依托，利用线上业务提高销售效率和范围。创业者应该根据自己产品或服务的特点，选择合适的销售方式。

⑤ 广告表现与广告预算。企业准备采用什么样的广告方式进行产品或服务的宣传？这种广告方式是同样效果下预算最少的吗？随着互联网的发展，广告方式越来越多样化。较为成功的广告是根植于消费者的生活习惯，能够引起消费者的共鸣。

⑥ 促销活动的方式与重点。企业的产品或服务确定了市场定位及销售群体后，促销活动的方式与重点也应该与该消费人群的消费习惯一致。

（2）企业产品（服务）的销售目标。

所谓销售目标，是指企业的各种产品在一定时间内（通常为一年）必须实现的营业目标。企业只有取得一定的营业收入才能在市场中生存下去。对于初创企业来说，可能销售目标并不一定是达到会计的盈亏平衡点。初创企业前期市场开发或者资源积累的过程，是一个资金沉淀的过程，前期即使没有盈利，只要资金链不断裂，就是能够接受的。但要注意的是，企业在制定销售目标时，一定要与可比公司进行比较，这个目标应该符合市场和企业的实际情况。

（3）销售管理计划。

在前期的市场调研中，企业可以得到关于市场的准确情报。对产品的推广则为企业占领市场做足了声势。而销售管理计划就是为占领市场培训攻坚力量。因此，销售管理计划的重要性不言而喻。销售管理计划包括选择销售主管、制订销售计划、挑选与培训推销员、激励推销员、确定推销员的薪酬制度等。

（4）财务损益预估。

任何营销策划案希望实现的销售目标，实际上就是要获得利润，而财务损益预估就是在事前预估该产品的税前利润。只要把该产品的预期销售总额减去销售成本、营销费用、推广费用后，即可得知该产品的税前利润。

5. 运营计划

运营计划部分主要是介绍企业选址的考虑因素、产品或服务的研发与设计，以及产品或服务的生产计划。

（1）企业选址的考虑因素。

运营计划部分从企业选址开始介绍。企业选址要综合考虑诸多因素，比如当地劳动力素质和数量、工资水平、是否靠近供销商、是否能够获得当地政府的支持。此外，也应该关注当地的税负水平、地区消费者数量。当地银行对新企业的支持程度都应该体现在创业计划书中。

（2）产品或服务的研发与设计。

如果创业活动属于高科技行业，那么技术研发在企业的生存发展中占有至关重要的地位。这部分主要介绍企业未来对于新产品或新服务的研究、开发计划，向投资者展示企业具有的研发能力。为一揽全局，创业者应该具有技术性的协作能力，有可能的话，在这部分加入蓝图、略图、素图和模型。

（3）产品或服务的生产计划。

产品或服务的生产制造对于企业而言至关重要。如果无法推出预期的产品或服务，企业的营销和盈利就不可能实现。在创业计划书中，创业者应该对产品或服务的制造过程及围绕这一过程的生产规划进行详细的说明。主要内容包括以下三个方面。

① 产品或服务的生产方式。企业销售的商品或服务，可能是企业内部自行生产的，也可能是外包给其他企业委托生产的。创业者要说明其选择的生产方式，并解释企业选择的依据。如果是内部自行生产的，那么要详细介绍生产流程及生产中人、财、物是如何管理的。

② 生产设备的购置。初创企业前期大部分资金在于固定资产的购置，创业者应该说明企业生产所需的设备，这些设备是如何发挥预期作用的，以及生产人员的培训和对设备的后期管理。

③ 生产过程的质量控制问题。对于初创企业，产品质量影响着产品的市场吸引力，是企业生产过程中重点关注的问题，创业者需要说明生产过程中各个工艺流程的质量监管措施和指标，使投资者放心投入资金。

6. 创业团队

被誉为"全球风险投资之父"的美国风险投资家多里特有一句名言："我更喜欢拥有二流创意的一流创业者和团队，而不是拥有一流创意的二流创业团队。"这个观念如今已成为风险投资界的一个投资原则。实际上，风险投资者在选择投资项目时，首先评价的要素就是创业者和创业团队，接着才是技术先进性、产品独特性和市场潜力及盈利前景等。因此，在创业计划书中，对管理团队的描述也是一个很重要的部分。设置合理的组织结构、正确的人员任免、赏罚分明的人力资源管理制度是一个团队必需的。

（1）关键管理人员介绍。

对关键管理人员加以描述，介绍他们的学历背景、工作经验、领导能力，同时介绍他们在本企业中的职务和责任。要注意体现关键管理人员在其职务上是有工作经验或者专业特长的，这样的职务设置能够更加优化人力资源。为了使这部分阅读起来更为直观，可以采用图表的方式展示，同时显示出管理团队的能力结构、年龄结构、学历结构等方面的互补性，让投资者觉得每个关键职位上的管理人员都是稀缺的、难以复制的人才。

（2）人力资源管理——激励与约束机制。

激励与约束机制一方面能够调动起员工的工作积极性，留住人才，造就良好的竞争环境，另一方面也能维持企业的秩序。常见的激励与约束机制包括物质激励和精神激励。物质激励主要是通过薪资、福利和股权激励。在创业计划书中，创业者要清晰地说明企业将要采用的激励方式，特别是高层管理人员的薪酬、奖金和福利。投资者在考察投资项目时会关注创业团队的薪酬是否合理。

同时，这部分应该阐述企业对人力资源管理的基本态度，是采用严苛的管理制度还是宽松、灵活的管理制度；介绍员工的薪酬福利，以及员工招募方式。

（3）企业股权结构。企业股权结构影响着投资者在企业决策中的影响力。创业计划书中应该准确说明已签署的股权协议、雇佣协议和公司所有权，让投资者对企业股权结构一目了然。创业初期进行股权结构设计，尽量避免均衡型的股权架构模式，要考虑后期融资、人才引进及员工激励方面的问题，在股权分配前期，预留出部分股份。创业者对企业的控制权期待，则需注意以下三种持股份额。

① 绝对控制权：持股67%以上，对公司重大事项（增资、减资、合并、分立、结算、变更公司组织形式、修改章程）及其他事项享有绝对的控制权。

② 相对控制权：持股51%以上、67%以下，拥有除公司重大事项外的公司普通事项的控制权；

③ 消极控制权：持股34%以上、51%以下，虽不能对公司重要事项做出决策，但可以就某些事项进行否决，通过行使否决权，从而消极控制公司。

（4）董事会与咨询人员的权责。

初创企业往往会忽略设置董事会这一机构。在创业初期，领导者是整个创业活动的决策"大脑"，领导者对小事一般亲力亲为。但是，在要引入外部投资时，初创企业需要增设董事会，以保障外部投资者的权益。这一部分还应该对企业雇用的顾问和咨询人员进行说明，明确其权责及薪酬待遇。

7. 财务计划

财务计划是企业对未来现金流、经营成果和企业状况进行预测，展现企业能够在未来的市场竞争中生存下来。这部分对创业者的能力要求很高，一是因为需要创业者对未来的经营成果有明确且合理的预期；二是因为财务表格的编制需要很高的专业水平，再加上这是对未来的预测报表，专业性要求更高；三是这部分要说明资金的募集方式和使用计划，以及如何提高资金的使用效率、提高企业的利润水平。如果创业团队中没有财务专业人士，应该请专业人士撰写。

（1）财务预测。

前面已经阐明了企业的发展目标和销售预测，财务预测就是在对未来的生产计划、销售情况等预测的基础上编制的,应该与前面的假设一致。在进行财务预测时,应该回答以下几个问题。

① 营业成本,包括产品或服务在每个报表期间的生产量、产品或服务所需设备、每单位产品或服务的成本。

② 营业收入,包括每单位产品或服务的价格水平、企业在每个销售渠道的销售量。

③ 人力成本,包括行政管理和销售需要雇用的人数及薪资水平。这一部分实际上是对营销计划、生产计划等进行综合描述,将前面的经营计划通过财务数据表现出来。

(2) 财务报表。

财务预测只有以财务报表的形式显示才能更加全面、直观,对企业的资金安排和盈利能力的说明才具有说服力。在全面评估市场信息和公司经营计划的基础上,企业应当制定预测未来三年情况的资产负债表、损益表和现金流量表。

① 资产负债表展示的是企业不同时期的财务状况,投资者将企业的资产负债率、营运资金、各类资产周转率、流动比率等财务指标与企业的经营计划进行印证。

② 损益表展示的是企业不同期间的经营成果,这部分是在营销计划和生产计划的基础上对成本、利润进行预测。

③ 现金流量表。初创企业很可能因为资金链断裂而陷入危机,因此对未来不同时期的现金流入和流出进行预测很有必要。

(3) 财务规划。

在对企业的现金流量的预测中,管理层可以在企业未来出现严重资金流动性危机之前,发现并解决问题。现金流入、流出的时间不匹配,可以突出企业何时需要额外进行融资,资金需求量是多少。管理层必须决定这些资金的来源、还款期限、成本、偿还方式等。初创企业资金的主要来源是权益性融资、银行贷款和部分短期信用调节。

8. 风险分析

创业活动困难重重,创业者只有对初创企业可能遇到的潜在风险有透彻的了解,并且有应对措施,才能在竞争中生存下来。投资者会通过创业计划书中的风险分析,判断创业者的风险应对能力和承压能力。

(1) 重大潜在风险说明。

① 宏观市场风险:宏观经济不景气、行业中的不利因素的影响、行业政策限制。

② 生产研发风险:研发或生产成本超出预期,产品研发计划无法进行。

③ 销售风险:销售量远低于目标值、原料价格上涨导致售价过高、竞争对手报复性降价。

④ 管理风险:管理团队因团队成员经营理念不同而解散、管理层管理水平和经验欠缺。

(2) 风险应对机制。

对于不同的潜在风险,创业者可以在创业计划书中举例说明自己的应对措施,让投资者降低对投资安全性的担忧。这里要注意,不要刻意隐瞒对企业不利的因素,因为投资者一般对企业可能遇到的风险早已了解,诚恳的创业者才是受投资者欢迎的对象。

9. 收获及退出机制

正如前面列出的创业计划书失败的原因之一,创业者没有提及企业步入正轨后,以何种方式和渠道让投资者逐步收回投资和获得可观收益。这一部分就是回答这一问题的。

对于企业家而言，在企业逐渐发展成熟的过程中，如何做好有序过渡的计划是必要的。另外，风险投资者对其资金在企业发展中的安全性也是非常关心的。风险投资退出方式包括企业公开上市、兼并和回购、管理层收购等。创业者应该思考在股权结构发生变化时，如何使公司的决策不会发生大的变化，依旧保持战略的连续性。

10. 关键里程碑计划表

这部分主要是对企业将要发生的关键活动提供一个时间范畴。这是一个时间计划表，阐明计划的时间框架，以及此时间期限内的相关事件。投资者通过创业计划书能够清晰地知道企业发展的进程，表明创业者对企业的运营进行了细致的思考。这部分主要包括以下内容。

（1）企业创立的时间。

（2）产品设计、研发的时间。

（3）雇用生产、销售、行政人员的时间。

（4）与经销商达成协议的时间。

（5）首笔订单产生的时间。

（6）与原料供应商达成协议的时间。

（7）首次生产与销售的时间。

（8）首次扭亏为盈的时间。

11. 附录

附录主要是对正文中不适合详细说明的内容进行补充。附录主要包括三部分：附件、附图和附表。

（1）附件主要是正文中阐述的计划和预测的支持性文件，包括初创企业已经签订的合作协议、订单合同、市场调查表、已成立的企业的证明文件等。

（2）附图主要是放置篇幅过大、不适合放在正文中的图形，包括企业的组织结构图、工艺流程图、产品展示图、销售预测图等。

（3）附表主要是显示一些必要的信息，如主要产品、客户、供销商等。

实践练习

实践活动1：小组共同完成创业计划书执行摘要

1. 分组讨论，确定小组创业项目。
2. 每个小组进行角色扮演与分工。
3. 小组成员分别围绕创业计划书的执行摘要部分展开讨论并记录。
4. 按照分工完成创业计划书执行摘要的撰写。
5. 将项目执行摘要进行路演展示。

实践活动2：撰写创业计划书

认识撰写创业计划书的重要性，熟悉创业计划书的编写流程，掌握创业计划书的编写注意事项，根据创业计划书大纲，结合自身创业意向撰写一份创业计划书，要求遵循撰写创业计划书的基本原则，参照创业计划书模板进行撰写，要求内容详尽、文字简洁、语言流畅，格式规范。

封面
1. 执行摘要
2. 企业概述
3. 市场分析
4. 市场营销计划
5. 运营计划
6. 创业团队
7. 财务计划
8. 风险分析
9. 收获及退出机制
10. 关键里程碑计划表
11. 附录

第8章 创业模拟实战

学习目标

知识目标：

1. 通过软件模拟学习企业运营管理知识，包括组织管理、营销管理、财务管理、生产管理。
2. 通过模拟运营发现企业经营当中存在的问题，并加以分析，制定决策，设计创新管理路径，解决问题，从而实现企业盈利及可持续发展。

能力目标：

1. 提升企业在经营中的风险控制与分析能力，以及解决实际问题的综合能力。
2. 提升企业内部科学规划、合理分工、高效沟通、合作完成任务的能力及应用创新能力。

素养目标：

1. 激发学员学习与了解商业运作中的问题与法则。
2. 提高创新创业理论素养，强化商业理论知识和创业综合技能储备。
3. 强化创业精神、创新意识和创新创业能力。

8.1　SV 模拟实训平台介绍

  SV（SimVenture）是一款大数据创新创业教育培训模拟实训软件，旨在激发学员学习与了解商业运作中的问题与法则。SV 实训平台收集了众多中外企业的环境数据与运营数据，学员可以用其演练创业过程。通过训练、比赛，学员可以检验自己的创新创业理论素养，检验自己的商业理论知识和创业综合技能。该平台可用于模拟、答辩、实战，用可量化的数据客观评价学生的创新创业理论素养、创业潜力和创业项目。

  SV 实训平台的主要功能为模拟创立并运营一家小型企业。其以参与性、真实性、可持续性及为培训人员与教师提供灵活的服务为根基。它使加速学习变得可能，能够帮助人们提升创业的核心技能。

  SV 实训平台通过预置的场景进行教学，使学生更快速地熟悉和了解企业起步的必备要素及软件的基本操作流程。其分为以下五个场景。

一、市场调研

1. 主要操作

市场调研、竞争调查、目标细分（市场）。

2. 场景介绍

  在掌握组装计算机的知识并向亲友销售部分计算机后，你现在正考虑建立一家企业。你有一份全职工作，在打算做出全面自主运行自己的企业这一重大决策前，需要对你面临的机遇进行评估。

3. 场景任务

（1）开展市场调研及竞争调查。
（2）"运行"该月，以便留出收集信息的时间。
（3）根据市场调研及竞争调查的结果确立一个适合自己的初创企业生存的市场机遇。
（4）选择自己打算做的产品的细分市场。

二、产品设计

1. 主要操作

市场调研、竞争调查、产品设计、客户反馈。

2. 场景介绍

  你的企业正打算打入专业服务市场。产品的定价及卖点已经选择完毕，你现在只需仔细地考虑产品设计。一个精心设计的市场推广活动将保证足够的订单。因此，如果你将产品设计微调好，销售额将十分可观。请确保自己浏览过市场调查报告，以明确你的目标细分市场的产品偏好。你也许希望通过竞争调查报告来研究该细分市场的主导企业是如何接触市场的，可以利用一些事实和数据来支撑你的判断。

3. 场景任务

（1）调整产品设计，确保自己选择恰当的工时，以便尽早完成产品设计。一旦新的设计完成，你便可以观测到市场对它的反应。

（2）在之后的每个月，你都可以更改产品设计，但每次新设计都将耗费至少一个月才能完成，而你的时间是有限的。

（3）你可以通过开展客户反馈调查，了解客户对产品的看法。

三、产品定价

1. 主要操作

产品定价。

2. 场景介绍

企业决定针对工程市场抛售产品，并根据市场需求将产品设计得富有吸引力和竞争力。你现在需要将注意力集中在产品定价上。近期到账的 2 万元银行贷款及透支服务将保证你有足够的时间来摸索出恰当的定价。企业盈利时间越早，财务状况越好。

3. 场景任务

（1）分析通过市场调研和竞争调查搜集到的信息，切记只关注工程细分市场及该细分市场的领头企业的信息。

（2）选择一个对细分市场具有吸引力，又能保证合理利润空间的价格；

（3）执行每月决策，以观察其对订单量和损益值的影响，必要时修改定价。

四、市场推广

1. 主要操作

产品卖点、市场推广、客户反馈。

2. 场景介绍

你的公司已运转良好，而且一项产品正逐步打入工程市场。你的产品设计和产品定价已经确立，不需要做出任何调整。保证销售额的前提是让客户知道产品的存在。为了向潜在客户推广自己的产品，以推动市场对产品的需求，请先选择你打算主推的产品的卖点，再进行市场推广。明智地使用经费，以便更好地维持企业在市场中的地位。

3. 场景任务

（1）选择与你的产品设计匹配，而且对你选择的细分市场具有吸引力的卖点。

（2）每个月，在点击"运行"前选择"市场推广"，以查看先前的市场推广是否为你带来了更多的产品需求。你可以通过订单数来了解你的"运行"情况。

（3）不时地收集客户反馈，以判断你的市场推广的有效性。

五、全面掌盘

1. 主要操作

产品设计、产品定价、产品卖点、市场推广、客户反馈。

2. 场景介绍

你现在要承担起管理整个公司的责任。这一次，你将针对大型企业市场，但至今为止，你还没有收到订单，因此还有许多需要改善的空间。目前你的银行存款为 1.6 万元，透支额设定为 4 万元，因此实际上你具备获取大量现金的渠道。企业的产品设计、定价及卖点并没有设定得非常仔细，因此在耗费大量经费进行市场推广前，花一些时间将这些重要元素修正过来。

3. 场景任务

（1）检阅市场调研报告和竞争调查报告，并考虑对产品参数做出调整。

（2）仔细考虑产品定价及产品卖点并适当调整。

（3）保持每月进行市场推广，以吸引足够的订单。

（4）考虑开展客户反馈调查，以收集重要的反馈信息。

（5）确保可以盈利，否则你的钱将很快消耗殆尽。

SV 实训平台能够帮助学生培养一系列商业及创业核心技能。SV 实训平台设计伊始，就以反映现实商业情况为目标，因此用户需要面对几乎所有与创业和经营企业相关的问题，学员必须仔细考虑在模拟中遇到的所有问题和挑战。不论是商业还是学术环境，SV 实训平台都可以帮助学员快速学习和掌握至关重要的商业技能。

SV 实训平台里的商业模式让用户自行决策，并应对后果。为了创造需求（咨询、订单和销售），用户必须进行调研、定价、推广并设计产品，使其对潜在顾客具有吸引力。但就像真实世界一样，在模拟创业中取得成功并不容易。学会如何做并应对失败均是这一创业模拟实战提供的丰富经历的一部分。

SV 实训平台里的团队工作要求成员讨论问题、协商策略，并根据模拟的进展及新挑战的出现调整优先级。

SV 实训平台自动采集所有的决策数据，用户使用方式会被完整记录。因此，个人和团队拥有大量完整的数据并可以借此做出有意义的汇报和展示，其基于真实行动，而非假想的可能性。

8.2　SV 软件安装流程简要说明

（1）下载 SimVenture 安装文件。
（2）单击下载好的 SimVenture 安装文件，开始软件安装，如图 8-1 所示。

图 8-1　开始软件安装

下一步选择"接受协议"（I accept the agreement），如图 8-2 所示。

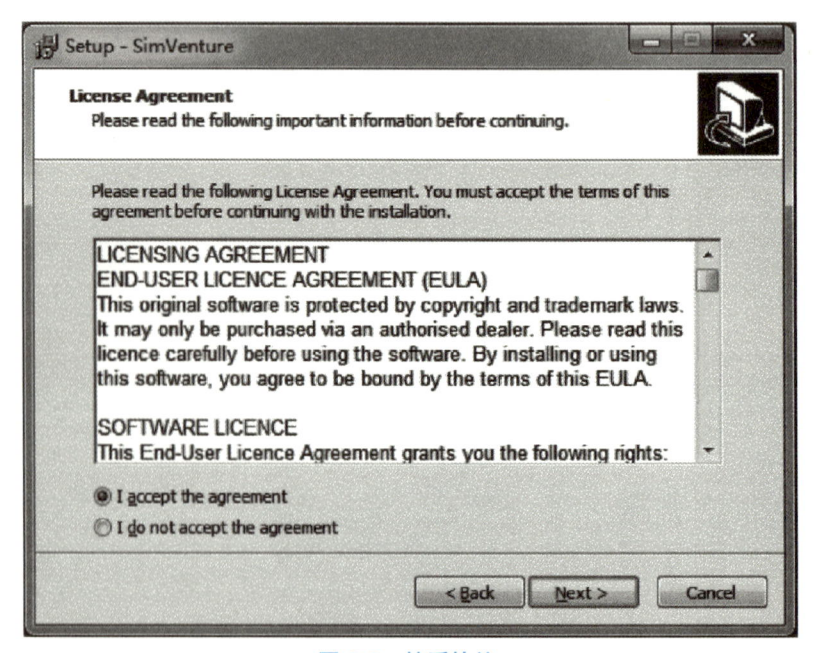

图 8-2　接受协议

在安装过程中需要输入密码（Password），如图 8-3 所示。

图 8-3　输入密码

选择安装路径，如图 8-4 所示。

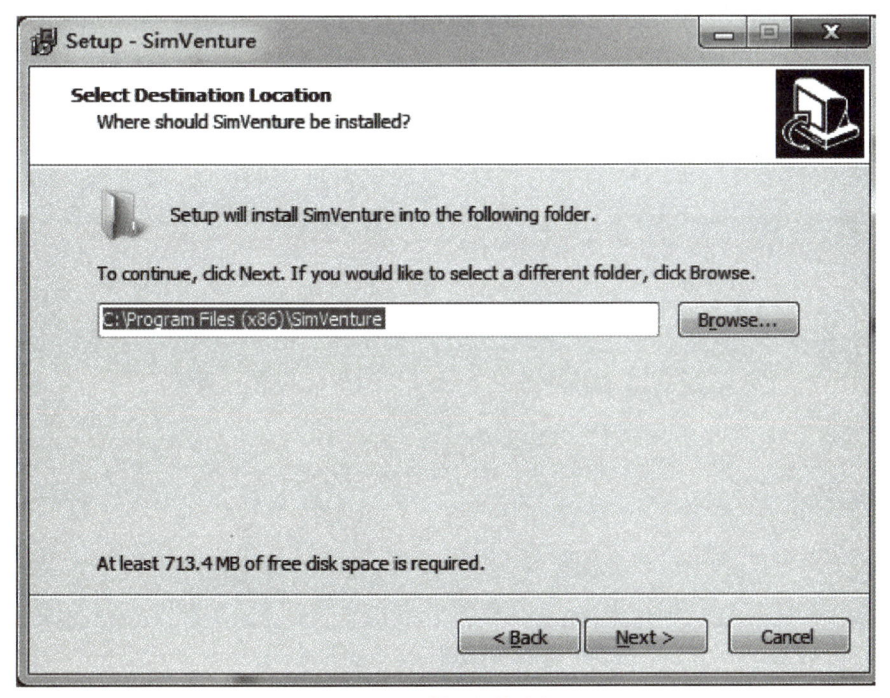

图 8-4　选择安装路径

勾选"创建桌面快捷方式"（Create a desktop icon），如图 8-5 所示。

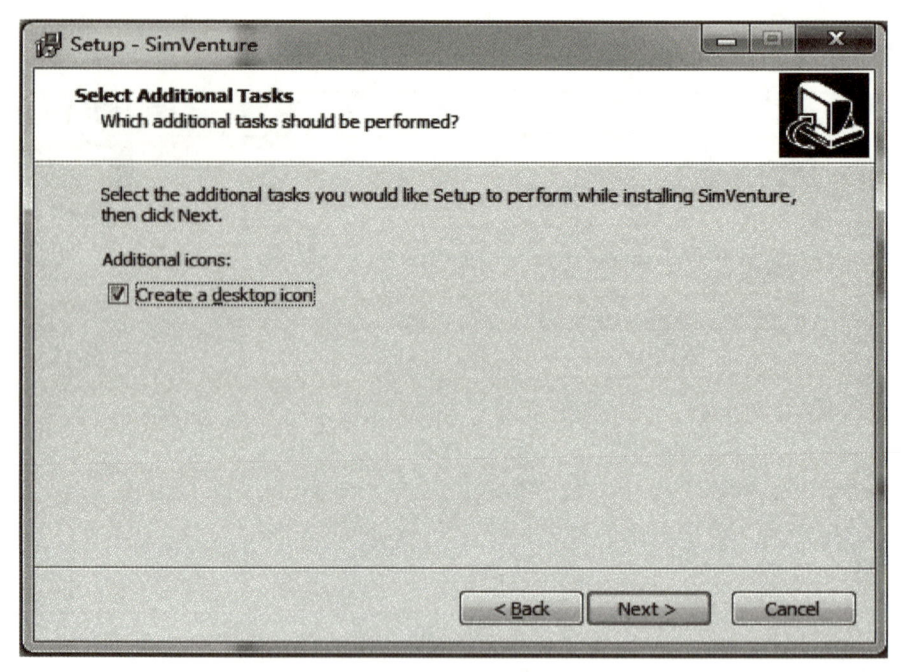

图 8-5　创建桌面快捷方式

单击"安装"（Install），开始安装程序，如图 8-6 所示。

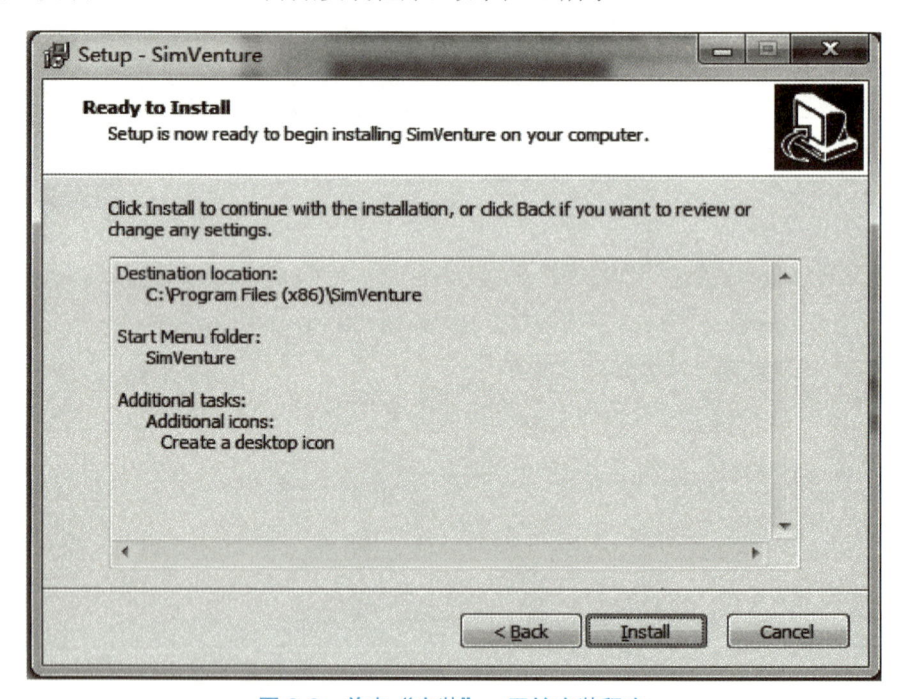

图 8-6　单击"安装"，开始安装程序

（3）安装好程序之后，双击计算机桌面上的软件快捷方式。

（4）出现中英文语言选择框，如图 8-7 所示，选择其中一种语言。之后，在主窗口中单击"授权许可证"，选择"激活授权许可证"。

图 8-7　中英文选择

（5）此时会跳出软件激活窗口，上面有软件对应的站点代码（Sitecode）和 MID 码（每台机器的这两个码都是唯一的），如图 8-8 所示。保持这个窗口，继续进行下面的操作。

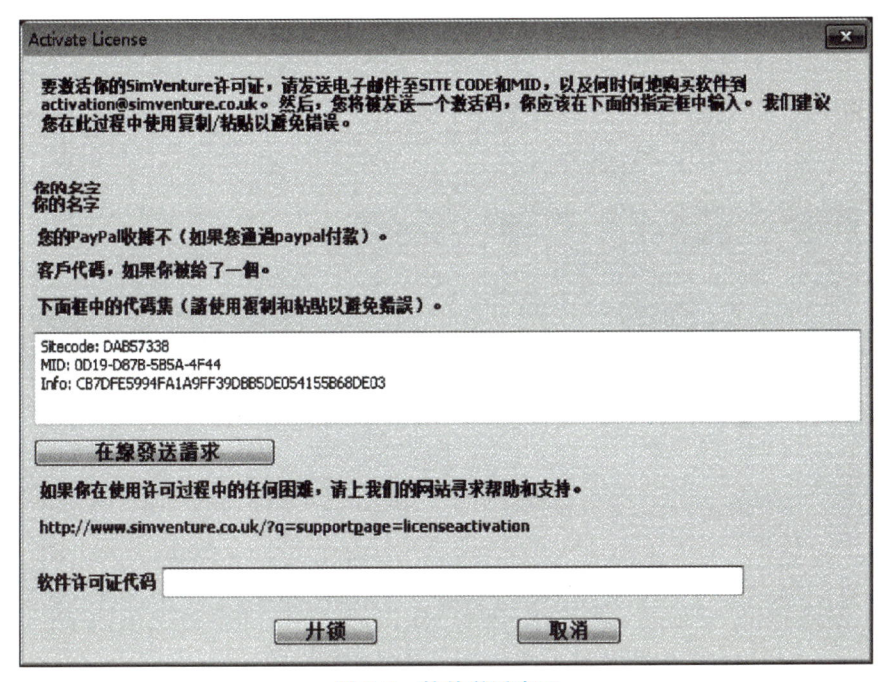

图 8-8　软件激活窗口

（6）打开浏览器，复制网址"www.simventure.co.uk/webactivation.html"到地址栏，打开如图 8-9 所示的页面。

在 Site Code 框中，复制、粘贴步骤（5）中的站点代码。

在 MID 框中，复制、粘贴步骤（5）中的 MID 码。

在 License ID 框中，复制、粘贴 NCEE 发给学校的 ID（注：一所学校只允许两台机器使用，请慎重选择计算机，一旦安装，难以更改）。

在 Reason for Activation 的下拉框中，选择"New Computer"，单击"Submit"按钮。

图8-9　复制网址到浏览器地址栏，打开这个页面

（7）接着出现如图8-10所示的界面。

图8-10　复制激活码

复制界面中显示的激活码（Activation Code）。

（8）回到图8-8所示的软件激活窗口，粘贴激活码到软件许可证代码框中，如图8-11所示。

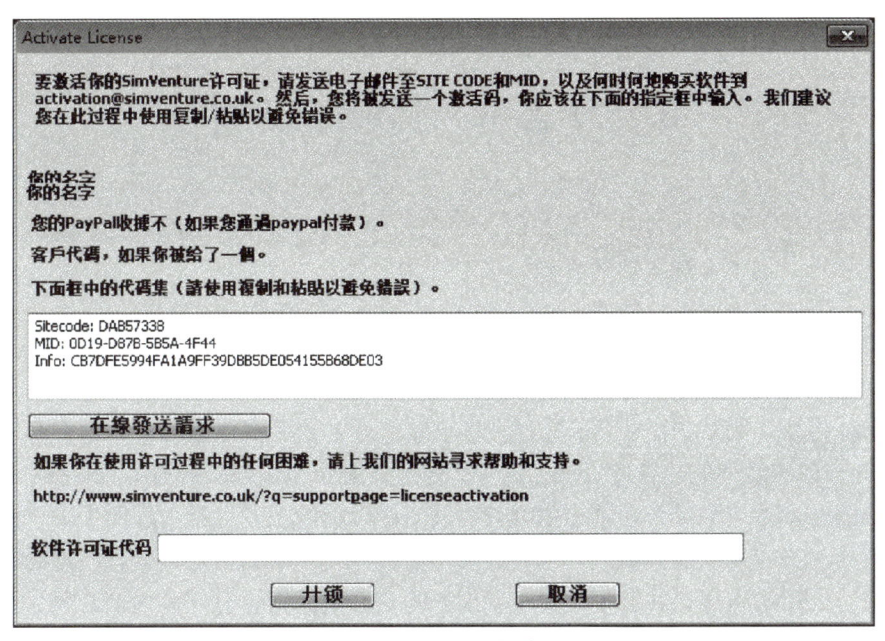

图 8-11 激活软件

单击"开锁"即可激活软件。

8.3　SV 软件功能模块重点内容

SV 软件重点考察一系列与商业和创业相关的核心技能。这些技能主要包含在四大模块中——组织管理、营销管理、财务管理、生产管理。

一、组织管理

组织管理模块（如图 8-12 所示）要求学员能够对企业的营业场所、人力资源、法律咨询（事务）进行合理甚至最佳的管理。学员需要综合考虑企业经营场所的成本、地点、办公耗材，从而以最佳的成本效益维持企业的正常经营。同时，学员对企业进行合理的人力资源配置，其中包括招聘具有相应技能的人员或对现有人员进行相关的培训。最后，学员还需要处理好企业的法律事务，包括实施合理的卫生与安全制度，制定合规的销售合同和雇佣合同。总之，该模块重点考察学员对于企业基本运营环节的管理和把控。

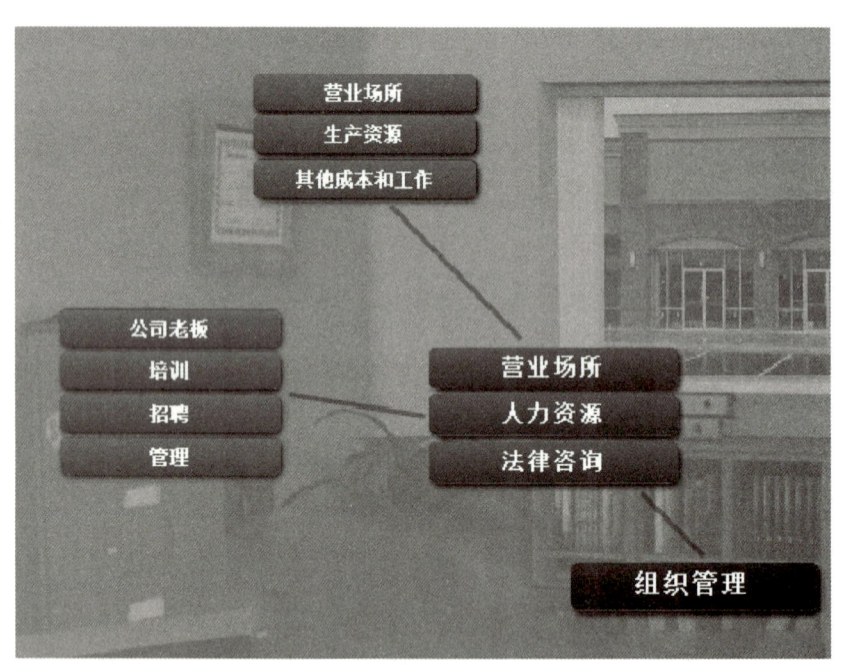

图 8-12　组织管理模块

二、营销管理

营销管理模块（如图 8-13 所示）重点考察的是学员对于针对市场采取的营销策略是否取得最佳结果。学员首先需要对市场、竞争对手和客户进行调研，以获取有价值的信息，然后根据这些信息制定和实施精准、有效的市场推广和营销策略。在制定策略时，学员还需要考虑目标市场的特殊情况、产品卖点、促销方式、定价、售后服务等方面。营销环节直接关系到产品的销量，因此非常重要。

第 8 章 创业模拟实战

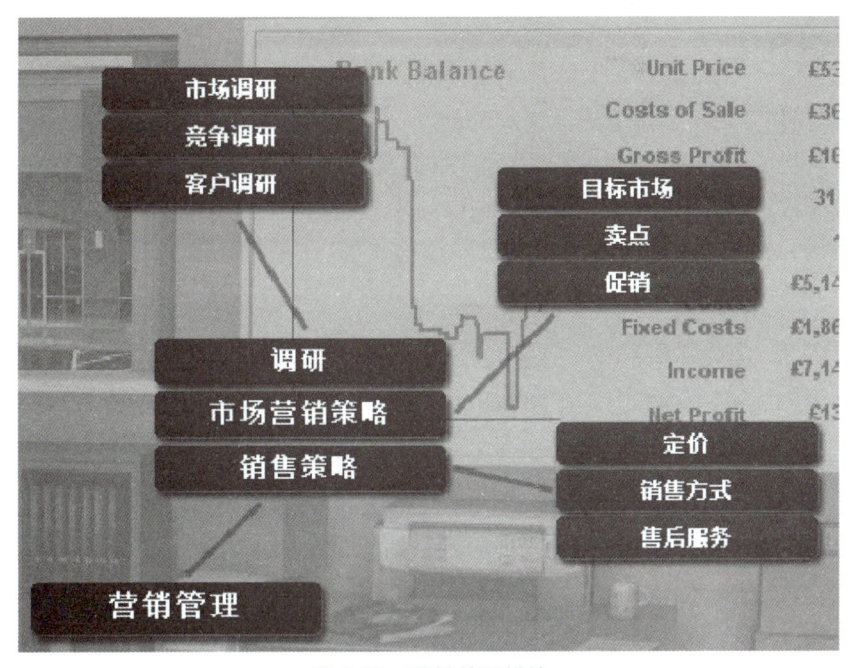

图 8-13 营销管理模块

三、财务管理

财务管理模块（如图 8-14 所示）重点考察学员对于企业资金及财务相关事宜的管理和运筹能力。学员首先需要解决企业运营所需的资金问题，需要以合理的方式（银行贷款、借款、透支、销售股权、补贴申请等）进行融资，然后对当前和未来的财务状况进行合理分析，从而合理使用资金和配置资源，取得良好的财务报表。

图 8-14 财务管理模块

四、生产管理

生产管理模块（如图 8-15 所示）考察的是学员在生产和质量控制方面的技能。学员需要对产品进行合理设计（功能、造型、特性），以符合目标市场的需求，然后对自身的生产能力进行调研，确定需要完成多少订单，再根据调研结果采购原材料，最后在制造环节严格控制产品质量。生产管理直接关系到企业是否能够满足订单需求，在销售旺季尤为重要，因此非常重要。

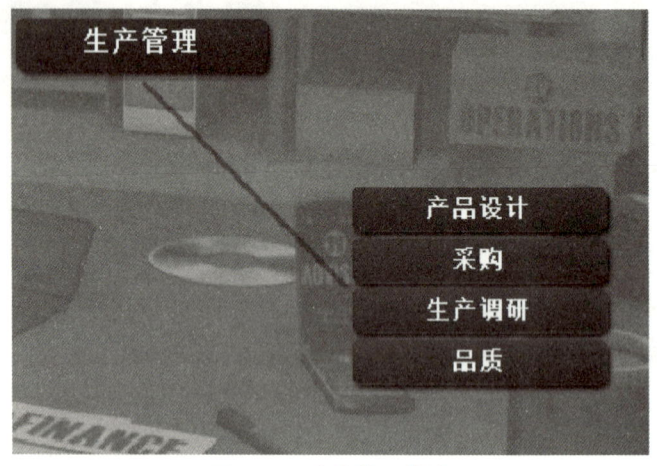

图 8-15　生产管理模块

8.4　SV 软件学生操作手册

一、SV 运营流程

SV 软件模拟创业团队的工作，学员在仿真的竞争市场环境中，通过分岗位角色扮演，连续从事三个会计年度（36 个月）的模拟企业日常经营管理工作。

模拟经营团队从战略层面对市场环境进行评估，分析企业内部资源，制定企业三年经营策略，并采取市场趋势预测等手段，及时调整企业经营方式；从财务层面制订投资、融资计划，掌握资金来源及用途，妥善控制成本，分析财务报表；从运营层面进行产品研发决策，产销结合，让产品匹配市场需求；从营销层面进行市场开发、广告投放等营销决策。

SV 软件是一个大数据商战系统，旨在考察团队如何通过模拟经营活动，发现经营当中的问题，并加以分析，制定决策，设计创新管理路径，解决问题，从而实现企业盈利及可持续发展。其重点考察团队成员对实际问题的综合分析能力、企业运营管理知识的掌握程度、风险控制及分析能力、创新意识及解决实际问题能力，同时考察团队内部科学规划、合理分工、高效沟通、配合完成竞赛任务的团队合作能力及应用创新能力。

SV 软件初始页面如图 8-16 所示。

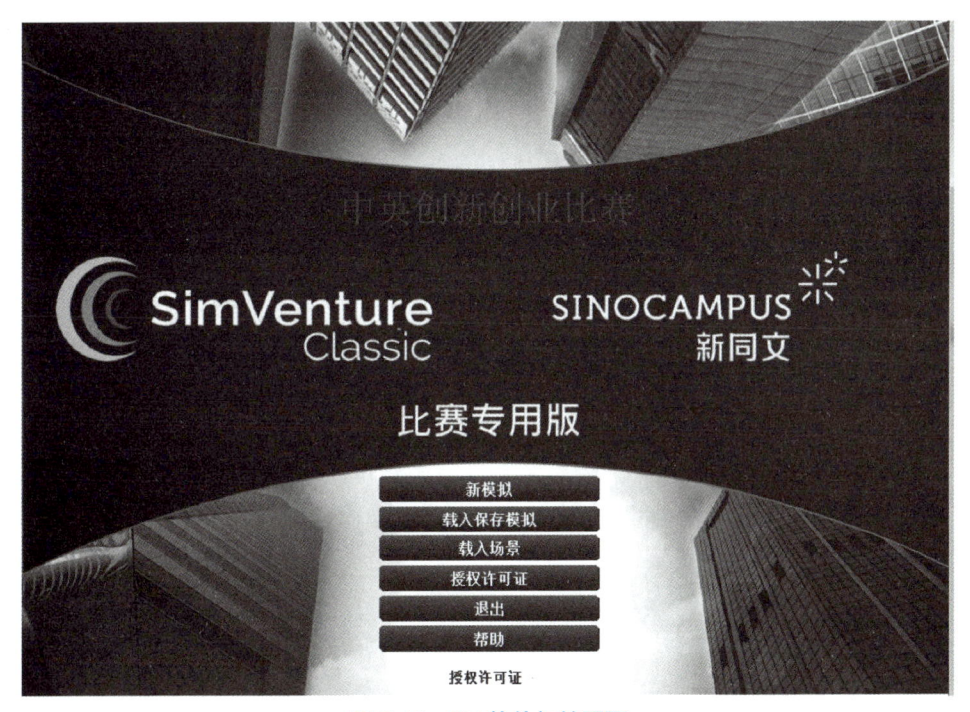

图 8-16　SV 软件初始页面

二、新手初体验

现在让我们开始模拟企业运营，如图 8-17 所示。

图 8-17 模拟企业运营

图 8-18 是 SV 软件的四大管理模块。

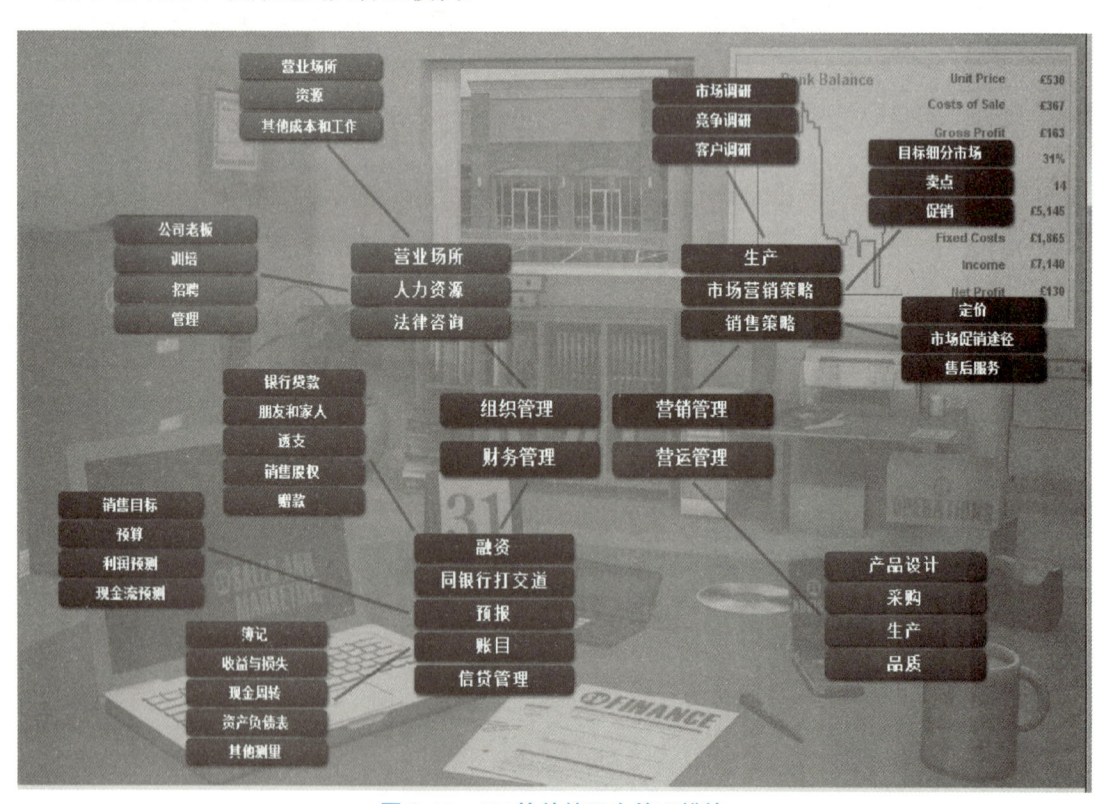

图 8-18 SV 软件的四大管理模块

1. 调研

模拟涉及的决策领域：市场调研、竞争调研、目标市场区间。

时长：2个月。

场景介绍：

你学会组装计算机后，向亲友销售了几台自己组装的计算机，露了一手，展现了多方面的才能。为施展抱负，你考虑独自创业。你有一份全职工作，创业是人生的重大决定。在做出决定之前，你需要认真评估眼前的机遇。

场景任务：

（1）开展市场调研和竞争力调研。

（2）执行本月决策，以给予软件系统一个月的时间汇集信息。

（3）通过分析市场和竞争力调研报告，发掘市场商机。

（4）选择促销商品的市场区间。

目标：

与其依靠猜测，不如运用汇集到的信息做出有根据的决策，这里没有对与错的标准答案。此场景模拟的唯一目标，是你能为自己的决定提供合理的解释，并以事实和数据支持你的判断。

模拟调研场景如图8-19、图8-20所示。

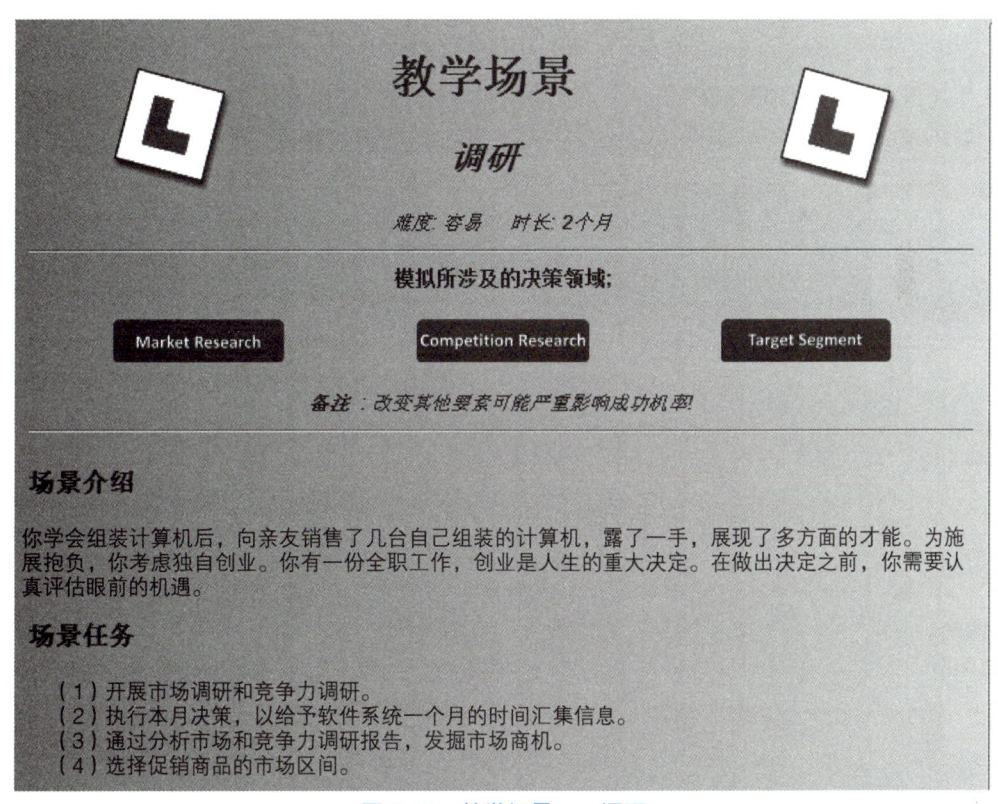

图8-19 教学场景——调研

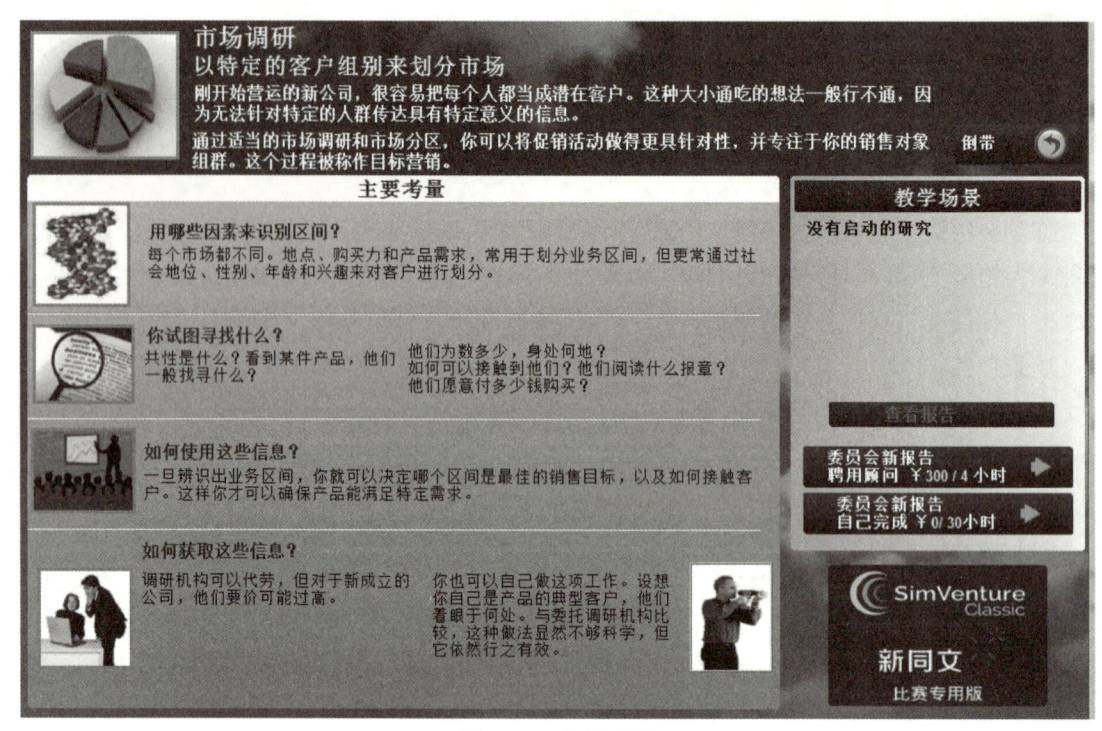

图 8-20　市场调研

2. 目标市场细分

从市场区间调查（如图 8-21 所示）得到的信息中选择一组目标客户，对数据进行细化分析，有助于做出更好的市场营销决策，分析潜在市场规模，了解竞争对手的情况。

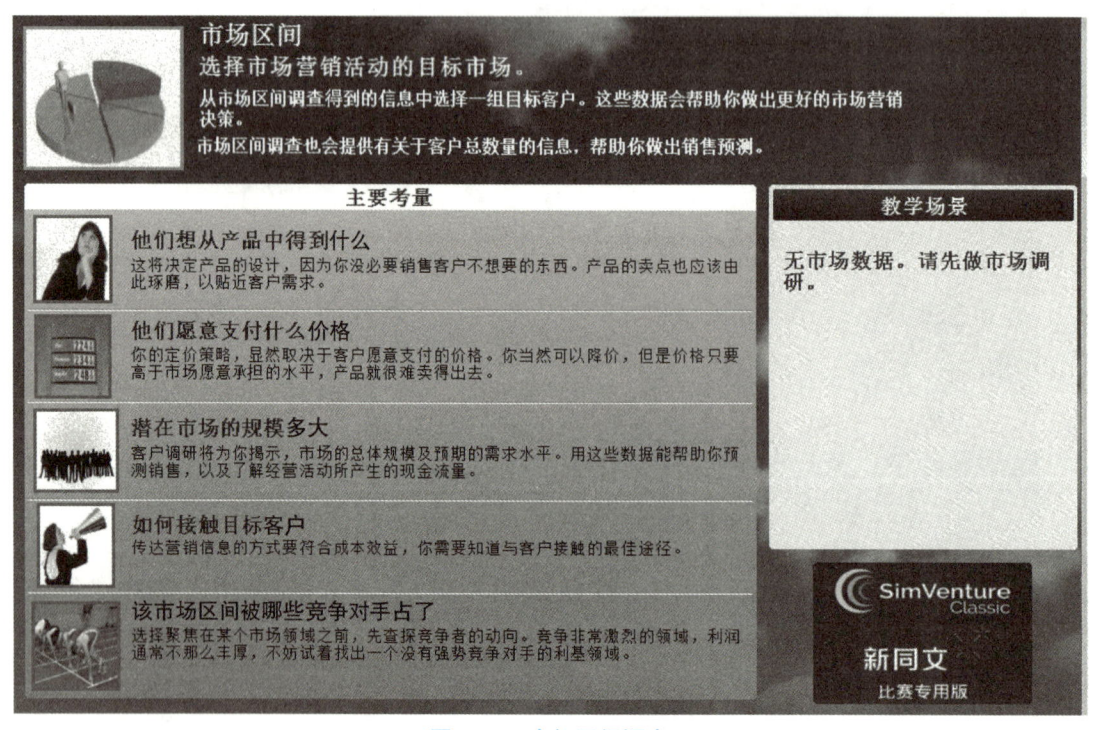

图 8-21　市场区间调查

3. 产品设计

模拟涉及的决策领域：竞争调研、市场调研、产品设计（如图 8-22 所示）、客户调研。

时长：6 个月。

场景介绍：

你的公司正在进入专业服务市场。产品的价格和卖点已经设置好，你目前需要仔细检查产品设计。周详的市场营销活动，保证会带来询盘，只要产品设计走对了路子，接下来不愁没销路。请运用市场调研报告，找出目标市场的喜好。竞争调研报告也很有用，可以让你看清楚这个目标市场区间的领导者如何打入市场。

场景任务：

（1）更改产品设计，请确保设置的工时充足，才能尽快完成。新设计完成后，你就能看到市场对产品的反应。

（2）随着时间的推移，每个月都可以更改产品设计，但每个新设计需要至少一个月才能完成，而你的时间有限。

（3）你可以进行客户调研，以了解客户对产品的观感。

目标：

如果产品规格很高，销售轻而易举，但每笔销售都可能在蒙受亏损。请务必查看 SV 软件主页白板上的毛利率数字。如果这个数字低于 20%，公司很难维持下去。

不妨以每个月至少赚 4000 元为目标，如果初期产品设计走对了路子，你可能在本场景最后三个月（10 月至 12 月）至少每月平均赚取超过 7000 元。你可以点击状态栏的损益区及每个月的利润数字，查看进度。

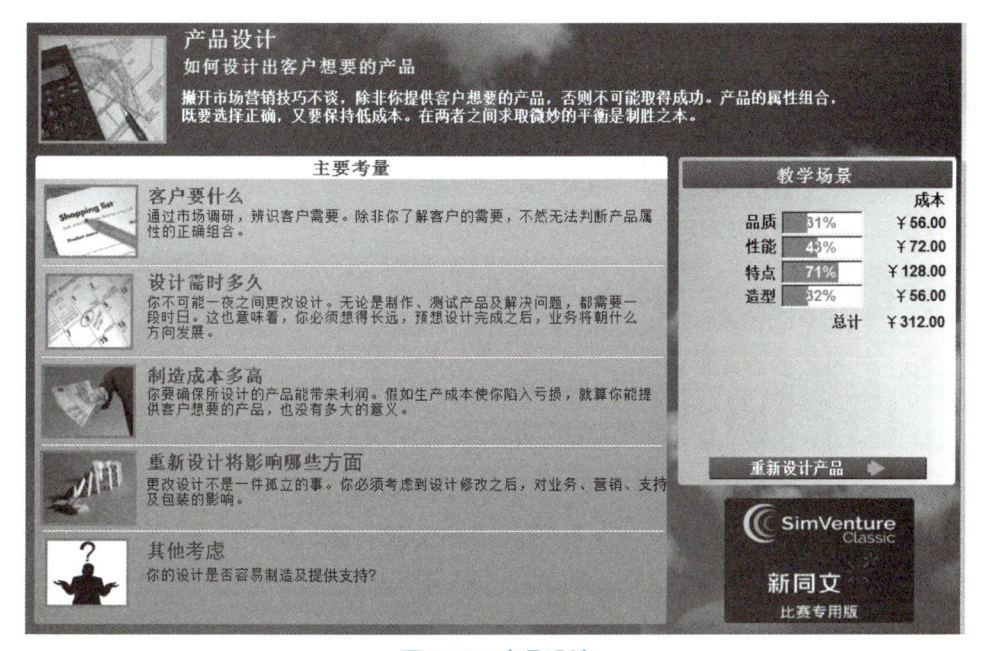

图 8-22　产品设计

4. 产品定价

模拟涉及的决策领域：产品定价（如图 8-23 所示）。

时长：6 个月。

场景介绍：

你决定向工程公司推销产品。更改后的产品设计，对于当前的目标市场具有吸引力和竞争力。你现在只需要把注意力集中在产品价格方面。银行近期批准的 2 万元贷款及慷慨的透支额度，能保证你有足够时间制定合适的价格。越早赚取利润，你的财务条件就越好。

场景任务：

（1）斟酌市场和竞争调研报告的信息，切记，只需要看工程领域和目标市场区间的领导者的相关信息。

（2）选择一个对目标市场具有吸引力，又能取得合理利润的价格。

（3）执行本月决策，运行数月，以观察价格对订单量和损益值的影响，必要时调整价格。如果你到年底没有取得任何利润，那么就重新开始，尽量避免第一次犯的错误。

目标：

一个恰到好处、经过通盘考虑而制定的价格，每个月能吸引的额外订单量应该超过 60 张。但真正的考验，在于销售出去的产品能带来多少利润。你的目标是在 6 个月的交易中，每月平均赚取超过 2500 元的利润。你可以点击状态栏的损益区查看进展，或者参阅 SV 软件副菜单的业绩报告。

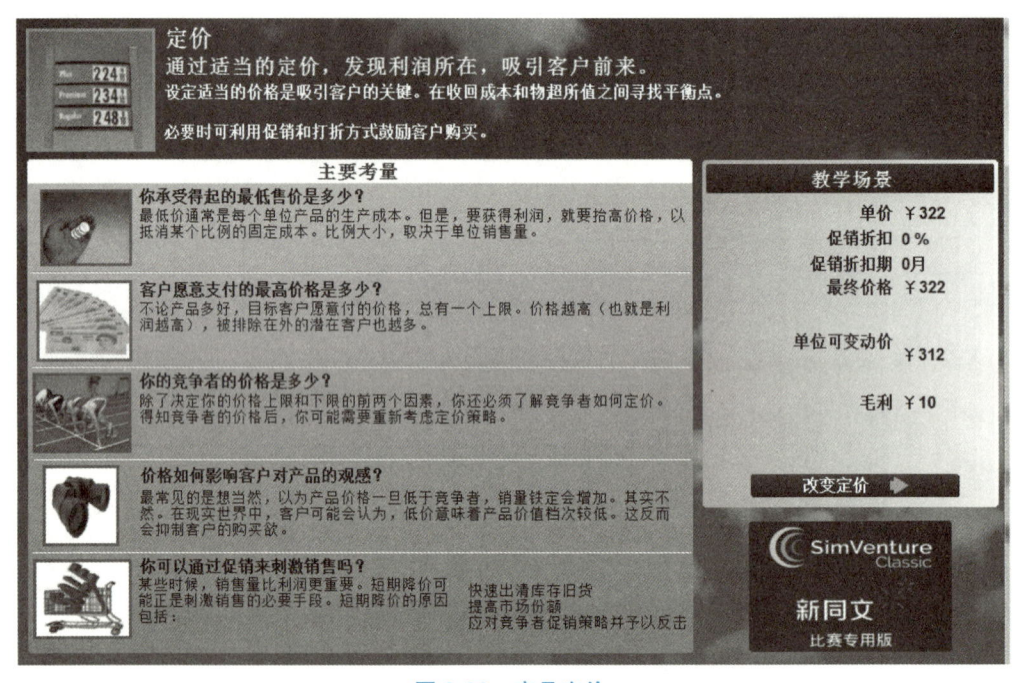

图 8-23　产品定价

5. 市场促销

模拟涉及的决策领域：卖点、市场促销、客户调研。

时长：6 个月。

场景介绍：

你的公司经营得不错，产品正在打入工程公司市场，你需要仔细研究销售渠道（如图 8-24 所示）。由于产品设计和价格已被广泛认可，你无须做出任何调整。客户如果熟知产品，销售也就有了保证。为了向潜在客户推广产品并刺激需求，在选择向市场促销前，先决定哪些是你要突出的产品卖点。请明智地花费预算的每一分钱,用于提高公司的市场地位。

场景任务:

(1)选择合乎产品设计的卖点,确保这些卖点对目标市场区间(工程公司)具有吸引力。

(2)每个月,在执行该月决策之前,请先选择市场促销,查看有无产品需求。你也可以查看询问量,了解产品畅销与否。

(3)开展客户调研,评估市场促销的效力。

目标:

如果资金花得明智,那么年底之前,你每个月可卖出大约 50 件产品。

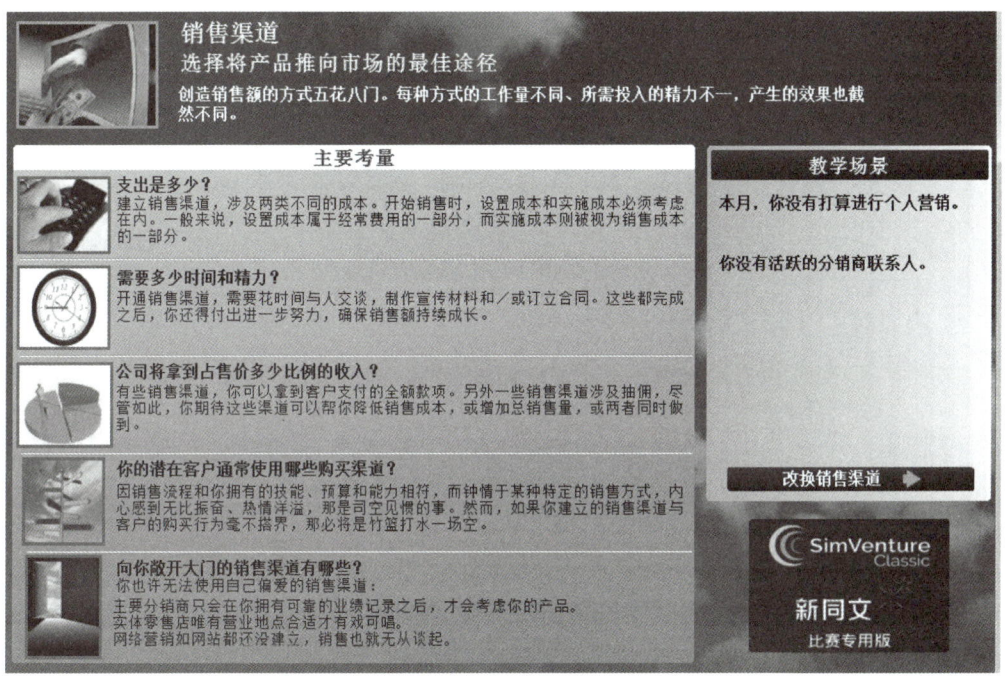

图 8-24 销售渠道

6. 掌舵执行

模拟涉及的决策领域:产品设计、定价、卖点、市场促销、客户调研。这一场景如图 8-25 所示。

时长:10 个月。

场景介绍:

你现在终于可以肩负起管理整个公司的责任了。这一次,你准备把产品卖给大型企业,但迄今为止连一张订单都没有收到,所以还有不少有待改进之处。由于你的银行账户有 1.6 万元,银行愿意透支 4 万元,你的备用资金相当充裕。然而,你还没有仔细地研究产品的设计、价格和卖点,因此在把大笔资金投放到市场促销之前,请先妥善调整这些关键元素。

场景任务:

(1)查阅市场和竞争调研报告,考虑对产品的设计属性做出必要调整。

(2)考虑对产品的价格和卖点做出适当调整。

(3)每个月持续进行促销,以吸引足够的产品询盘。

(4)开展客户调研,以获得重要的反馈信息。

（5）确保你可以获取利润，否则资金很快就会耗光。

目标：

如果你的公司能持续经营到年尾，那表示你做得不错，公司未来的发展势头良好。你的目标是保持每个月有 3000 元以上的利润，5 月份过后，你的银行结余将开始增长，有了更多可进行再投资的资源。接下来，等着看 1 月 1 日来临之前，你又为公司创造出多少价值。

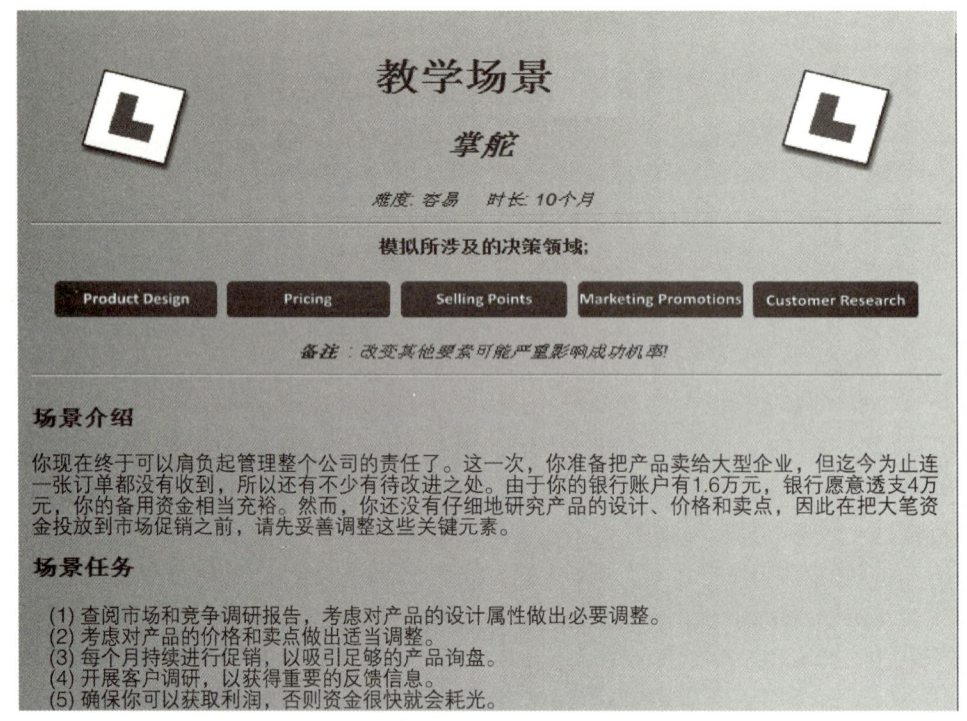

图 8-25　教学场景——掌舵

7. 现金流危机

现金流是小企业最常面对的问题之一，你将现金流的问题处理好，公司就不会被自身成功所累。这一场景如图 8-26 所示。

时长：6 个月。

场景介绍：

你的公司已经成立 6 个月，运营情况良好，不俗的销售业绩带来可观的利润。问题在于，你的公司的可用资金紧张，难以增加库存，要扩展业务几乎不可能。公司要持续取得增长，就必须有效控制财务。

目标：

带领公司持续增长，但不耗尽资金，也不惹怒银行经理，是本场景的首要目标。你应该力求在 6 个月之内，每个月营业额能达到 1 万元，每个月利润达到 1000 元。你的银行存款应该保持在 7500 元以上。你要确保有足够的现金，按时付款给供应商，否则信贷优厚待遇可能被撤销，导致你的现金流问题急剧恶化。

建议：

最根本的问题在于公司没有足够的现金购买产品元件。随着销售攀升，这个问题预计会日益严重。你不妨尝试以下几种办法：

- 削减任何不必要的开支。
- 确保客户按时付款。
- 考虑改用其他供应商。
- 筹集资金,以支持业务增长。
- 如有必要,把销售量减少,维持在你的现金流可承担的水平。

在这一场景中,要做好财务管理工作,现金流报告在其中非常重要,如图8-27、图8-28所示。

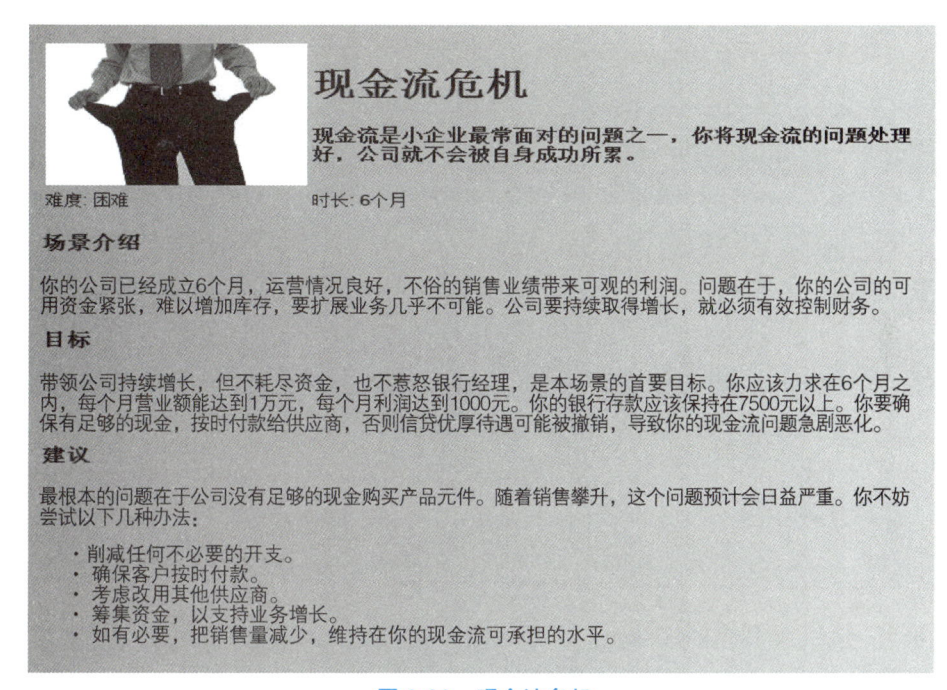

图8-26 现金流危机

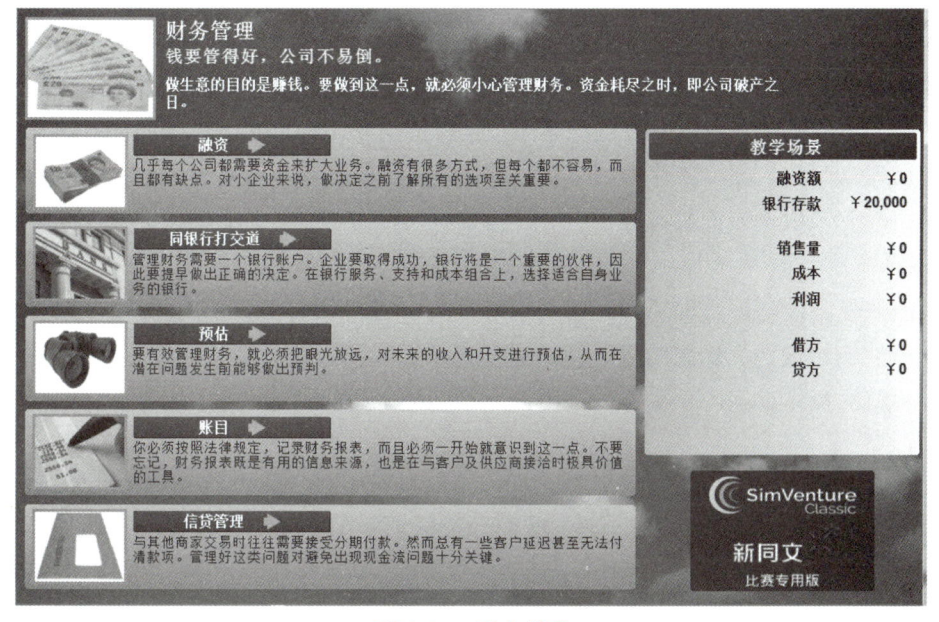

图8-27 财务管理

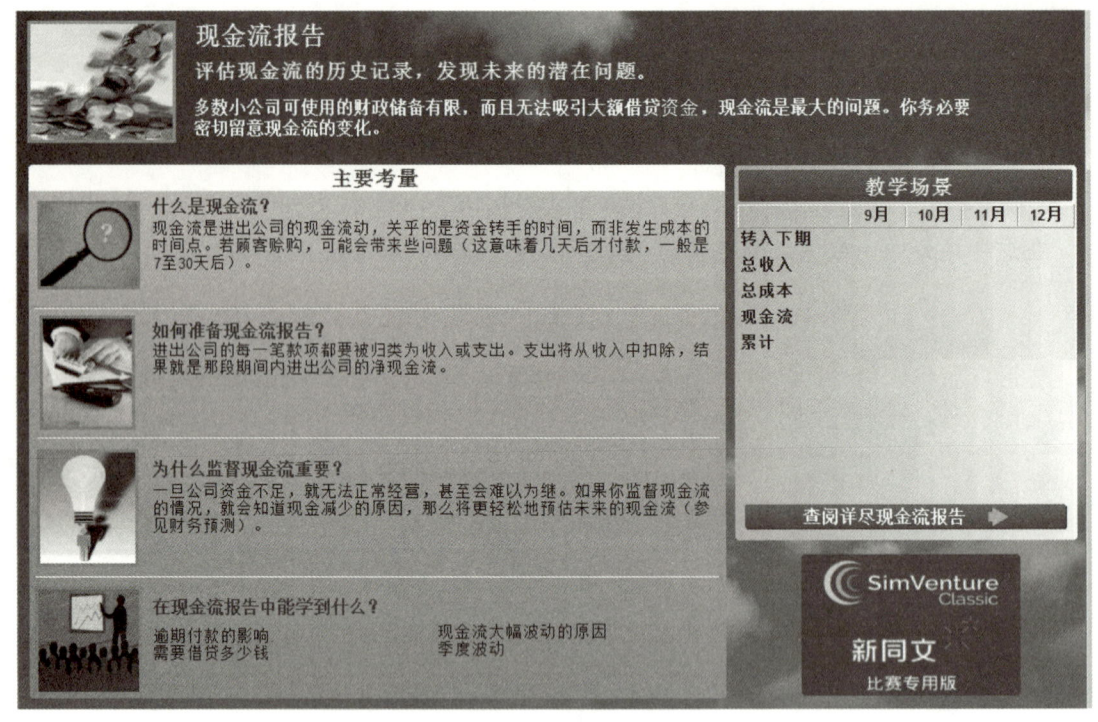

图 8-28　现金流报告

三、运营小测

1. 试当一把手

通过经营一家上了轨道的成熟企业，学习如何实际操作 SV 软件模拟运营，你有大量的客户，加上公司财务状况十分健康，可以大胆实验，而无须担心失败。

这一场景如图 8-29 所示。

时长：6 个月。

场景介绍：

你掌管一家业务状态十分良好的年轻企业，可供使用的银行存款近 1 万元。你的产品在庞大的市场已建立起知名度，没有强劲的竞争者。即便你什么都不做，每个月也可以产生可观的利润。公司没有未偿还的贷款，银行借贷评级良好，如有需要，你还可获得更多款项。

目标：

你唯一的任务，就是负责经营这家企业 6 个月，从中学习如何使用并体验 SV 模拟运营。考虑到场景的初始设定，你想维持或提高业务水平都不成问题。请留意现有的四大经营版块，试着熟悉决策的操作过程，并执行当月决策，然后检讨你的营运情况。

建议：

一些你或许有兴趣尝试探索的领域：

- 改变产品价格，以增加订单。
- 向银行贷款，以支持业务增长。
- 开展客户调研，以制定市场营销策略。

- 替换供应商，以改善现金流。
- 雇用新员工，以提高产能。
- 培训员工，以提升技能水平。
- 审核财务表现，以进行业务规划。
- 建立预测数据，以检视业务未来的发展方向。

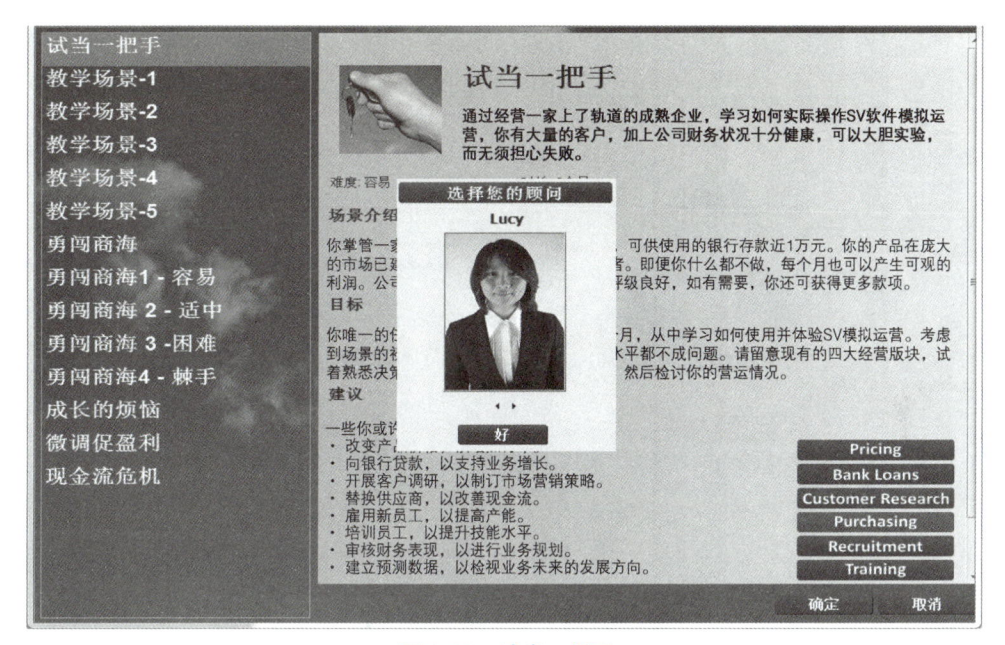

图 8-29　试当一把手

2. 微调促盈利

理顺公司经营不善之处，协助一家前途光明的起步公司，成为一家成功企业。

这一场景如图 8-30 所示。

时长：6 个月。

场景介绍：

经过 8 个月的经营，你的公司略有小成，拥有稳定的销售收入。然而，公司目前的利润不多。你是公司唯一的雇员，仍然在家里的小房间办公。你的银行户头可动用的存款约有 2.5 万元。

目标：

你必须找出公司哪些方面存在资源浪费的现象，或错过哪些提高利润或现金流的机会。只要采取一揽子措施解决这些问题，在 6 个月之内，你就能把利润提高到每月 1000 元以上，而无须增聘更多人手。

建议：

你不用大幅度改变任何业务事项。公司的基本面已经确立，但"魔鬼藏在细节里"。以下是一些有助公司达成目标的尝试：

- 评估你的产品。每次销售赚取的利润足够吗？你还能做些什么来提高利润？
- 你的公司有什么不足之处？如何解决这些问题？

- 还有哪些固定或变动成本可以降低？
- 你采用的市场营销策略是接触目标群体的最佳手段吗？

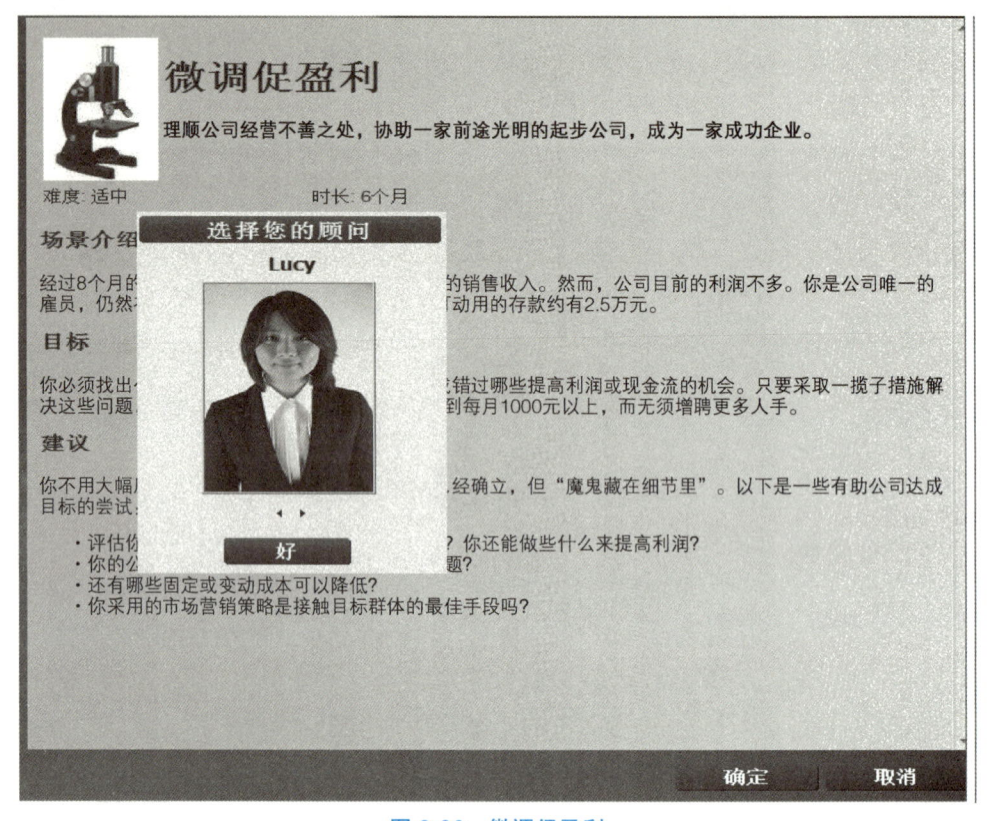

图 8-30　微调促盈利

3. 成长的烦恼

在这一场景中，你掌管一家蓄势待发的企业，协助其茁壮成长，成为一家更大的、更成功的企业。

这一场景如图 8-31 所示。

时长：12 个月。

场景介绍：

你的公司已经成立一年，奠定了坚实的业务基础——产品优良、市场营销策略可行，而且财务状况稳健。到目前为止，公司的营业额虽不算亮眼，但相当可观。你仍在家里工作。

目标：

你必须扩展业务，以提高营业额。你的目标是在 12 个月之内，把每个月的营业额提高到 1 万元、月利润提高到 3000 元。

建议：

要壮大公司，需做到以下几点：
- 募集资金，以支持增长。
- 搬去更大的营业场所。
- 雇用一名或更多员工。

● 扩大营业额和加大市场营销力度，以吸引更多的顾客。

成长的烦恼

在这一场景中，你掌管一家蓄势待发的企业，协助其茁壮成长，成为一家更大的、更成功的企业。

难度：适中　　　　　　时长：12个月

场景介绍

你的公司已经成立一年，奠定了坚实的业务基础——产品优良、市场营销策略可行，而且财务状况稳健。到目前为止，公司的营业额虽不算亮眼，但相当可观。你仍在家里工作。

目标

你必须扩展业务，以提高营业额。你的目标是在12个月之内，把每个月的营业额提高到1万元、月利润提高到3000元。

建议

要壮大公司，需做到以下几点：

- 募集资金，以支持增长。
- 搬去更大的营业场所。
- 雇用一名或更多员工。
- 扩大营业额和加大市场营销力度，以吸引更多的顾客。

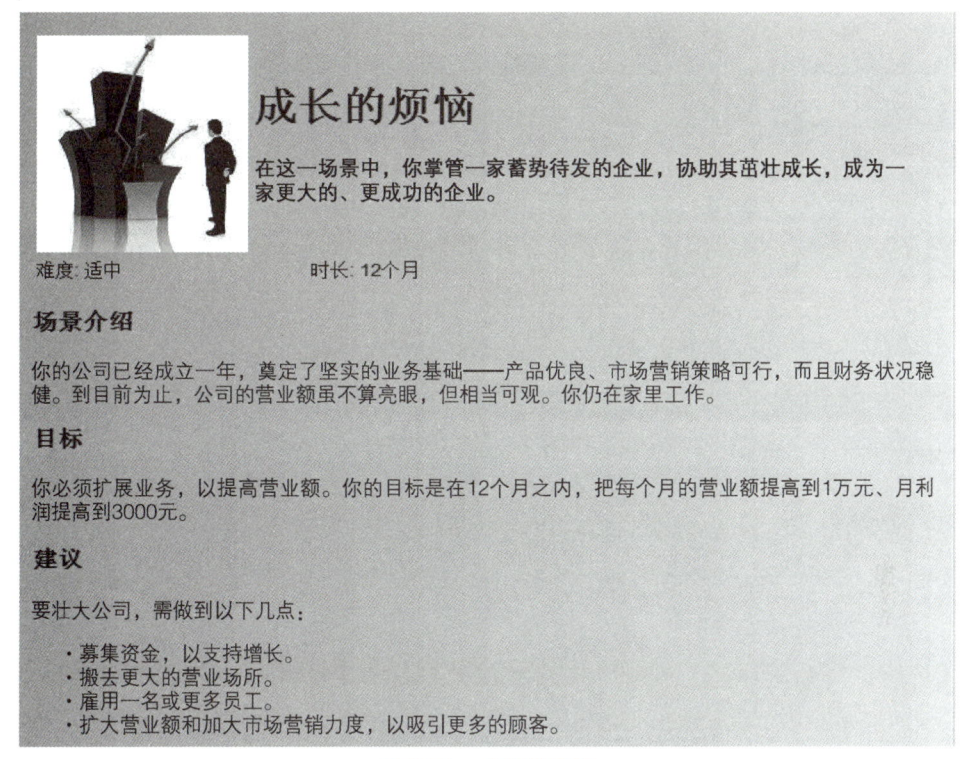

图 8-31　成长的烦恼

执行本月决策，如图 8-32 所示。

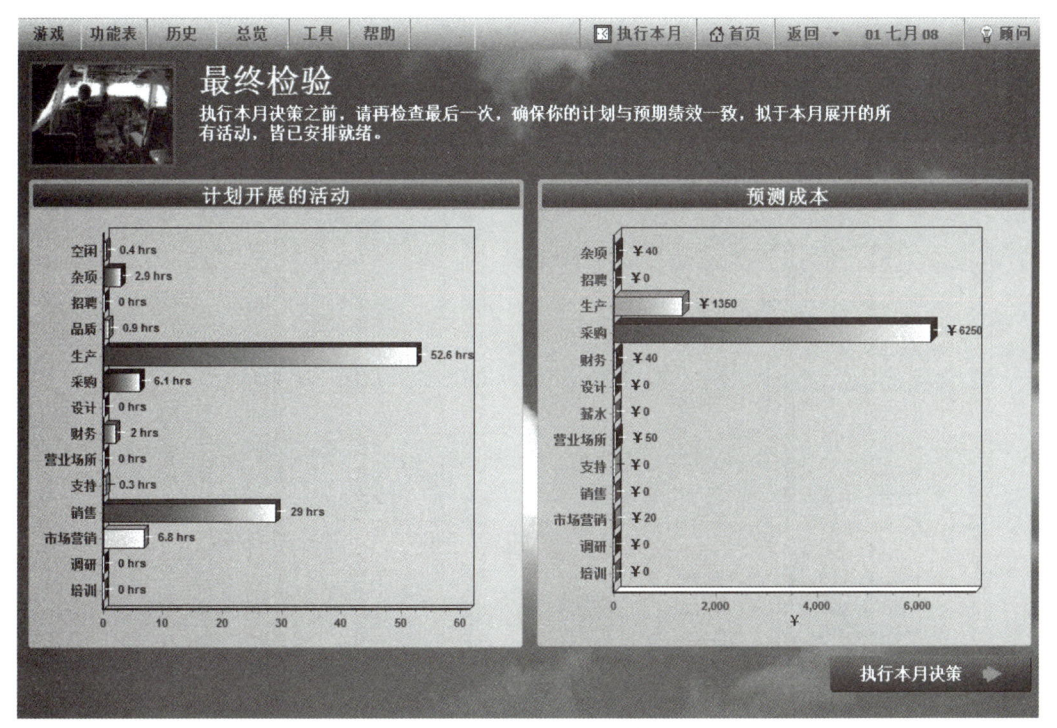

图 8-32　执行本月决策

211

查看总体运营情况，如图 8-33 所示。

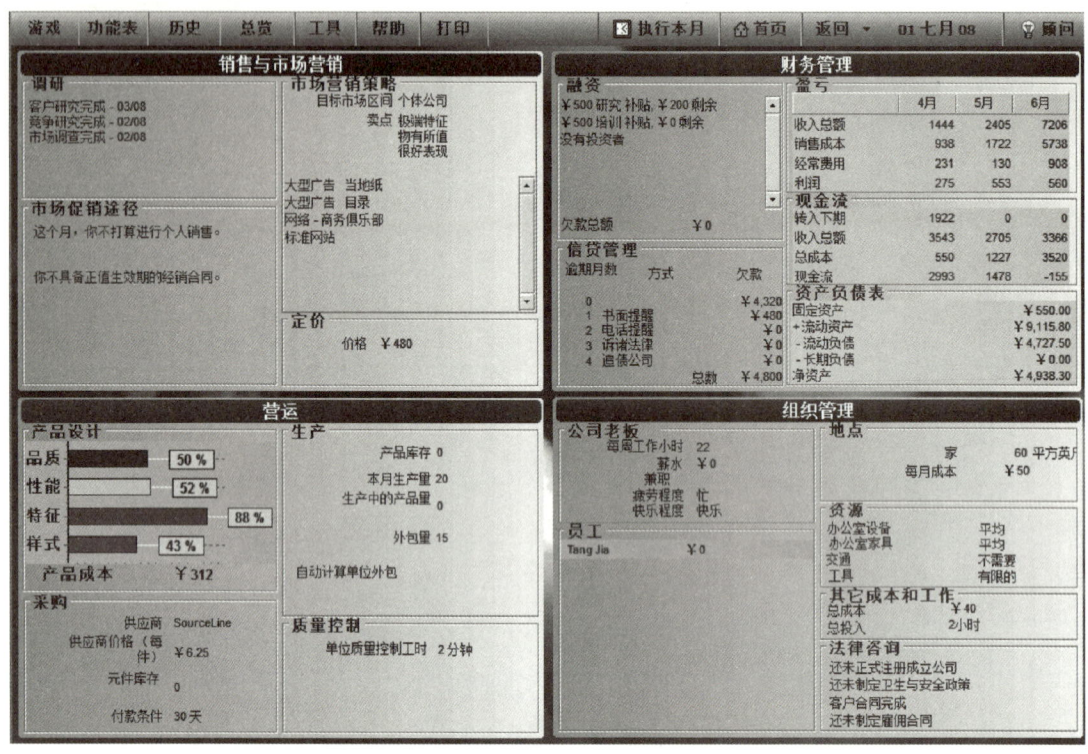

图 8-33　总体运营情况

查看业绩报告，如图 8-34 所示。

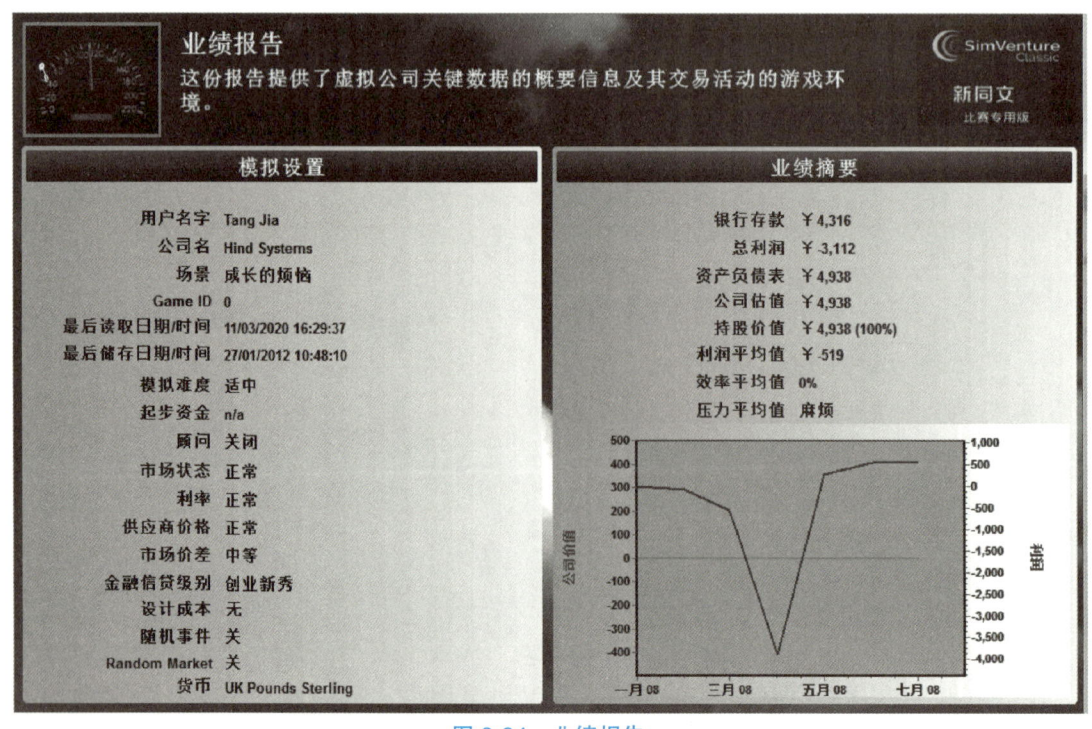

图 8-34　业绩报告

参考文献

[1] 李家华，王艳茹. 创业基础[M]. 上海：上海交通大学出版社，2017.

[2] 青年创业资讯.

[3] 乔辉，张志. 大学生创新创业入门教程[M]. 北京：人民邮电出版社，2016.

[4] 奥斯特瓦德，皮尼厄. 商业模式新生代[M]. 北京：机械工业出版社，2011.

[5] 陈永强. 现代工业企业管理[M]. 北京：人民邮电出版社，2010.

[7] 谢洋，李迪斐，董兴生. 桂林多个创业团队上当，损失数百万元货款[N]. 中国青年报，2014-03-03（09）.

[8] 庞开山. 大学生就业与创业法律实务[M]. 合肥：中国科学技术大学出版社，2011.

[9] 许洪岩，邢文娟. 经济法案例教程[M]. 北京：北京交通大学出版社，2011.

[10] 南婷，张舵，郭宇靖. 凡客诚品采用国家领导人形象做广告遭查处[EB/OL].（2012-04-28）[2022-4-20］.

[11] 宋洁，贺苗. 大学生创业被城管罚两万 申请开听证会减免[N]. 西安晚报，2009-03-25.

[12] 谭启首，张非非. 创业缺风险意识 20天赔四千多[N]. 新晚报，2008-04-01.

[13] 陶涛，陈璐. 水果配送网站倒闭"遗言"对创业者很有用[N]. 中国青年报，2011-12-19.

[14] 王伶玲. 央视发布3·15消费投诉榜：网购高居榜首[N]. 法制晚报，2012-03-13.

[15] 杨璐. 大学生创业法律知识欠缺 企业蒙受损失[N]. 中国青年报，2011-12-19.

[16] 陈扬. 宿州一大学生创业艰难走歪道 利用网络技术实施诈骗[EB/OL].（2016-10-10）[2022-4-20］.

[17] 戴诗卉. 大学生创业遭网络诈骗 被骗8000元"加盟费"[N]. 金陵晚报，2012-06-20.

[18] 唐珩. 十大违反广告法案例 三条名人代言广告上榜[N]. 羊城晚报，2015-09-29.

[19] 唐婷婷，张玮. 暑期打工遇"工伤" 劳动关系难认定[N]. 人民法院报，2014-08-12.

[20] 马喆. 北京消费纠纷人民调解委员会挂牌 调解协议具法律约束力[EB/OL].（2012-03-15）[2022-4-20］.

[21] 沈雁. 浙江11万涉网企业有了"网络工商"标识[N]. 中国工商报，2011-12-21.

[22] 王林，陈姿妃. 大学生创业被坑维权艰难[N]. 中国青年报，2016-01-31.

[23] 徐俊祥. 大学生创业基础 知能训练教程[M]. 北京：现代教育出版社，2014.

[24] 吕丽，顾永静. 创新思维——原理·技法·实训[M]. 北京：北京理工大学出版社，2014.